Horst Kusch
Worte lächeln Liebe

Worte lächeln Liebe

Rhetorik und Dialektik „Kochbuch"

Monologe und Dialoge meisterhaft zubereiten

Zutaten für überzeugende Reden und Gespräche

Impressum

Bibliografische Information der Deutschen Nationalbibliothek: Die Deutsche Nationalbibliothek verzeichnet diese Publikation in der Deutschen Nationalbibliografie; detaillierte bibliografische Daten sind im Internet über http://dnb.dnb.de abrufbar.

Die automatisierte Analyse des Werkes, um daraus Informationen insbesondere über Muster, Trends und Korrelationen gemäß §44b UrhG („Text und Data Mining") zu gewinnen, ist untersagt.

© 2025 Horst Kusch

Verlag: BoD · Books on Demand GmbH, In de Tarpen 42, 22848 Norderstedt, bod@bod.de

Druck: Libri Plureos GmbH, Friedensallee 273, 22763 Hamburg

ISBN: 978-3-7693-5693-7

FSC
www.fsc.org
MIX
Papier aus ver-
antwortungsvollen
Quellen
Paper from
responsible sources
FSC® C105338

Inhaltsverzeichnis:

2.8: Orte, die zum Ankommen einladen.

Teil 3: Geschmackvolle Kleinigkeiten – „erster Gang"

3.1: Wer wir sind oder was wir sein wollen!

3.2: Meinungen gibt es wie Sand am Meer!

3.3: Freiheit, die ich meine: Sich durchsetzen oder nachgeben?

3.4: Probleme sind nicht das, was sie sind.

3.5: Aufmerksamkeit gewinn! Achtsamkeit und Respekt für Menschen und die Sache.

3.6: Einsicht und Verantwortung bedingen einander.

3.7: Der erste Gedanke, das erste Wort, der erste Eindruck.

3.8: „Noch ein Gedicht" - Poesie und Kommunikation.

Teil 4: Feuerwerk der Sinne. An der Vielfalt sich erfreuen!

4.1: Miteinander sprechen – das große Prinzip des menschlichen Zusammenlebens.

4.2: Erinnerung: Der Redner – Wirkung und Wirkungsmitteln der kommunikativen Persönlichkeit.

4.3: Reden halten – Menschen gewinne! Rhetorik ist ein Weg!

4.4: Jede Präsentation ist ein Dialog.

4.5: Kein Gespräch ist sinnlos – aber Sinnloses ist kein Gespräch!

Teil 5: Dessert, Dolce, Nachtisch: Nachhaltigkeit des Sprechens

5.1: … und was kommt dann? Verständlichkeit und Nachprüfbarkeit von Aussagen.

5.2: Ein Kuss von Mutti! – Zu guter Letzt, zuerst und immer wieder: Sich selbst begreifen.

5.3: Jedes ENDE ist ein ANFANG.

5.4: Feedback – immer wieder!

Teil 6: Zauberhalt und farbenfroh: Reden und Gespräche zu allen Anlässen

6.1: Gespräche – Bewegung ins Spiel bringen.

6.2: Gesellschaftsrede

6.3: Fachvortrag

6.4: Juristische Rhetorik – Gerichtsrede.

6.5: Konfliktlösungsgespräche

6.6: Mitarbeitergespräch

6.7: Kritikgespräch: Vorgesetzter-Mitarbeiter und umgekehrt.

6.8: Debatte – das öffentliche Streitgespräch

6.9: Diskussion – dialektisches Gruppengespräch

6.10: Problemlösungsgespräch – Ausdruck bewusster Denkprozesse

6.11: Interview – Ausdruck der Kompetenz

6.12: Moderation – eine besondere Art der Erzählkunst!

6.13: Gedanken an einen Freund.

6.14: Gedanken über das, was noch keiner kennt, aber sollte.

6.15: Liebesgespräche

6.16: Smalltalk – das Alltagsgespräch

6.17: Sind Selbstgespräche Gespräche mit Gott?

Teil 7: Grenzen des Gesprächs - Abwehr unfairer sprachlicher Angriffe

So wehre ich mich gegen Manipulationstechniken.

7.1: Kommunikation = Beeinflussung = Manipulation?

7.2: Hinweise zum Erkennen von Manipulationen im Verhalten

7.3: So wehre ich mich gegen Manipulationstechniken

Verhaltensregeln analysieren – konstruktiv abwehren!

Teil 1:

Bevor man anfängt – „ohne Topf kein Kochen!"

Kapitel 1.1:

Sprechen ist eine ernste Sache, die viel Freude und Freunde macht.

Ich habe nie wirklich sprechen gelernt. Doch irgendwann konnte ich es. Wenn ich den Aussagen meiner Oma, meiner Tanten und Onkeln Glauben schenken darf, dann habe ich viel und unentwegt geredet. Aber ich habe nie richtig den Umgang mit meinen Gedanken und Worten gelernt.

Noch heute, wenn ich etwas gesagt habe, denke ich oft: „Ach hätte ich lieber geschwiegen...". Kann sein. Manchmal erlebte ich Boshaftigkeiten oder Zurückweisungen: „Sei still" – „Du bist nicht gefragt" – „Was soll der Blödsinn?"

Worte taten mir weh. Anscheinend taten meine Worte auch anderen weh. Fühlten sich nicht verstanden.

Ich mich auch nicht. Sprechen machte mir Angst.

Angst überwindet man, in dem man das, was Angst macht, direkt angeht. Also ran ans Sprechen. Ich wurde Autodidakt im Umgang mit Menschen und Worten. Heute weiß ich, dass das Sprechen nicht nur ein menschliches Grundbedürfnis ist, sondern menschliche Gemeinschaften wirklich funktionieren lässt. Trotz dessen vermitteln uns manchmal Aussagen wie: „das sind ja nur bloße Worte" und „ich habe ja nur bloß gesagt", das Worte oder das Gesagte unserer Aufmerksamkeit nicht würdig sind. Keineswegs. Eher ist es eine unglückliche Einstellung.

Ich zitierte aus *Max Black – Sprache:*

Nicht nur deshalb ist Sprechen eine ernste Sache, sondern auch weil man beim Sprechen und mit der Sprache blödeln kann (Wortspiele, Satire, Ironie, Witze). Um das zu können, muss man Sprache und Sprechen ernst nehmen. Mit Intelligenz: Emotionalität und Rationalität gleichsam.

Intelligenz ist die Fähigkeit zum Erreichen eines Ziels neuartige Mittel anzuwenden. Sprache und Sprechen ist die Möglichkeit es den anderen (wenn erforderlich) mitzuteilen (ja, mit ihnen zu teilen) und verständlich zu machen.

Nicht so einfach, denn Sprechen ist ja ein kreativer Prozess, bei dem sich erlebte Bedeutungen verändern. Bedeutungen sind nicht für jeden gleich. Sie werden unterschiedlich erlebt. So gibt es Verständnisse wie Missverständnisse.

Was alles kann, ein „Ja“ bedeuten? Frauen scheinen unendliche Bedeutungen für ein „Ja“ zu kennen und zu meinen. Miteinandersprechen eher ein Labyrinth?

Ja. Aber gerade deshalb macht Miteinandersprechen Vergnügen, Freude und Freunde. Freude brauchen wir, ob nun in der Familie, am Arbeitsplatz, beim Sport, weil es das Leben in jeder Situation leichter macht. Freunde brauchen wir, um gemeinsam Spaß zu haben oder um gemeinsam etwas zu schaffen. Ohne die anderen ist alles Nichts!

(Benjamin Lee Whorf – US-amerikanischer Sprachwissenschaftler)

Wollen wir Freunde haben, dann müssen wir so mit den Menschen sprechen, dass sie es auch verstehen und annehmen können. Einerseits und andererseits müssen wir ihnen so zuhören, dass wir den Punkt erkennen können, den sie auch wirklich gemeint haben. Zuhören, ohne das Gesagte zu interpretieren.

Das Vergnügen im Umgang mit Sprache und Sprechen lehren Rhetorik und Dialektik. Darüber hinaus vermitteln
beide Lehren gelebte Menschlichkeit.

Der erste Weise dieser Welt hatte nur einen Schüler.

Als er fühlte das es mit seinem Leben zu Ende ging,

schrieb er einige Worte auf einen Zettel, steckte diesen in einen Beutel. Den Beutel band er fest zu und übergab ihn seinem Schüler mit den Worten „Öffne ihn erst nach meinem Tode". Als der erste Weise gestorben und die Zeit der Trauer zu Ende war, eilte der Schüler zum Beutel, öffnete ihn, entnahm den Zettel und las: „Ich habe Dich Denken und Sprechen gelehrt. Dieser Schatz gehört Dir.

Es ist meine Belohnung dafür, dass Du ein guter Schüler bist. Jetzt ist es an der Zeit ein guter Mensch zu sein.

Genieße Deinen Schatz, indem Du ihn mit allen anderen Menschen teilst!"

Das Miteinandersprechen ist eine ernste Sache, die durch Teilen Freude und Freunde macht. Im Alltag erleben wir viel eher Behauptungen und Urteile. Das aber verhindert eher Freude und Freunde.

Im Buddhismus und in der angewandten Dialektik strebt man danach, weder andere noch sich selbst zu beurteilen.
Angewandte Dialektik (konkrete Gespräche) bemüht sich um die Unterschiedlichkeit um so das Verstehen zu erleichtern. Angewandte Rhetorik (die freie Rede) bemüht sich um den geschickten Umgang mit Worten für Menschen, um deren Zustimmung zu erreichen.
Leider ist meistens die gewählte Art der Kommunikation eher TRIVIAL-RHETORIK im Sinne dunkler Manipulation.

Um Missverständnisse, Manipulation, Betrug, Verschleierung beim Sprechen mit Menschen zu vermeiden, ist das Sprechen eben eine ernste Sache.

„Wenn wir etwas sagen, das uns nährt und den Menschen in unserer Nähe guttut, dann stärken wir Liebe und Mitgefühl" **(Thich Nath Hanh)**

Das ständige Lernen und praktische Anwenden der Erlebenswissenschaften Rhetorik und Dialektik halfen mir die Angst vor dem Sprechen zu verlieren.

Kapitel 1.2:

Alltagssprache: Mal ehrlich, spielen wir alle Theater?

Mehr als die Hälfte meines bisherigen Lebens lehrte ich Rhetorik und Dialektik. In meinen Seminaren war es mir wichtig, dass der Lernende selbst überprüfen kann, was er wirklich gelernt hat. Es gab immer ein Eingangsgespräch und ein Schlussgespräch um sein Können und sein Wollen festzustellen zu können. Die Bedeutung im Schlussgespräch war auf den Zuwachs des Könnens gerichtet.

Komischerweise habe ich nie direkt erfahren, was der Lernende kann, was er lernen wollte. Mühsam, sehr mühsam war die Arbeit des „Erforschens". Einerseits wollte ich den Lernenden nicht verletzen, andererseits wollte ich wissen, was der Stand der Dinge ist, damit ich nicht lehre, was für ihn individuell nicht sinnvoll war. Bis heute habe ich immer noch nicht eindeutig für mich klären können was denn einen Lernenden bewegt, etwas anderes zu sagen als das, was wirklich für ihn wichtig ist. Später bei der Arbeit als Coach war es nicht anders. Wie will ich einen Menschen begleiten, wenn ich nicht weiß, was ihn bewegt, welchen Nutzen er haben will?

Ein Arzt zum Beispiel, der nicht weiß, wie er seinem Patienten helfen soll, der an einer seltenen Krankheit leidet oder der ihm verschweigt was ihn denn wirklich bedrückt oder wie er lebt, der kann die Krankheit möglicherweise in einem „Index Medicus" oder im Internet nachschlagen, die ihm Hinweise auf medizinische Zeitschriften geben oder auf wissenschaftliche Veröffentlichungen durch Kollegen (sogar in aller Welt) hinweist. Das alles steht bei einem Gespräch nicht sofort zur Verfügung.

Um was geht es eigentlich beim Sprechen im Alltag?

Wenn Menschen sich begegnen wollen sie sich beeinflussen – bewusst wie unterbewusst. Grundsätzlich geht es bei jeder menschlichen Begegnung um Beeinflussung, ob nun mit oder ohne Worte. Und es geht um die Entscheidung:

Welche Informationen will ich haben und welche will ich geben? Was erfahre ich durch die Sprache, was durch den Körper? Soll ich „natürlich", „authentisch" sein oder beeindrucken? Rollen-Klarheit – oder Selbst-Darstellung?

Eigentlich genügt es zu sein – einfach da zu sein.

Der Mensch lebt jedoch in verschiedenen Gruppen und Gemeinschaften. Mancher mehr, mancher weniger. Jede Gruppe jede Gemeinschaft fordert etwas von unserem Sein. Und irgendwann sind wir ohne Haut. Lebende Wesen, die der Luft ausgesetzt sind, brauchen eine Schutzhaut. Und niemand wirft der Haut vor, dass sie nicht das Herz ist. Aber das Herz braucht zum Schutz die Haut. So sind auch unsere Masken ein Schutz für unsere Seele, unser Herz, unsere Gedanken, unser Selbst-Sein.

Rollen und deren Masken sind bewährter Ausdruck und durchaus bewundernswertes Echo unseres Fühlens, zugleich aber auch wahrheitsgetreu, zurückhaltend, übersteigert, auf jeden Fall schützend. Wir tragen Masken, ganz gleich ob durch den Status, das Sprechen, das Abbilden. Es wäre töricht, den Masken zu verübeln, dass sie nicht die Dinge selbst sind. Die Maske ist ein lebendiges Wesen. Sie dient unserem Schutz. Je selbstverständlicher wir unsere unterschiedlichen Masken zu den unterschiedlichen Gelegenheiten tragen, umso klarer werden wir für unsere Mitmenschen, umso sicherer können wir mit Ihnen umgehen – und dann auch mit uns selbst. Unsere jeweilige Kompetenz wird sichtbar und erlebbar.

Wir werden glaubwürdig.

Die „Maske" versteckt den Träger. Manchmal schützt sie ihn. Manchmal stellt sie ihn auch klar dar, so wie der Träger es eigentlich niemals will. So oder so gibt die „Maske" dem Träger die Möglichkeit sich vom normalen Leben zu entfernen oder sich als ein anderer auszuprobieren oder gar in eine andere Daseinsform zu wechseln. Ja, der Träger einer „Maske" wechselt immer. Was er nicht bedenkt, ist, dass seine Gestalt, seine Sprache, seine Macht immer dieselbe bleibt. Nur Theatermasken sollen verdeutlichen, beim Erkennen und dem Verstehen der Handlung helfen. Auch sollen sie den Spielenden schützen, damit er der bleiben kann, der er ist. Masken verbergen das Gesicht. Betrüger, Räuber, Mörder wollen nicht erkannt werden, deshalb tragen sie Masken. Wer nicht erkannt werden will, der will auch nicht die Verantwortung für seine Handlungen, sein Sprechen, seine Taten und schon gar nicht für die Folgen übernehmen. Feigheit sei gegrüßt.

Im normalen Alltag darf die Maske kein Eigenleben führen, unkontrolliert sein, denn dann steuert uns die Maske und wir nicht mehr sie. Die eigene, wie auch die fremde Wahrnehmung wird getrübt. Wir wissen nicht mehr sicher, ist es die MASKE oder das Selbst. Die Maske in der jeweiligen Rolle wird dann zum Regisseur. Sie steuert unser Verhalten. Wir richten uns nach ihr. Einseitig, zementiert.

Wer bin ich wirklich?

Person kommt von dem lateinischen Wort *persona* was so viel bedeutet wie Maske. Person kann also jeder sein. Jeder der geboren ist, ins Geburtsregister eingetragen worden ist, einen Personalausweis besitzt, der irgendein Label hat.

Persönlichkeit ist das HABEN und SEIN eines Menschen, also so wie er eben ist und nicht nur so, wie er idealerweise sein möchte. Nicht in dem Glauben er sei etwas Besonderes, ein Ideal. Ideale, Idole entstehen aufgrund einseitiger Betrachtungen, Akzentuierungen.

Für den normalen Alltag bedeutet das, dass Persönlichkeit des Sprechenden die Summe seiner körperlichen und geistig-seelischen Merkmale ist, die unter den Bedingungen des jeweiligen kommunikativen Vorganges - verbal wie nonverbal

- als typisch und eigenartig für ihn selbst spürbar und für sein Gegenüber erlebbar werden. Das ist der ganz „normale" Mensch, der im Alltag mit anderen kommuniziert.

Es ist der Mensch (Mann wie Frau), der unabhängig von der Bewertung, der Beurteilung (durch sich selbst und andere) seiner körperlichen und geistigen Merkmale die alltäglichen wie besonderen Aufgaben - in Familie und Beruf, Politik und Gesellschaft, Wirtschaft und Verwaltung - erledigen kann. Vor sich selbst und auf andere positiv wirkt und sich und andere physisch und psychisch gesund und glücklich erhält.

Es ist der Mensch (Mann wie Frau), der kommt, manchmal auftritt, steht oder sitzt und sagt, was er zu sagen hat. Der in jeder Situation seine Gedanken und Meinungen zu einem bestimmten Thema so darlegt, dass der andere versteht, um was es geht, Lust zum Zuhören empfindet, emotional wie rational bewegt ist und die Bereitschaft zur Zustimmung entwickelt, ohne die Kritikfähigkeit des anderen zu beeinträchtigen.

Diese Persönlichkeit wollen die meisten Menschen sein. Aber warum sind sie es nicht oder fühlen sich nicht als solche?

Möglicherweise deshalb: Unsere Erziehungs- und Bildungssysteme fördern eher die Nützlichkeit eines Menschen als seine Persönlichkeit. Wissens- und Handlungsbildung stehen im Vordergrund, bestimmen eher sein Ansehen als seine Wesentlichkeit. Der Wunsch nach Perfektion und Dominanz wird unerschöpflich. Egozentrisches Verhalten und die Überbetonung der Rolle und der Funktionalität. Fähigkeiten und Fertigkeiten werden eher manipulativ und zum "Rechthaben" eingesetzt.

So ist es gar nicht verwunderlich, dass die meisten Menschen, bei ihren unterschiedlichen rednerischen Auftritten, kaum zu einer realistischen Selbst-Darstellung ihrer Persönlichkeit (und damit auch des Inhalts) fähig sind.

Also glauben sie, dass die „Maske" hilft. Tatsächlich sind sie aber weniger glaubwürdig, weniger überzeugend. Es entstehen „Mindergefühle".

Mindergefühle sind Unlustgefühle. Die psychische Dynamik eines Menschen ist darauf ausgerichtet, Unlust zu vermeiden. Ist das nicht möglich, wird abgewehrt. Abwehrmechanismen vielfältigster Art entstehen. Sie helfen die Mindergefühle nicht zu erleben. Deshalb spielen wir „Theater" im Alltag. Für wen?

Persönlichkeitsbildung ist immer zuerst Gewissensbildung. Erziehung, welcher Art auch immer, fördert eher Angst-, Scham-, Schuld- und Mindergefühle. Diese aber verhindern die voll funktionierende, stabile Persönlichkeit. Stabil erlebt ein Mensch seine Persönlichkeit dann, wenn er sich geschützt fühlt durch den festen Rahmen einer gleichwertigen Wissens-, Handlungs-, Sprach- und Herzensbildung. In jeder Situation des Lebens kann er ganz beruhigt er selbst sein, so wie er gerade ist.

Der jeweilige Mensch kann sein, was er ist.

So wie wir als Kind unsere Welt erleben durften, so werden wir auch als Erwachsener mit uns selbst, dem Leben und dem Leben anderer umgehen. Das Besitzstreben des Kindes, seine ganz narzisstische Ausrichtung auf das Leben bildet die elementare Grundlage, körperlich wie geistig, aus eigenem Antrieb auf Menschen und auf Lebensaufgaben zugehen zu können.

Selbstwertgefühl für einen Erwachsenen ist die positive Grundeinstellung zu sich selbst und seinem Handeln.

Es ist die Grundlage für sicheres Auftreten in den verschiedensten kommunikativen Begegnungen des Alltags. Das Wertbewusstsein um die eigene Persönlichkeit trägt ihn. Alle seine Handlungen, sein Sprechen sind eine Möglichkeit des SEINS.

Wir überwinden die „3 Mauern", die bei fast allem Sprechen das Miteinandersprechen eher behindern:

Die Mauer der Hierarchie - die Mauer der Vorurteile - die Mauer des Verstehens. Die voll funktionierende, stabile Persönlichkeit kann das.

Sie strahlt das aus, was tief in ihr steckt!

Wie wir miteinander sprechen, hängt davon ab, was wir in unserer Persönlichkeitstiefe verankert, unwissend zugeschüttet haben oder was offen zugänglich in unserer Persönlichkeit enthalten ist und was für andere spürbar und bemerkbar ist. Manchmal fallen Menschen auf, wenn sie z.B. geheuchelt freundlich sind, weil es die Harmonie des Ausdrucksvermögens stört. Grundsätzlich fällt jede Störung der Harmonie des Ausdrucksvermögens eines Menschen auf. Diese Störungen zu sehen ist um so schwieriger, je mehr unsere Umwelt die Selbsttarnung ermöglicht.

Enttarnung ist vonnöten.

Das gelingt eher durch die Erweiterung unseres Bewusstseins. Erweiterung des Bewusstseins vollzieht sich jedoch nicht dadurch, dass ich anderen oder mir selbst mehr Wissen und intellektuelles Begreifen vermittele, sondern durch den Zuwachs an Selbsterkenntnis. Etwas anschauen ist die große Zauberformel auf dem Weg der SELBST- Erkenntnis. Weisheit ist die Fähigkeit, alles anschauen zu können und zu erkennen, dass es gut ist, wie es ist. Das ist wahre SELBST-ER-KENNTNIS.

Wir brauchen kein „Theater" mehr zu spielen.

SELBST-sein (der, der ich bin) = Kontext-sein (Selbst und Situation) = Mensch ohne Maske sein. Denn wenn die Maske wichtiger wird als der Mensch, dann stehen wir zu allem in Widerspruch. Ich kann nicht erkennen. Hüte ich nur ein Geheimnis oder meine Gedanken oder habe ich mich schon getötet?

„Ich bin nicht der, der ich sein möchte.

Noch der, der ich sein sollte.

Ich bin nicht der, den meine Mutter gern in mir sähe.

Und auch nicht der, der ich mal war.

Ich bin der, der ich bin" (Jorge Bucay).

Kapitel 1.3:

Kommunikation ist, wenn man trotzdem versteht!

Wir sprechen miteinander über „Garnichts" und schließen Freundschaften. Wir sagen oder schreiben Dringendes, Wichtiges, Entscheidendes und keiner hört, liest oder versteht es.

Alles, was ich denke und fühle, ist innen.

Verborgen, für die meisten nicht zugänglich.

Für mich allein reicht es und ist OK.

Wenn es nach außen soll, wenn andere verstehen sollen, dann muss der Gedanke zum Wort werden. Für den anderen verständlich, ohne sich zu verbiegen, ohne Angst etwas Falsches zu sagen, ohne Furcht nicht zu genügen.

Wenn wir kommunizieren, begeben wir uns außerhalb von uns, auf fremdes Territorium – hier ist alles anderes. Kommunikation heißt also „Draußen-sein". Draußen muss fast immer neu erkundet werden. Kommunikation ist alles. Es ist alles Verbale und alles Nonverbale - sprachliche und nicht sprachliche. Vom Schrei eines Säuglings bis hin zu einem künstlerischen Werk. Vom handwerklichen Geschick bis zur industriellen Fertigung - eben alles! Ein Labyrinth.

Beobachtungen im praktischen Alltag zeigen, dass menschliche Kommunikation für Missverständnisse und Pannen vielfältigster Art anfällig zu sein scheint.
Diese gefährden die Effektivität der Zusammenarbeit. Oft auch das seelische Wohlergehen der Menschen, die miteinander umgehen, zusammenwirken wollen.
So neige ich zu der Auffassung, dass die meisten Konfliktursachen auf Kommunikationsstörungen beruhen oder andersherum: Kommunikationsstörungen sind häufig Ursachen für Konflikte.

Zum Beispiel:

Semantische Missverständnisse
das Was, des Gesagten (Bedeutung) bleibt unklar

Verwechslung der kommunikativen Ebenen und Intentionen
Ist es eine Information, ein Appell, will nur einen Kontakt, oder gar Selbstoffenbarung, (Kontakt gemeint, als Nachricht aufgefasst). Gemeinte - Gesagte – Verstandene wurden verwechselt

Nonverbale Kommunikationsmomente werden entweder nicht beachtet oder es gibt gar Widersprüche zwischen verbaler und nonverbaler Kommunikation

Versuche die Kommunikation zu verweigern
nicht zu sprechen oder was anderes ansprechen, z.B. etwa durch widersprüchliche, ungereimte, unvollständige Aussagen oder durch Konkretisierung von Metaphern

Amorpher Kommunikationsstil
kann nicht richtig formulieren, redet immer Drumherum, sagt nicht, was er wirklich sagen will...

Fragmentarischer Kommunikationsstil (Affekt)

Reaktive Sichtweise (kein Selbstbeitrag)

Symetrische Eskalation
Streit, kann nicht Einlenken

Starre Haltung (Komplementarität
der durch die dominante Position, wie Richter, Chef, Vater, Helfer, Arzt, Lehrer ... seine Position nicht infrage stellen kann oder will.

Das alles passiert trotz dessen, dass die Grundregeln der menschlichen Kommunikation sehr einfach sind:

1. **Die eigene Meinung so darstellen,
dass der andere sie verstehen,
annehmen und wiederholen kann.**

2. **Zuhören - und zwar den Punkt,
den der andere auch gemeint hat.**

Menschliche Kommunikation ist eine für den Informationsaustausch grundlegende Notwendigkeit menschlichen Verhaltens mit dem Ziel, sich zu verständigen (Verstehen und verstanden werden) **und in jeder Form die unendliche Möglichkeit des angenehmen menschlichen Zusammenlebens.**

Grundsätzlich ist es die menschliche Fähigkeit des Überlebens. Das bedeutet, so zu sprechen, zu schreiben,
zu zuhören, zu lesen, zu zeichnen, dass die Aussichten des Überlebens für uns und alle anderen Mitglieder unserer Gattung erhöht werden. Es ist das Bemühen, soziale Kontakte aufzubauen, zu vertiefen und zu erhalten.

Kurzformel der menschlichen Kommunikation lautet: Zusammenfassen von Kenntnissen = Zusammenwirken von Menschen = Fortschritt. Aber das geht nun mal nicht so glatt im vollen menschlichen Leben – dem Alltag.

Jeder Mensch – ganz allgemein betrachtet – kommuniziert (spricht, redet, schreibt, zeichnet) ohne dabei eindeutig Sache und Person trennen zu können - sowohl **sprachlich** (verbal): Stimme, Schrift, Grafik ... als auch **nicht sprachlich** (nonverbal): Mimik, Gestik, Körper, Raum, Objekte ...
Dazu nimmt er über seine Sinne wahr (sehen, hören, tasten, riechen, schmecken). Dadurch entsteht eine Fülle von Möglichkeiten des Zusammenwirkens, aber auch, hinsichtlich des Verstehens eine Fülle von Grenzen und Gefahren. Wie zuvor bei den Missverständnissen dargelegt.

Menschliche Kommunikation und damit die Sprache, Mimik, Gestik, Gebärde selbst unterliegt den Bedingungen von Wandlung und Entwicklung. Sie ist immer prozess-, orts-, gegenwarts-, und kulturbezogen.

Für das Ergebnis der menschlichen Kommunikation sind sowohl die Sprache, das Sprechen wie auch alle anderen darüberhinausgehenden Mittel, sowohl hilfreich als auch behindernd. So kann sie auch nur als das genommen werden, was sie ist: Umgang mit Menschen mit allen Fehlern, Irrtümern, Wertigkeiten und Vorurteilen.

Soll jedoch menschliche Kommunikation gelingen, dann muss in jeder menschlichen Begegnung alles getan werden, dass wir verstanden werden und auch selbst verstehen können.

Im amerikanischen Sprachraum gibt es eine noch etwas deutlichere Bezeichnung für diese Phänomen "Kommunikation". Dort wird es "General Semantic" bezeichnet. Wir würden auf gut Deutsch "Allgemeinsemantik" dazu sagen und meinen damit sicherlich, was eben zuerst und ganz allgemein kommt.
In der Tat: General Semantic/Allgemeinsemantik ist die Wissenschaft vom menschlichen Zusammenwirken durch Kommunikation.

Das verhilft uns zu einer genaueren Bezeichnung für das, was Kommunikation in unserem Sinne ist, nämlich „Menschliche Kommunikation". Sie ist als alles, was dem Zweck dient, soziale Kontakte aufzubauen, zu gestalten, zu vertiefen und zu erhalten, im Sinne: **Zusammenfassen von Kenntnissen.** (Ich weiß mehr als nur meins)

Sie ist immer **solidarisch** gemeint und auf den oder die anderen, die Gemeinschaft ausgerichtet. Sie soll das Zusammenleben von Menschen in den verschiedenen Gruppen und Gemeinschaften erleichtern.

Das Leben ist eine schier unendliche Möglichkeit von Begegnung und Bewegung. Menschliche Begegnungen, Kontakt mit sich selbst und anderen, realisieren sich auf verschiedenen kommunikativen Ebenen. Immer nonverbal (nicht-sprachlich), meist verbal (sprachlich) und auch gestalterisch/technisch.

Ganz gleich welche Ebene, Mittel, Formen oder Möglichkeiten der Einzelne hinsichtlich der menschlichen Kommunikation favorisieren will oder muss, er sollte immer bemüht sein, soziale Kontakte aufzubauen, zu vertiefen
und zu erhalten. So funktionieren menschliche Gemeinschaften. Gemeint als das Leben an sich.

Der Mensch, der einmal erfahren durfte, wie wertvoll beschützendes, verstehendes, schöpferisches Tun sein kann und wie lustvoll friedliches, erkennendes Zusammenleben ist, wird dieses Leben erhalten wollen und seine Kräfte und Möglichkeiten dafür einsetzen.

In unserem normalen Alltag geht es darum, Angst und Schweigen zu verhindern und den Dialog (ob nun rhetorisch oder dialektisch) und die menschliche Kommunikation (weltweit) zu fördern.

Doch, die menschliche Kommunikation scheint ein sehr komplexer Vorgang zu sein. Anscheinend ist es mehr als nur das Sprechen oder der Sprechvorgang selbst.

Nichts ist geregelt, nichts ist klar und eindeutig.

Vielleicht könnten einige Minimal-Forderungen helfen, wie

- **Die eigene Meinung so darstellen, dass der andere sie verstehen, annehmen und wiederholen kann.**

  Fasse Dich kurz. Schwafle nicht, Salbadere nicht, blähe nicht auf und walze nichts breit, widerstehe der natürlichen Lust am Schwatzen, verzichte auf jeden Versuch, deinen Wortschatz in der Mundhöhle zum Salat anzurichten. Fass die Sache - triff das Ziel! Sprich anschaulich, konkret, lebendig - beiß zu!

- **Zuhören - und zwar den Punkt, den der andere auch gemeint hat.**

  Was mich freut, freut den anderen noch lange nicht. Meine Formulierungen sind zunächst nicht wichtig, wesentlicher für das Verstehen ist es, den anderen und das, was er sagt, wirklich wahrzunehmen. Zuhören ist immer aktiv.

- **Richte dich an den anderen und erfülle seine Bedürfnisse.**

- **Liebe deinen Gesprächspartner wie dich selbst. Orientiere dich auf den Menschen als Person, nicht als Ware, Nutzen oder Gebrauchsgegenstand**

- **Sprich fremde Emotionen an.**

  Nicht Deine. Jedes Sprechen richtet sich an die Rationalität und Emotionalität des Menschen.
  Den Gesprächspartner nicht auf einen Verstandesmenschen verkürzen.

- **Beachte die kommunikative Intention des Zuhörers /Gesprächspartners.**

  Wenn Menschen miteinander sprechen, dann wollen sie mehr als nur die Information. Sie wollen akzeptiert, angenommen und verstanden werden. Sie wollen Kontakt, Einfluss, die Möglichkeit der Darstellung und menschliche Wärme.

- **Der Erkenntniszuwachs soll mindestens ebenso groß sein wie die Menge der Worte und Handlungen zur Vertrauensbildung und zum Informationsaustausch.**

  Das gilt immer, ob bei einer Verhandlung, einem tröstenden Gespräch ...

Diese Minimal-Forderungen der menschlichen Kommunikation, ermöglichen das Zuhören und Verstehen in menschlichen Begegnungen. Alles menschliche Verhalten für einen sinnvollen, fairen Umgang mit Menschen, verbal wie nonverbal, hat sich diesen unterzuordnen. Tut es das nicht, dann ist es an sich paradox oder eine kommunikative Illusion.

"Mit Worten beeinflussen wir nicht nur, sondern gestalten in enormem Umfang künftige Ereignisse. Aus diesem Grund schreiben Schriftsteller, predigen Prediger, motivieren Arbeitgeber, schelten Eltern und Lehrer, verschicken Werbeabteilungen tonnenweise Reklameschriften, halten Politiker Ansprachen.

Aus verschiedenen Gründen wollen alle unser Verhalten beeinflussen, manchmal zu unserem Besten, manchmal auch zu ihrem eigenen Nutzen. Dieser Versuch, durch Worte die künftigen Handlungen von Mitmenschen maßgeblich zu beeinflussen oder zu lenken, kann, als Steuerfunktion der Sprache bezeichnet werden.

Nun liegt es auf der Hand, dass eine "Steuerungs-Sprache", wenn sie Wirkung haben soll, nicht langweilig oder uninteressant sein darf. Wenn sie unser Verhalten beeinflussen soll, muss sie von jedem affektiven Element der Sprache Gebrauch machen, dramatische Abstufungen im Tonfall der Stimme, Reim und Rhythmus, Schnurren, Knurren ..."

(S.I. Hayakawa – aus „Sprache im Denken und Handeln")

Kapitel 4.1.
Körpersprache - unsere Ursprache
Dialog mit mir und anderen.

Es ist mir ein Anliegen des Herzens, nicht nur des Verstandes, mich mit der Körpersprache, besser gesagt, mit der Weisheit des Körpers zu beschäftigen.

Körpersprache ist unsere Ursprache, sie wirkt auch dann, wenn wir nicht sprechen oder nicht sprechen können.
Zur Körpersprache gehört alles, was durch und mit dem Körper etwas "sagt", etwas ausdrückt.

Sich mit dem Körper und seiner Sprache auseinandersetzen heißt schlicht und einfach, den eigenen Körper bewusst wahrzunehmen - und natürlich, im wahrsten Sinne des Wortes, auch den der anderen. Tun wir das, dann erarbeiten wir uns ein Gefühl und ein Bewusstsein für die eigene Körperlichkeit. Wir spüren die Weisheit des Körpers, die es uns ermöglicht uns selbst besser kennen zu lernen und eben auch andere Menschen. In allen menschlichen Begegnungen und menschlichen Sprechakten.
Wir verstehen nicht nur das Gesagte, sondern auch das Gemeinte besser.

Der Körper ist die manifestierte Intelligenz des Universums. Er reagiert meist spontan, d.h.: unwillkürlich, aus eigenem Antrieb, unmittelbar. Der Verstand kann ihn nicht steuern. Er kann sich also nicht so verstellen, wie wir es mit unseren Worten können. Er ist immer präsent. Wir können uns von unserem Körper nicht trennen. Er ist nicht nur ein Teil von uns, sondern wir sind unser Körper. Wie er sich präsentiert, verrät er anderen, wer oder was wir wirklich sind.

Wie ist die Haltung - aufrecht, gebeugt, gar krumm?!
Wie unser Gang - zögern, forsch, wiegend, sicher?!
Wie unsere Bewegungen - behäbig, spritzig, geschmeidig?!
Wie unsere Gesten - langsam, ruhig, fließend, abgehackt?!

All das sagt mehr über uns als tausend Worte, denn:
Wir strahlen das aus, was wir tief in uns tragen!

Und das mit jedem Körperteil. Am deutlichsten jedoch mit dem Gesicht, unserem Antlitz. Der individuelle Gesichtsausdruck gibt Aufschluss über das Befinden der

Persönlichkeit. Jede Art von Faltenbildung signalisiert die wahre Persönlichkeit. Haben wir etwa Lachfalten, die sich wie sternenförmig um die Augen kräuseln, scharfe Denkfalten zwischen den Augenbrauen, Falten um den Mund, die die Mundwinkel stark nach unten ziehen?

Egal wie - es sagt immer etwas über unser Innerstes aus.

Begegnen wir einem anderen Menschen und nehmen ihn dabei bewusst wahr, dann können wir viel über ihn erfahren, ohne ihn „ausgefragt" zu haben. Auch der andere teilt uns etwas über uns mit, über das Verhältnis, das er zu uns hat oder zu uns haben will. Seine Körpersprache ist wiederum Reaktion auf mich - und das oftmals viel ehrlicher, als es ihm und auch mir selbst lieb oder bewusst ist. Lehnt mich der andere ab, betrachtet er mich misstrauisch, deuten sich da irgendwelche Ressentiments an, werde ich angenommen? All diese Information gibt unser Körper preis. Wir müssen lediglich die "Preisschilder" lesen wollen.

Jede Sensibilisierung für die Wahrnehmung anderer, fängt immer als bewusste Wahrnehmung von mir selbst an. Somit spreche ich – und somit auch jeder andere - immer zwei Sprachen: Die verbale und die nonverbale Sprache.

Über Sprechen und Sprechakte sind wir oft weitgehend im Bilde, weniger jedoch über die bildliche Erscheinungsform von uns selbst, den Körper und seine Sprache.

So ist es elementar, sich von beiden Sprachen in gleicher Weise ein Bild zu machen, uns darin zu bilden. Wollen wir andere und das, was sie, sagen besser verstehen, Missverständnisse vermeiden, dann genügt es eben nicht nur das gesprochene Wort zu hören. Ebenso wie wir auf das gesprochene Wort hören, müssen wir auch auf die körperliche Sprache "hören", müssen den körperlichen Ausdruck ins Kalkül ziehen. Nur so können wir verstehen und möglicherweise begreifen. Will man den individuellen Menschen wahrnehmen, verstehen und in seiner Ganzheit begreifen, dann geht es nur mit beiden Sprachen.

Professor Samy Molcho drückt das so in seinem Buch „Körpersprache" aus:

„Der Körper ist der Handschuh der Seele, seine Sprache ist die Sprache des Herzens. Wenn wir offene Sinne und ein waches Auge für die Signale und Kommentare unserer Körpersprache haben und uns diese bewusst machen, können viele Gespräche und Begegnungen leichter und erfolgreicher verlaufen. Die Kenntnis der Körpersprache öffnet direkte Wege zueinander und einen freieren Umgang miteinander. Dazu gehört Kritik an sich selbst und Toleranz gegenüber anderen. "

Wenn wir schon bei Ganzheit sind und es nicht nur floskelhaft benutzen, dann gibt es auch noch einen anderen triftigen Grund, sich mit dem körperlichen Ausdrucksvermögen zu befassen, ja der es vielleicht geradezu notwendig macht: Es ist die gegenseitige Abhängigkeit von körperlicher und geistiger Verfassung.

Darauf beruht die Tanztherapie.
Wenn Sie den kleinen „Sitestep" erlauben:

Ja darauf beruht die Tanztherapie - ausgehend von der Einheit von Körper-Geist-Seele, versucht sie einen Heilungsprozess über die Bewegung in Gang zu bringen. Der Patient soll dabei über sein eigenes Bewegungsmuster, also ohne Tanztechnik im eigentlichen Sinne, bisher unterdrückte und verschüttete Gefühle und Konflikte frei und vor allem neu erleben.

Das vermag Körperbewusstsein.
Das ist die Weisheit des Körpers.

Denn ich drücke durch meinen Körper nicht nur meine Gefühle aus, sondern beeinflusse auch durch und mit meinem Körper Gefühle, Stimmungen, Denken.

Beispiel: Ist der Körper in einer Ruheposition, fließt auch der Atem ruhig und gleichmäßig, die Gedanken können frei und ruhig ihre Bahnen ziehen. Ist der Körper entspannt, ist der Geist entspannt, es entsteht Harmonie.

Regt etwas auf, spannt sich der Körper an oder wird er in Spannung versetzt, reagiert er mit schnellen, hektischen Bewegungen, der Atem wird beschleunigt, es entsteht noch mehr Anspannung, Verkrampfung - und das Ganze passiert mit dem Geist auch: Ständiges gespannt sein, ständige Anspannung, vorauseilende Anpassung lassen keinen ruhigen Gedanken fließen - wo nichts fließt, kann auch nicht entstehen. Und das alles geht auch umgekehrt.
Körper und Geist - körperliche und geistige Verfassung befinden sich also im Wechselspiel, sind eine aufeinander reagierende, miteinander korrespondierende Gemeinschaft. Das und genau das ist in den meisten Köpfen nicht so verankert - leider.

Am deutlichsten wird das durch das K-K-K-Phänomen (Konflikte-Krisen-Krankheiten). Doch auch viele Krankheiten, die schon als landläufig psycho-somatisch erkannt und auch so benannt werden, werden nicht an der Wurzel ihres Übels behandelt, nämlich da, wo sie entstehen, sondern lediglich deren Symptome kuriert.

Krankheiten werden eher weggecremt, es werden Tabletten geschluckt, schnell mal operiert - jedoch wird immer noch selten gefragt, wo ist denn die Ursache für die körperliche Reaktion? Auf welches Problem der Seele reagiert der Körper mit Krankheit?

Zum anderen meinen viele Menschen, sie könnten ihren Körper, ihren Körperausdruck, ihre Körpersprache so trainieren, dass andere die mögliche Diskrepanz zwischen geistiger und körperlicher Verfassung nicht bemerken.

Welch' ein Irrtum! Kurzfristig und einmalig kann jede körperliche wie sprachliche Manipulation wirksam werden. Dennoch müssen wir uns im Klaren darüber sein, dass unser körperlicher Ausdruck ein Abbild unserer geistigen Verfassung ist. Unser Körper ist das, was er denkt.

Jedoch - wenn ich an mir selbst interessiert bin, neugierig meine eigene Entwicklung verfolge, mich selbst liebe, dann kann ich meinen Körper nicht außen-vorlassen. Im Einklang mit mir selbst kann ich nur sein, wenn ich meinen Körper ebenso in mein Bewusstsein rücke, wie alle anderen fachlichen Bildungen.

Jedes nicht geheuchelte oder lediglich zielbezogene Interesse an anderen Menschen - ob nun Kollegen, Mitarbeiter, Freunde, Eltern, Geschwister, Kinder, Partner... - fängt mit dem Interesse an der eignen Person und der Bildung der individuellen Persönlichkeit an. Dieses Interesse ist der sensible Umgang mit meiner Körperlichkeit - zuerst, denn ohne die Sensibilisierung für mich selbst, kann ich auch keinen anderen sensibel wahrnehmen. Nehme ich mich selbst nicht ernst, begreife ich meine eigene Körperlichkeit nicht, dann nehme ich auch andere nicht ernst, geschweige denn, dass ich sie begreife.

Signale anderer Menschen durch ihre Körpersprache zu verstehen, bedeutet den anderen ernst zu nehmen, ihn bewusst wahrzunehmen, einfühlsam zu sein - so wie er ist.

Bestimmte interpretierbare Ausdrucksmerkmal auswendig zu lernen und wie Vokabeln herunterleiern zu können wird der Bedeutung der Ganzheit des Menschen nicht gerecht - der Mensch bleibt in seinem Kontext auf der Strecke. Das bedeutet sich selbst und dem Körper keinen Respekt zu zollen.

Respekt *(lat. respectus) bedeutet so viel wie zurückblicken, annehmen, anerkennen.*

Wahrnehmen in menschlichen Begegnungen bedeutet zuerst Körpersignale und Verhalten zu erkennen. Dieses richtig zu interpretieren und verständlich zu antworten ist kommunizieren. Damit das gelingen kann, drücken wir, ob wir es nun bewusst wollen oder nicht, jede innere Bewegung, Gefühle, Emotionen, Wünsche durch unseren Körper aus.

Körpersprache, Körperausdruck ist Ausdruck innerer Bewegungen.

So ist es dem Menschen nicht möglich, nicht zu kommunizieren. Der Mensch "spricht" immer, auch wenn er nichts sagt, durch und mit seinem Körper. Der Körper lügt nie. Menschliche Körper sind ständig im Dialog, durch Mienenspiel, Gesten, Stimmklang, Laute, Haltung, Blicke. Es ist der Ausdruck individueller, menschlicher Einstellungen. Dieser ist nie eindeutig. Deutlich ist, dass zum Erkennen der jeweiligen "Körpersprache" eben keine Normierungen, vorausschauende Vermutungen, Verhaltensdeutungen möglich sind.

Die Fähigkeit des Menschen zur Selbstbeobachtung ermöglicht es ihm, sich zu verstellen, indem er bestimmte Ausdrucksformen bewusst darbietet, um ganz andere Absichten dahinter zu verbergen. Es ist leichter, ein Gefühl mit Worten zu leugnen, als im Ausdruck zu unterbinden. Das Verstellen gelingt höchst unvollkommen.

Auch sind menschliche Ausdrucksformen kulturell bestimmt, und so kann ein- und dieselbe Form (Geste, Blicke, Haltung, Miene ...) diametral unterschiedlich aufgefasst werden. Eine ununterbrochene Kette von Haltungen und Bewegungen bildet die äußere Erscheinungsform des körperlich-menschlichen Daseins.
Die motorischen Äußerungen des Menschen bestimmen das Ganze, und das Ganze wiederum bestimmt die Wirkung der Persönlichkeit.

Abgesehen von offensichtlichen und leicht verständlichen Ausdrucksmustern (heftige und eindeutige Emotionen in Unter- und Überlegenheits-Situationen) gibt es signifikante Korrelationen nur beim Distanzverhalten von Menschen. Der konkrete Ausdruck des Menschen setzt sich aus einer Mehrzahl von Quellen zusammen, die nur dann wahrgenommen werden können, wenn man den Menschen als Ganzes ohne jedes Urteil wahrnimmt und akzeptiert.

Die "Körpersprache" des Menschen wahrzunehmen, sie verstehen zu lernen und sich im sinnvollen Umgang mit ihr zu üben, ist für alle menschlichen Begegnungen notwendig.

Die wichtigsten Quellen des aktuellen Ausdrucks sind *habituelle Ausdrucksformen*: Gewohnheiten, die oft in den Erfahrungen der frühen Kindheit wurzeln, *aktuelle, aber vorsituationale Ausdrucksgründe:* Tagesform, Stimmungen, Erfahrungen, Erlebnisse, Bedürfnisse, Erwartungen ..., *aktuelle und situationale Ausdrucksgründe*: hier sind Fehldeutungen nicht selten (Ausdruck und Eindruck stimmen nicht überein).

In der *Haltung* erkennen die Zuhörer die persönliche Selbständigkeit des Sprechenden und seine Beziehung zur kommunikativen Situation. Diese Beziehung kann Zuwendung oder Abwendung sein. Die natürliche Körperhaltung eines Menschen ist asymmetrisch. Grund ist das unbewusste Streben nach minimaler Spannungsempfindung oder einem angenehmen Körpergefühl oder nach größtmöglicher Stabilität. Gleichgewicht und Stabilität vermitteln Sicherheit.

Bei Gefühlen der Unsicherheit wächst also der Wunsch nach einer asymmetrischen Haltung (lockere Form).
Diese Haltung signalisiert dem Zuhörer eher eine bestimmte Ambivalenz (Unentschlossenheit).
Meist als geringe "Öffnung" und/oder Abwendung vom Zuhörer interpretiert.

Tatsächlich gibt das Distanzverhalten des Menschen einigermaßen verlässliche Auskünfte über Zu- und Abwendungen. Begründet liegt dieses Distanzverhalten in dem in der Pubertät gebildeten "Revierverhalten". Menschen, die sich in der Situation wohl fühlen, ertragen kleinere Distanzen und Offenheit ohne Abwehr oder suchen selbst Distanzen zu verkleinern. Es ist ein Spannungsbogen von Zuneigung und Abwendung.

Gesten sind körperliche Ausdrucksbewegungen, besonders der Arme und Hände. Diese können willkürlich, unwillkürlich oder reflexhaft sein. Willkürliche Gesten sind mit Bewusstheit ausgeführte Bewegungen. Eine Reflexbewegung reagiert unabhängig von unserem Willen mit Regelmäßigkeit und in typischem Ablauf auf einen Reiz. Oft geben die Reflexbewegungen Aufschluss über die innere Bewegtheit einer Person, z.B. Lidschlag, erröten, zittern, erbleichen). Unwillkürliche Gesten entstehen durch häufige Wiederholungen, die das Bewusstsein zurückdrängen und mehr und mehr zum Automatismus werden.

Gesten entstehen durch bewusste und unbewusste Übernahme in der frühen Kindheit. Häufig hängt es von der Intensität der Identifikation des Kindes mit der Bezugsperson ab, ob und welche Gesten später auftauchen. Die moderne Zivilisation auferlegt dem Menschen weitgehende Zurückhaltung in der Äußerung seiner

Affekte. Diese Konvention hat Gesten zumeist unterdrückt. So verlieren viele Kinder durch Zwänge in der Erziehung ihre Spontaneität in den Gesten. Gesten, die später im Erwachsenenalter bewusst von anderen übernommen und ausgeführt werden, wirken oft auf Drittpersonen gekünstelt, störend und manchmal lächerlich.

Das *Gesicht* ist der wichtigste Bereich des Körpers für nonverbale Signale. Durch seine hohe - natürliche - Ausdruckskraft kann es gut Informationen senden und wird daher auch am meisten beachtet. Es ist entscheidend für Sympathie und Antipathie. Diese Bedeutung kommt daher, weil sich die frühesten Ausdrucksweisen des Gesichtes durch Augen, Mund, Nase, Mienen, die für den Fortbestand und die Entwicklung des Menschen nützlich waren, zu sozialen Signalen ritualisiert haben. Einige dieser Signale wurden so im Laufe der Entwicklung der Menschheit zum Bestandteil eines angeborenen Repertoires. Das Gesicht selbst entwickelte sich als ein Kommunikationsbereich. Besonders wesentlich ist hier das Lächeln - sowohl mit dem Mund als auch mit den Augen. Das Lächeln nimmt die Angst und mindert die Anstrengung des Zuhörens. Der ständig angebotene Blick-Kontakt signalisiert Zuwendung und bildet so die kommunikative Brücke zum Zuhörer.
Der Augenkontakt kann auch Geste und Betonung zugleich andeuten. Einen solchen Blick-Kontakt können folgende Ursachen verhindern:

- fachliche und persönliche Unsicherheit
- Angst und Hemmungen, Schuldgefühle und Scham
- überstarke Konzentration
- Unkenntnis von der Notwendigkeit des Blick-Kontaktes
- Bewusste und unbewusste Ablehnung (Antipathie,
  Arroganz, Ignoranz)
- fehlende/geringe Identifikation mit der Aussage
- keine oder geringe Überzeugungskraft

Die *Atmung* ist wohl das deutlichste und am wenigsten bewusst beeinflussbare Phänomen jedes menschlichen Austauschprozesses. Atem ist Rhythmus. Rhythmus ist die Grundlage alles Lebendigen. Einatmen, ausatmen sind synonym mit Spannung und Entspannung. Am deutlichsten zeigt sich dies, wenn wir seufzen. Atem ist die Nabelschnur, durch die das Leben zu uns fließt. Der Atem sorgt dafür, dass wir in dieser Verbindung bleiben. So sehr wir auch immer wieder versuchen unser Ego abzukapseln, der Atem zwingt und die Verbindung zum anderen aufrechtzuerhalten. Ob es uns passt oder nicht, der Atem verbindet uns ständig mit allem: Menschen, Pflanzen, Tieren. Der Atem gibt am deutlichsten unsere

Absichten und unseren Willen hinsichtlich des Kontaktes und der Beziehung wieder. *Atmen ist Nehmen und Geben.*

Menschliche Begegnungen werden real durch Geben und Nehmen. Ein lockeres und kräftiges Ein- und Ausatmen gibt uns ein freies Gefühl und ungehinderte Lebensfreude. Eine starre Brust und flaches Atmen beengen und reduzieren auch unser Gefühlsleben. Hält man sich mit der Luft knapp und lässt sie heraus, so gleitet man in einen passiven Zustand. Nimmt man sie mit geschwellten (Lungen-) Flügeln aus, so bringt man sich in eine aktive, unternehmungslustige Verfassung. Rasch, kurz und flach ein- und ausatmen signalisiert Alarmbereitschaft, bis hin zum Hyperventilieren. Weg-Pusten gibt uns Gelegenheit die Abwehr vorzubereiten. Alles geschieht unwillkürlich.

Kapitel 1.5:

Ausdruck und Klarheit des Gesagten.

So wirkt menschliche Kommunikation.

„Am Anfang war das Wort…" (Die Bibel Joh.1.1) - am Ende der Konflikt? Worte stürzen auf uns ein - von Anfang bis Ende unseres Lebens.

Sind Worte immer notwendig, um sich zu verständigen?

Woraus besteht unser täglicher Niagarafall von Worten?

Was machen wir mit Worten und was machen diese mit uns? Welche Worte fördern und welche behindern eher, wenn wir miteinander sprechen?

Die meisten Menschen meinen oder glauben, Worte seinen nicht wirklich wichtig; was wichtig ist, seien die "Ideen", an deren Stelle sie stehen. Wie erkenne ich aber die „Idee", wenn sie nicht in Worte gefasst wird? Wort und „Idee" müssen also identisch sein, sonst verstehe ich nicht, welche „Idee" gemeint ist und auch manchmal die Worte nicht.

Kein Wort hat jemals genau zweimal dieselbe Bedeutung, deshalb kann es auch nur im Zusammenhang gültig sein.

Ich sage ein Wort im Scherz und meine es auch so, es wird jedoch von dem anderen als Beleidigung interpretiert. Hinsichtlich des Verstehens kann das Wort nur im Kontext stehen: zur „Idee", also der Person, der Situation, der Zeit, der Stimmung.

Worte, Mensch und Kontext sind eine Einheit.

Besteht diese Einheit nicht, dann sind Worte oft ein Anlass für Konflikte. Die meisten Konflikt-Ursachen beruhen auf Kommunikationsstörungen oder andersherum: Kommunikationsstörungen sind häufig Ursachen für Konflikte. Jedoch auch das gilt: Sprechen oder sprachliche Prozesse können ein Mittel der Konfliktlösung zu sein, wenn sich die an einem Gespräch Beteiligten um die Klarheit im Ausdruck des Gesagten bemühen.

Kommunikation ist ein sehr komplexer Vorgang, daher an sich missverständlich. Anscheinend ist es mehr als nur die Worte, die Sprache, das Sprechen oder der Sprechvorgang selbst. *Kommunikation ist alles.*

Nichts ist geregelt, nichts ist klar und eindeutig. Generell scheinen menschliche Begegnungen subsumiert unter dem Begriff menschliche Kommunikation für Missverständnisse und Pannen vielfältigster Art anfällig zu sein. Oft gefährden diese dann sowohl die Effektivität der Zusammenarbeit als auch das seelische Wohlergehen der Menschen, die miteinander umgehen oder zusammenwirken wollen.

Enirstadu nennt Hans Reimann in seinem "Vergnüglichen Handbuch der deutschen Sprache" das Merkwort für die Häufigkeit der Buchstaben, wie sie in der deutschen Sprache verwendet werden. Dennoch ist es ein sinnloses Wort für viele, aber ein sehr sinnreiches für Hans Reimann.

Sprache ist zunächst gesprochenes Wort. Um Worte, Sprache real werden zu lassen müssen bestimmte Sprechwerkzeuge (Stimmbänder, Lippen, Zunge...) in Bewegung gesetzt werden. Das gilt für jeden der sich mitteilen will, für mich auch. Ich mache den Mund auf und gebe Lautgebilde von mir, die aufgrund einer Vereinbarung von Mitmenschen hingenommen und manchmal verstanden werden. Ein Wunder?

Ich abstrahiere hier ein wenig, um durch die definitorische Distanz ein besseres Verständnis für die Wichtigkeit des sprachlichen Ausdrucks zu ermöglichen:

Sprache sind die gesprochenen und/oder geschriebenen Laute und Zeichen, die entsprechend der jeweiligen „kulturellen Reife" einer Gemeinschaft, die Gedanken verständlich machen, um so einen Zugang zur Kenntnis der Dinge zu erhalten.

Sprache unterliegt den Bedingungen von Wandlung und Entwicklung. Sie ist Prozess. Sie dient der Verständigung der Menschen untereinander durch Vermittlung von Informationen.

Über diesen eigentlichen Verständigungszweck hinaus ist sie auch,

- die Fähigkeit zu sprechen,
- die Menge aller Ausdrucksmittel, die dem Sprechenden zur Verfügung stehen,
- generell die Art und Weise zu formulieren und sich auszudrücken,
- der sprachliche konkrete Ausdruck des Denkens,
- die Fertigkeit der Überzeugung wie auch der Überredung,
- der Träger von Informationen,
- das Mittel, um menschliche Beziehungen herzustellen und ihnen Ausdruck zu verleihen,
- ein Medium für Dichtung und Fantasie.

Sprache ist eine offene Menge von Zeichen und Verbindungsregeln von Zeichen, die in einer Gesellschaft/Gemeinschaft zum Zwecke der Mitteilung gebildet werden können.

Dazu gehören auch Ausdruckszeichen, insofern sie Mitteilungscharakter haben, also auch die Körpersprache. Sprache ist zuallererst auf die Gemeinschaft ausgerichtet. Inhalt, Gesprächsstoff sind zunächst zweitrangig.

Wir sprechen miteinander über "Belangloses", blödeln gar und schließen Freundschaften fürs Leben. Dennoch ist es elementar in der jeweiligen Situation, Zeit, Ort entsprechend, Gesprächsstoffe so sorgsam auszuwählen, über die dann eine unmittelbare Übereinstimmung möglich ist. *Der Sinn jedoch ist oft entscheidender als die „Buchstäblichkeit" des Gesagten.*

Sprechfähigkeit meint die Fähigkeit (das Vermögen = er vermag ...) eines Menschen mit der er mit seiner Sprache umgeht (und/oder auch fremden Sprache). Mittel der verbalen Kommunikation sind eben auch alles mit deren Hilfe sich Menschen verständigen wollen (oder müssen). Welche sind wirksam? Welche eher nicht? Die Kriterien die die Wirksamkeit ergeben sind: Kontext – Art der Formulierung (z.B. Höflichkeit – Körperbewusstheit – Tonfall/Stimme.

Gemessen werden kann es sowohl an dem Ausdruck rein technischer Merkmale (Grammatik: Wortwahl, Satzbau, Gliederung) als auch daran, wie die Sprache in den verschiedenen Situationen des Alltags angewandt wird.

Die richtige, die natürliche, die gebrauchte Sprache ist nicht kunstvoll, abstrakt, verrenkt, sondern ist genau der spezielle Ausdruck für das, was gerade gemeint ist.

Gebrauchssprache ist nicht Kosmetik, sondern eher Körperpflege.

An dieser "gepflegten" Sprache kann man die Vorzüge einer „*Sprechleistung*" erkennen. „*Sprechleistung*" ist die höfliche Umschreibung für das, was „man" so den ganzen Tag zusammenschwätzt. Alles, auch Worte an den Freund, als Befehl, Bitte, Beratung, Lüge, Hoffnung...; auch Worte als Ergebnis konkreter Lebenserfahrung und auch Worte lediglich als Experimente mit der Wahrheit?!

Ich spreche etwas aus. Sage etwas. Sage, was ich denke. Äußere meine Gedanken, meine Ideen. Ich spreche, kann aber auch etwas entstellt wiedergeben - absichtlich oder infolge der Unfähigkeit, etwas auszudrücken. Sprache dient nicht nur der Klarheit, sie dient oftmals dem Verschleiern von Gedanken, der Lüge.

„Und einem solchen Mann glaubt man, der nicht einmal die Wörter versteht, in denen er spricht" (Georg Christoph Lichtenberg).

Sprechen dient dem Abreagieren wie auch der Entzweiung, auch wenn es vor allem anderen der Verständigung zu dienen hat. Für ein sinnvolles Zusammenleben von Menschen muss deshalb Sprache so sein, dass alle Aussagen nachprüfbar sind, denn wo immer Menschen sich begegnen, ist Vertrauen das Wesentliche. Vertrauen hat aber immer mit Glaubwürdigkeit und Überzeugung zu tun.

Die meisten Sprechenden sind davon überzeugt, dass sie sich verständlich und zureichend überzeugend ausdrücken. Ich gehöre auch dazu. Diese Überzeugung ist in aller Regel irrig. Weil diese Überzeugung jedoch allgemein verbreitet ist, fällt es mir und möglicherweise auch den meisten anderen Menschen schwer einzusehen, dass sie dadurch eher dem Irrtum, der Vermutung, der Verunsicherung Tür und Tor öffnen. Es fällt ihnen auch gar nicht ein, wenn menschliche Kommunikation möglich geworden ist, dass nicht sie es sind, die das erreicht haben, sondern immer die Liebe der anderen - wobei sie selbst manchmal auch der andere sind.

Selbst bei direktem Erleben dieser Art mit anderen zu sprechen, sind viele Menschen irritiert. Lautstarke, vehemente Ausreden, Erläuterungen und brüske Ablehnungen sind die Folge. Richtiges Sprechen gibt es nicht, ebenso wenig wie richtiges Denken oder richtiges Schreiben. Lediglich gibt es ein bestimmtes Sprechen in einer bestimmten Situation: Schauspieler, Redner, Ansager.

Unabhängig davon und unabhängig von der kommunikativen Situation, ob nun Gespräch, Konferenz, Besprechung, Verhandlung, Präsentation - hier einige Hinweise für das Sprechen, um in Konflikten eher auch eine Sachebene gelangen zu können:

- ***Sprechen Sie so, stellen Sie so Ihre Meinung dar, dass der andere das, was Sie sagen, zutreffend wiederholen kann.***

  Kann er das nicht, braucht er dazu wesentlich mehr Worte als Sie in Ihrer Darstellung, dann haben Sie nicht gut gesprochen, dann war Ihre sprachliche Darstellung unter- oder überredundant, ungegliedert, wenig anschaulich.

- ***Sagen Sie was Sie zu sagen haben und was Sie sagen wollten, ehe Sie zu sprechen begannen.***

  Irritieren Sie durch Ihr Sprechen nicht den anderen durch eine Art von Wortschwall, Ideenflut, assoziative Ketten Ihrer Gedanken. Es ist in aller Regel falsch, dass alles das, was Ihnen während des Sprechens einfällt, auch unbedingt Sagens wert ist, denn eher wird Ihre sprachliche Darstellung dadurch zu einem amorphen Schwall von Worten, statt eine stabile Brücke, die Ihr Zuhörer zwecks Verständigung begehen kann. Disziplin ist eher besser, nicht immer, jedoch meist dann, wenn es sich nicht darum handelt, Kontakte aufzubauen, zu appellieren, zu vergewissern.

- ***Fragen Sie, wenn Sie Ihren Gesprächspartner nicht verstehen, wenn es problematisch ist, wenn Ihnen etwas "fragwürdig" erscheint, jedoch fragen Sie nach, und verwenden Sie keine "Fragetechnik" als eine Form der überlegenen, taktischen Gesprächsleitung.***

  Besser als eine direkte Frage ist die Vergewisserung beim Partner durch die zusammenfassende Darstellung des bis zu diesem Zeitpunkt Verstandenen: "Sie sagten...", "Sie behaupteten...", "Sie meinten...", "Sie vermuteten ..." oder "Habe ich Sie recht verstanden, dass ...". Wenn Sie schon direkt fragen müssen, dann stellen Sie nie Fragen, mit deren Antworten Sie voraussichtlich nicht einverstanden sind. (Beispiel: "Was glauben Sie, sollte man Ihrer Meinung nach, tun?" - Sie selbst haben aber schon eine bestimmte Vorstellung). Das führt nur zum Streit, der häufig nur sehr unmenschlich beigelegt werden kann und oft Sieger und Besiegten kennt. Die richtige Frage im richtigen Moment zu stellen, ist eine Frage der geistigen Kraft.

- *Sprache, Sprechen, Verbales und Nonverbales, Geschriebenes und Gezeichnetes ... sollte immer und zuerst der menschlichen Kommunikation dienen.*

Kommunikative Begegnungen sind immer und zuerst menschliche Begegnungen. Machen wir uns dabei immer klar, dass Freund, Feind, Geliebter, Geliebte, Kinder, Eltern ... die gleiche Luft wie wir selbst atmen. Es ist die gleiche Luft, die Pflanze und Tier einatmen. Der Atem verbindet uns mit allem in dieser Welt. Wir treten durch unser Sprechen, bei dem Ein- und Ausatmen am deutlichsten für uns spürbar wird, mit dem anderen in Kontakt, in Beziehung. Das genau ist mit- und zueinander zu Sprechen.

- **Weiterhin kommt in der nonverbalen Kommunikation der Stimme eine tragende Rolle zu. Ohne Stimme sind viele Sprachhandlungen nicht möglich:**

"sprechen", "reden", "beschreiben", "erklären", "predigen", "schwatzen", "schreien", "flüstern", "plappern", "palavern", "säuseln", "schweinigeln", "informieren", "faseln", "dozieren", "salbadern", "beanstanden", "gestehen", "schimpfen", "streiten", "deklamieren", "mitteilen", "lügen", "loben", "fragen", "antworten", "plaudern", "erzählen". Und in der Umgangssprache ist "Stimme" reich vertreten. Hier einige Beispiele: "seine Stimme kontrollieren", "verräterische Stimme", "mit tränenerstickter/zitternder Stimme", "eine heisere, angestrengte, dünne, schwache, helle, sonore, einschmeichelnd, schnarrende, arrogante Stimme", "Stimme hebt und senkt sich", "Unterton. Obertöne", "am Klang seiner Stimme erkennen", "die Stimme verschlagen", "Lippen-Radio", "Stimme wie ein Reibeisen", "da haste Töne", "in diesem Ton lasse ich nicht mit mir reden", "eine Stimme bilden", "meine Stimme erheben", "aber Wie sie das gesagt haben!", "schreiende, brüllende Stimme".

(entnommen aus „Über die Funktionsweise der Stimme in der Kommunikation" von Vazrik Bazil und Manfred Piwinger)

Um Ausdruck und Klarheit des Gesagten zu unterstützen, gibt es auch noch die rhetorischen Wirkungsmittel der verbalen Kommunikation (mehr darüber in den Kapiteln zur Rhetorik). Rhetorische Mittel dienen der Überzeugung. Überzeugung ist die freiwillige Zustimmung zu einem sprachlichen Informations- und/oder Identifikationsangebot.

Überredung, Manipulation sind ausgeschlossen. Rhetorische Mittel ermöglichen ein leichtes und schnelles Verstehen durch geschickte und klare verbale Darstellung. Feindaggressivität und Vernichtungsaggressivität die prägend für unsere Kommunikationskultur sind, sind eher ausgeschlossen.

"Von zwei möglichen Wörtern ist immer das schlichtere zu wählen."
Paul Valéry (1871-1945), französischer Lyriker und Essayist

Kapitel 1.4.

Ausdruck und Klarheit der Persönlichkeit.

Das bewirkt der Sprechende, der Redner.

Es gibt keine Wirkungsmittel per se. Jeder Sprechende hat sein eigenen Wirkungsmittel. Diese zu Ausdruck zu bringen, sie im Alltag auch wirklich zu leben, das kann nur eine voll funktionierende Persönlichkeit, gemeint als voll funktionierendes ICH das zu einem SELBST geworden ist. Kompliziert? Nein!

Du bist wie du bist und du stehst auch dazu.

Persönlichkeit wird unterschiedlich definiert.
Im Sinne der praktischen Anwendung des Sprechenden ist Persönlichkeit der Strukturaspekt eines Menschen von Wandlung und Entwicklung, der ihn als Ganzes, d.h. als Einheit von Körper, Geist und Seele, zu einer einzigartigen, schöpferischen (kreativen) Anpassung im Leben befähigt, situativ und generell und von sich aus.

Du bist wie du bist und du stehst auch dazu – als ein soziales Wesen.

Unabhängig von Definitionen ist es für die lebende Persönlichkeit wesentlich, wie sie sich selbst sieht, weil das Bild, das sich ein Mensch von sich selbst macht, ihn fördert oder hemmt. Entscheidend ist nicht das, was man ist, sondern was man von sich hält, immer in der Wechselbeziehung zu anderen. Leider?!

Die Persönlichkeit des Sprechenden sieht sich im universalen Zusammenhang mit allem – immer im Kontext. Sprache und Sprechen zum Beispiel könnte ohne soziale Beziehungen zwischen Individuen nicht entstehen. Daraus kann man verlässlich ableiten, dass der Mensch unmöglich etwas anderes sein kann als ein soziales Wesen.

Falsche Vorstellungen vom eigenen ICH, der INDIVIDUALITÄT, dem SELBST, wie sie in unserer Kultur so häufig sind, „verkrüppeln" die PERSÖNLICHKEIT.
Damit „verkrüppelt" auch unser Bewusstsein für das, was wir sprechen und was wir damit bewirken. Diese „Verkrüppelung" wird durch den VERLUST DER MITTE deutlich:

- Kommunikationsunfähigkeit
- Geborgenheitsverlust
- Störungen der emotionalen Ausdrucksfähigkeit.

Mit Kommunikations-Unfähigkeit ist das Sprechen nur mit Bedingungen gemeint, sogenannt zielgerichtet. "Small Talk" oder unterhaltende Plaudereien sind kaum möglich, ja bisweilen verpönt, mindestens aber negativ belegt, auch sogenannte "Freizeit-Gespräche" sind immer "zielorientiert", entweder schwerwiegend problematisiert oder grölend, dröhnend lachend begleitet oder endlos immer gleichbleibend (langweilig). Sprechen dient weniger der Verständigung oder Bereicherung, sondern mehr der Selbst-Darstellung und dem Entertainment und führt so zur Wortgewalt. Man kann oder will nicht mehr aus sich herausgehen, sich offenbaren, sich mit anderen oder einer Sache auseinandersetzen.

Stattdessen will man Recht haben, gebraucht Rechtfertigungen, Erklärungen, Behauptungen. Kommunikation verkommt so zu einem lustvollen bis qualvollen Selbstbezug. Das Sprechen ist eher egozentrisch, alles dreht nur um sich selbst, man spricht nur im Jargon seiner Arbeit, seines Lebens. Das macht einsam, das isoliert. Das wird dann auch noch unglücklicherweise "Übereinstimmung" oder "gleiche Wellenlänge" genannt. Durch diese Art des Sprechens will man jedoch nur eines, sich selbst ins rechte Licht setzen und andere dafür ins Unrecht, aber für das, was man tut, was man erlebt und empfindet, nicht verantwortlich zu sein. Der Mensch lebt auf einer verbalen Insel und sieht kein Steg zum Ufer.

Geborgenheitsverlust ist ein längerer oder vorübergehender Zuwendungsentzug, vom Nichtansehen in einem Gespräch bis zur permanenten Abwendung und Nichtachtung. Jeder Mensch will sein. Ich will Dasein.

Er hat ein Bedürfnis nach Bestätigung seines Daseins.

Dieses Bedürfnis ist das Motiv vieler menschlicher Handlungen, die über den eigentlichen Erhalt der zum Leben notwendigen Dinge: "Die drei großen L" -Luft, Lebensmittel, Liebe hinausgehen. Wird dieses Bedürfnis nicht befriedigt, dann sucht der Mensch nach Befriedigung.

Das äußert sich fast immer durch Überkompensation von empfundenen und nicht bewusst empfundenen Defiziten. Diese Menschen laufen (bisweilen rasen sie sogar) mit hängender Zunge durchs Leben. Bedenken Sie: Nur wer sich noch nicht gefunden hat, sucht sich ständig in anderen und anderem. In den schlimmsten Fällen kommt es im wahrsten Sinne des Wortes zum Drama. Leben wird nicht mehr gelebt, sondern "aufgeführt", z.B. durch ...

- Über-Aktivitäten (Workaholic ...);
- Flucht-Aktivismus (keine Muße finden ...);
- Kompensatorischer Ehrgeiz (Titel, Orden ...);
- Helfer-Berufe (Krankenschwester, Pfleger, Arzt, Psychologe, Therapeut ...);
- Flucht-Berufe (Reiseleiter, Archäologe ...);
- "Sorge" um "Schwache" (alle kommen immer zu mir...).

Störung der Ausdrucksfähigkeit ist die Unfähigkeit seinen tatsächlich empfundenen Gefühlen, den ihnen adäquaten Ausdruck zu verleihen. Emotionen sind die Gefühle und Empfindungen eines Menschen, die nach außen hin wirksam werden. Sie sind so etwas wie die Grundstimmung der Persönlichkeit. Es ist zu natürlich, seine empfundenen Gefühle auszudrücken. Kann man seine empfundenen Gefühle nicht adäquat ausdrücken, so ist das häufig der entscheidende Grund dafür, warum manchmal, trotz bester Absichten, Überzeugung, nicht möglich wird. Dennoch halten viele Menschen lieber alles zurück. Möglicherweise könnten sie etwas von sich geben, was sie nicht wollten. Gefühle zu beherrschen ist ihnen wichtiger, als diese zu leben. Sie ahnen nicht, wie das die Substanz ihrer Aussagen entscheidend mindert, ja in dem einen oder anderen Falle sogar als Lügner erscheinen lässt. Dennoch: Lieber leben sie im selbst erschaffenen Käfig ihres Lebens einsam dahin, als sich und andere real zu erleben. Kenntlich wird das durch alle Formen des eingeschränkten Sprechens, wie z.B.

- Graffitis (Wandsprüche);
- Rockersprache;
- Jargon bestimmter Gruppen (meist Jugendliche);
- Computerdeutsch; Fach-chinesisch;
- Politiker-, Manager-, Soziologen-Sprache;
- Möglichkeits- und Leideform statt Tatform (Konjunktiv statt Indikativ)

Die voll funktionierende Persönlichkeit ist notwendigerweise durch bestimmte Merkmale gekennzeichnet. Erkennbar werden diese jedoch ausschließlich durch das Verhalten.

Außerdem müssen wir berücksichtigen, dass unser Leben ständig fließt und sich bewegt, alles ist im Fluss, nichts ist statisch – obwohl wir Menschen oft so tun, als sei es so. Also, eine funktionierende Persönlichkeit ist ein Begriff der grundsätzlich die Vorstellung von Bewegung miteinschließt.

Um sich zu einer voll funktionierenden Persönlichkeit entwickeln zu können, muss man den Aspekt von ständiger Wandlung und Entwicklung für sich selbst und die anderen verinnerlichen und dann die Gelegenheit haben, ein lebenswertes Leben zu leben. In diesem Leben und in seiner Welt muss er Menschen um sich haben, die ihm hilfreich sind, ihn eher fördern als behindern.

Die Merkmale der voll funktionierenden Persönlichkeit:

- HAT EINE GUTE MEINUNG VON SICH SELBST
  (Selbstbejahung, Angstfreiheit)

- denkt gut von anderen
  (Respekt, Anerkennung, soziale Beziehung)

- erkennt ihre Chance in anderen (Egoismus - Altruismus)

- sieht sich als Teil einer sich verändernden Welt

- ständig in einem Entwicklungsprozess

- bejaht das Fortschreiten des Lebens und die Dynamik des Wandels

- entwickelt und pflegt menschliche Werte und Normen

- lebt nur im Einklang mit ihren Werten

- ist sich ihrer schöpferischen Rolle bewusst.

So gelingt das geschickte Sprechen im Alltag und damit auch ein sinnvoller und fairer Umgang mit Menschen und Worten. **Der Sprechende entfaltet so alle seine persönlichen Wirkungsmittel.** Er erzielt nicht nur Wirkung. sondern auch wirkliche Überzeugung.

"Überzeugen" ist ein kommunikatives Handeln, bei dem der Sprechende, die freiwillige Zustimmung zu einem sprachlichen Informations- und/oder Identifikations-Angebot erhält. Manipulation und Überredung sind da völlig ausgeschlossen.

Die Fähigkeit eines Menschen zu *überzeugen* (sein Überzeugungsvermögen) setzt sich zusammen aus **Überzeugungstechnik** (25-30 %) und aus **Überzeugungskraft** (70-75 %).

Überzeugungstechnik ist alles das, was wir uns an Wissen und Können aneignen können durch Erziehung, Erfahrung, Bildung, Ausbildung, Schule, Studium, Beruf, Methoden und Techniken.

Überzeugungskraft ist die Fähigkeit des Menschen, die Merkmale einer voll funktionierenden Persönlichkeit zu realisieren.

Das Überzeugungsvermögen eines Menschen wächst in dem Maße, indem er sein Denken, Sprechen und Handeln (als Einheit) mit seiner Person identisch lebt. Das ist sein Wirkungsmittel, ganz grundsätzlich, zusätzlich zu seinen individuellen.

Das Überzeugungsvermögen eines Menschen wird also getragen von seiner Persönlichkeit. Weniger von einer sogenannten "starken oder extravertierten Persönlichkeit", sondern mehr von einer voll funktionierenden Persönlichkeit, einer Person mit einer ausgeprägten sozialen und fachlichen Kompetenz.

In vielen Überzeugungsprozessen ist die Überzeugungskraft wichtiger als die Beherrschung von Gesprächstechniken. Die Überzeugungskraft zu entwickeln, ist der vornehmste Zweck von persönlichkeitsbildenden Seminaren. Das kann auch nur konkret durch harte Arbeit in Seminaren geschehen, weil das WIE für jeden Menschen individuell anders ist, und weil viele Fehler beim Sprechen nicht in schlechten Gewohnheiten wurzeln, sondern in Persönlichkeitseinstellungen, die durch nur technisches Training bedingt behoben werden können.

Das Leben selbst bereitet uns auf alles vor, was wir, direkt und konkret, nicht metaphysisch oder philosophisch, für unser Sprechen im Alltag benötigen. Das sich daraus ergebende Tun, also auch das Sprechen, ist, so wie es ist, gut und richtig und auch nicht gut und richtig. Sei es wie es sei - alles hat seine Konsequenzen - und für diese müssen wir verantwortlich sein.

Konkretes Leben und all unser damit verbundenes Tun kennt nur Verantwortung. In der Verantwortung für das eigene Tun besteht Klarheit. Verantwortung ist die Bereitschaft, der Produzent aller Erlebnisse zu sein, auch derjenigen, die wir nicht mögen. Verantwortlich zu sein ist Verursacher, nicht Opfer im Leben zu sein. Opferbereit, verantwortungslos zu sein bedeutet nicht in der Mitte seiner Persönlichkeit zu ruhen.

Wenn ich frei und offen spreche, mir meiner Wirkungsmittel beim Sprechen bewusst bin, meiner Persönlichkeit den gemeinten Ausdruck gebe, und mir auch des anderen bewusst bin, dann spreche ich so mit anderen, dass ihnen meine Gedanken klar werden. Und ich höre dann auch viel von den Gedanken der anderen. Wunderbar, denn diese Gedanken haben meine Gedankenwelt, die Grenzen meines Bewusstseins ein Stück erweitert. Wie so oft die Gedanken meiner „Lehrer" meine Gedankenwelt bereichert haben. Dabei mache ich keinen Unterschied, ob es die meiner Putzfrau, meines Bank-Filialleiters, oder die anderer über alles geschätzten wie geliebten Menschen in meinen Leben, von denen ich einigen ganz nahe sein durfte, andere nur durch ein Medium oder von Ferne erleben und erfahren konnte. Sie alle sind in mir.

So scheint mir „Lehrer" zu haben elementar im Leben zu sein. Oder anders ausgedrückt: Die Qualität des eigenen Lebens wächst direkt proportional zur Anzahl der „Lehrer" und „Lehrerinnen", die wir im Leben haben. Welch ein wundervolles Potential nicht immer alles allein machen zu müssen. Welch ein wundervolles Potential für Leben, Sprechen, Arbeiten.

Wie steht es denn damit in Wirklichkeit?

Sind wir bereit und Willens Lehrer zu haben? Nein in Wirklichkeit ist es doch so, lieber keinen Lehrer, in welcher Form auch immer, zu haben. Gibt man das zu, dann werden die Leute denken, es stimmt etwas nicht mit einem. Und wenn es schon erforderlich ist, beim Führerschein, einen PC zu bedienen, dann aber schnell wieder weg, klamm heimlich, verniedlichend darüber sprechen. Kaum jemand von den Erwachsenen hat Kontakt mit Lehrern. Woher stammt dieses Tabu gegen Lehrer? Einen Hausarzt, einen Zahnarzt, einen Lebensmittelhändler, gar einen Therapeuten, einen Anwalt oder einen Berater zu haben, das ist in unserer Welt noch völlig in Ordnung, aber Lehrer zu haben, das erscheint vielen als absonderlich.

Dabei weiß ich aus eigener Erfahrung, dass es mir immer dann ganz gut geht, je mehr Lehrer ich in mein Leben gebracht habe, ich für mich akzeptiert habe. Eigentlich kann ich gar nicht genug davon kriegen. Andere wissen auch, dass ihre Lebensqualität ebenso proportional zur Anzahl ihrer Lehrer wächst. Warum also dieses Tabu gegen Lehrer? Es ist die übliche Verschwörung.

Es ist die übliche Verachtung der Schwäche.

Die Verschwörung, (über die selbstverständlich keiner spricht, sogar wenn man jemanden darauf anspricht, würde es dieser entschieden verneinen, die darin besteht, die Qualität der Lebenserfahrung auf einem möglichst niedrigen Niveau zu halten. Niedrig zu halten, damit es immer etwas geben wird, was gerade jenseits liegt und zu dem man aufsteigen kann. Niedrig zu halten, dass man vor allem nicht merkt, dass die Horizonte des Menschen grenzenlos sind. Niedrig gehalten, dass wir nicht merken, dass wir vollkommen sind. Lassen wir nun Lehrer zu, dann geben wir allen anderen an dieser Verschwörung beteiligten Unrecht. Unrecht, das ist das allerwenigste, was wir Menschen haben möchten.

Lassen Sie mich hier eines versichern, Lehrer in Ihrem Leben zu haben, ist kein Zeichen von Unvollkommenheit, Lehrer in seinem Leben zu haben ist kein Zeichen von Schwäche und Kleinheit, nein, denn Lehrer im Leben zu haben, dass belebt. Es gibt einfach keine Grenze bis zu der Sie die Qualität Ihres Erlebens des Lebens erhöhen können. Es gibt da kein Ende der Wahrnehmung. Kein Ende des Wissens. Der Raum in Ihrem Leben für all das muss größer, statt kleiner sein. Der Raum muss vielen Lehrern Platz bieten. Lehrer bedeuten, erleuchtet sein, groß sein, stark sein. Lehrer zu haben bedeutet zu üben. Es macht einfach einen Unterschied, ob man übt, um Meister zu werden oder ob man als Meister, übt. In dieser Hinsicht sind wir Menschen alle Meister - nur dann nicht mehr, wenn wir Lehrer aus unserem Leben verbannen. Denn wenn alle Meister sind, wer sind dann die Schüler. Ist es eben nicht besser, wenn wir Schüler sind, also Lehrer haben? Schüler sind Lehrer. Lehrer sind Schüler. Meister zu sein, bedeutet am Ende zu sein.

Nicht-Bewusstes ermöglicht mehr und leichtere Manipulation. Leicht zu manipulierende Menschen sind ein willkommener Beitrag für die Mächtigen in Wirtschaft, Verwaltung und Politik. Sich-selbst-bewusste Menschen wollen direkt und jetzt leben und erleben, die kann man nicht mit Versprechungen auf die Zukunft abspeisen.

Leben wir also jetzt, sprechen wir mit allen anderen Menschen. Sprechen wir so miteinander, dass wir wirklich hier unsere Wirkungsmittel des Sprechenden leben können. Ich glaube, dass ich nur dann einen Menschen wirklich verstehen kann, wenn ich hören und fühlen kann, was er mir sagt, und das gelten lasse, was er sagt, ohne es zu verneinen, ohne mich hinter Theorien zu verschanzen oder mich gegen ihn abzusichern und auch ohne meine eigene Meinung und mein eigenes Sein dafür aufzugeben.

Das gilt für allen Sprechenden, wo und auf welcher Ebene auch immer. So ist es eine lebendige Form von menschlichen Begegnungen. Die meisten Begegnungen können wir uns nicht aussuchen, sie werden uns geschickt - sie sind unser Ge-SCHICK; unser SCHICK-sal.

Das Einzige, was wir tun können, ist, die Gelegenheiten für Begegnungen zu mehren. Das können wir dadurch, indem wir mit anderen wahrhaft kommunizieren. Wahrhaft kommunizieren heißt, so mit anderen Menschen zu sprechen, dass wir sie so wie sie sind, akzeptieren und nicht verneinen oder gar ablehnen oder das, was sie sagen - und dass das, was wir sagen, einzig und allein die Wahrheit reflektieret, unabhängig von dem, mit wem wir sprechen.

Wahrheit ist hier nicht philosophisch gemeint, sondern in dem Sinne, dass nur das gesagt wird, was stimmt, was wahr ist - und nicht die Masse der Worte und anderen Symbolen und Zeichen, mit denen versucht wird, die Wahrheit aus dem herzustellen, was nicht wahr ist. Die einzige Art, wirklich zu kommunizieren, ist, die Wahrheit zu sagen.

Wir sollten das immer tun, denn jede Lüge, Halbwahrheit, Notlüge und wie die Unwahrheit auch immer heißen mag, kommt wieder auf uns selbst zurück, denn das, was in uns ist, dass geben wir ja auch an andere weiter. Bei jeder Form der Kommunikation - der wahrhaften wie allen anderen - begegnen wir Menschen. Manchmal nur für einen Augenblick, manchmal für Stunden, dann wieder für einige Tage, Wochen, Monate - Wen wir Glück haben, dann begegnen wir einem Menschen, mit dem wir Jahre unseres Lebens gemeinsam gehen können.

Jede Begegnung beim Sprechen verändert uns selbst und auch den anderen Menschen. In jeder Begegnung mehrt oder mindert sich unser physisches, psychisches, emotionales, rationales und soziales Leben - unsere Lebensfähigkeit gar. Manche Begegnungen engen uns ein, lassen uns tagtäglich ein Stück verkümmern, lassen uns mehr und mehr sterben, sind gar tödlich. Manche wiederum befreien uns, fördern und, entwickeln uns, schenken uns Leben - altes wie neues -, lösen alle Fesseln, bereichern uns in unserer Lebens- und Liebesfähigkeit. Manche schenken uns Orientierung, manche Desorientierung.

Manche Orientierung führt uns in leere Wüsten. Manche Desorientierung führt uns auf wunderbare Wege des Lebens, auf Auen des Friedens.

Alles ist, wie es ist, wunderbar, wenn wir kommunizieren. Also sprechen wir zu Menschen, zu möglichst vielen – ohne unbedingt etwas von ihnen dafür zu erwarten. Und sprechen wir so zu ihnen, wie wir wollen, dass sie zu uns sprechen können, ohne dass sie uns dabei verletzen oder herabsetzen.

Der Verstand spielt Spiele, Spiele des Rechthabens. Laufen diese Spiele erst einmal, dann ist direktes Erleben kaum mehr möglich. Wir beginnen das Leben zu leugnen - und zwar ganz konkret in all den Dingen, denen wir unrecht geben. Damit aber verkleinern wir die Welt, ohne die Welt wirklich zu verkleinern. Um diese Haltungen, die ja eigentlich widersinnig sind, aufrechterhalten zu können, benötigen wir eine Unmenge von Energie. Diese fehlt uns schließlich für das direkte Erleben unseres Lebens. Der unheilvolle, schmerzhafte Kreislauf beginnt von vorn.

Verwenden wir bei allen unsren kommunikativen Begegnungen unsere persönlichen Wirkungsmittel dann verleihen wir damit unserer Persönlichkeit Ausdruck und Klarheit, dann werden wir frei, erleben direkt, verbrauchen keine Energie nutzlos, nein es fließt uns Energie zu - durch die wunderbare Kraft der Akzeptanz.

Ideologisierungen, Dämonisierungen, einseitige Wahrheiten oder gesellschaftliche Leitbilder verstellen uns den Blick. Binden damit alle unsere Kräfte. Nicht zu akzeptieren, bedeutet das, was ist, nicht anzunehmen. Also auch sich selbst nicht oder andere. Sich selbst anzunehmen, heißt zu wissen, immer auch der andere zu sein.

Kapitel 1.7:

„Spieglein, Spieglein an der Wand...“ Menschenbild - Spiegelbild

Ich habe Gutes und Böses gekannt, Sünde und Tugend, Recht und Unrecht; ich habe gerichtet und bin gerichtet worden; ich bin durch Geburt und Tod gegangen, Freude und Leid, Himmel und Hölle; und am Ende erkannte ich, dass ich in allem bin und alles in mir ist. (Hazrat Inayat Khan)

Wer spricht, redet, diskutiert, debattiert, interviewt, der spricht immer auch über sich selbst. Alle Sprechereignisse und auch Sprechergebnisse sind stets durch die Persönlichkeit des Sprechenden beeinflusst, wenn nicht sogar bestimmt. Es ist die Persönlichkeit, die sicher hinter dem steht, was sie sagt.

Sage was und wie du willst, nur stehe auch dazu.

Gut da stehst Du nun.
Welches Bild gibst Du ab?
Was sehen die anderen in und von Dir?

Es gibt so viele Menschenbilder wie es Menschen auf dieser Erde gibt. Und noch viel, viel mehr, wie die Milliarden von Selfies zu bestätigen scheinen. Wie sie ordnen, strukturieren? Viele Wissenschaftler haben sich bemüht verschiedene „Menschenbilder“ zu katalogisieren, die zu den unterschiedlichsten Zeiten und für den unterschiedlichsten Nutzen Bedeutung hatten und manchmal auch heute noch haben. Sie alle sind sinnig wie genauso unsinnig. Was aber gilt?
Wie erkennen wir „das Menschenbild“?

Einem wirklichkeitsbezogenen, menschlichen und ethischen Menschbild entspricht im Wesentlichen der Mensch, der die Merkmale Orientierung, Integration, Zentrierung in seiner Persönlichkeit realisiert. Menschen die diese Merkmale ausgeprägt besitzen, sind wahrscheinlich kommunikations-, konflikt- und entscheidungsfähiger als der Durchschnitt der Menschen - und umgekehrt.

Was ist das denn schon wieder?

Erklärungsversuch:

- Die **orientierte Persönlichkeit** ist der Mensch, der sich an seiner Realität orientiert und dementsprechend realitätsorientiert handelt. Es ist der ICH-starke, autonome Mensch.

- Die **integrierte Persönlichkeit** ist eine Person, die sich von allen wesentlichen Eigenschaften her, die sie real hat, definiert. Sie hat bereits klar die Frage beantwortet: Wer bin ich? und lebt das auch.

- **Zentriert ist eine Persönlichkeit** dann, wenn die bewussten und unbewussten inneren Handlungsgründe (= Motive) weitgehend übereinstimmen, z.B. lebt und handelt aus ihrer Wesensmitte heraus bei gleicher Beanspruchung der rechten wie linken Gehirnhälfte und bleibt trotz negativer, äußerer Erfahrung in sich ruhend, trotz Belastungssituation verliert sie nicht die Identität und neigt nicht dazu, soziale Probleme durch Flucht oder Rückzug zu lösen. Sie verarmt nicht in ihrer emotionalen Erlebnisfähigkeit.

Wir strahlen das aus, was wir tief in uns tragen.

Stimmt das? JA und NEIN.

Allmählich befreundete ich mich mit dem Gedanken, dass ich fast ausschließlich danach beurteilt werde, wie ich auf andere wirke, dem FREMD-BILD oder SPIEGELBILD, selten danach, wie ich mich selbst sah oder fühlte, dem SELBST-BILD. Das solltest Du auch tun. Du bist nicht der der Du meinst, der Du bist oder glaubst, dass die anderen Dich so sehen. Wer Du bist, sagen Dir immer die anderen. Du wirst jedoch nicht nur nach Deinem Äußeren und Deinem gesamten Erscheinungsbild eingestuft, sondern viel stärker nach Deinem sozialen Verhalten.

Zur Beruhigung: Bei den meisten Menschen besteht eine erhebliche Diskrepanz zwischen dem SELBST-BILD und dem FREMD-BILD. So erhält die Beschäftigung mit der eigenen Persönlichkeit einen neuen Impuls, eine neue Intension.

Und es gibt noch eine Möglichkeit diese Diskrepanz zu verringern: FEEDBACK. Anscheinend, denn „Feedback" ist üblich, modisch, findet sich in den unterschiedlichsten Methoden und Bezeichnungen wieder. Nur, kann ich wirklich etwas damit anfangen? Und wenn ja, was?

Was nicht erkennbar ist, das ist nicht!

„Feedback" hat einen festen Platz in unserer Lebenswelt gefunden zur Erklärung sozialer Beziehungen. Es soll den Wert des Verständnisses innerhalb eines bestimmten sozialen Status erklären können und dadurch helfen erwünschte Kommunikationsformen zu verwenden und sprachliche Änderungsprozesse leichter umsetzen. Besonders in konfliktbesetzten Interaktionen. Prima.

Ist das aber real umsetzbar? Ist das im realen interaktiven Zusammenleben von Menschen möglich? Nun eher nicht, denn solange es Menschen auf dieser Erde gibt, gibt es auch Vorstellungen von *dem Menschen*. Menschenbilder. Das heißt: Ich kann meist nur das in und an einem Menschen sehen, was meiner „Welt" entspricht. Feedback sagt also nur etwas über mich selbst aus und (fast) niemals über den, dem ich ein Feedback gebe.

Bin ich der, der ich glaube, der ich bin?

Antworten zu finden ist deshalb so schwer, weil die meisten Menschen noch nicht einmal ihr ICH verwirklicht haben. Sie mussten vor sich selbst und anderen ein anderer sein. Die meisten Menschen leben aus ihrem Ego heraus. So klaffen Selbstbild und Fremdbild bei den meisten Menschen ziemlich auseinander. Auch bei mir. Und wie ist es bei Dir?

Das Ego entscheidet und verwirklicht einen Pol, z.B. ich bin gut, besser..., und schiebt den anderen Pol, unseren Schatten, der ja eigentlich zu uns gehört, auf das Außen. Die Bösen sind immer die anderen. So ist dann auch unser Feedback.

Etwas anschauen können ist die große Zauberformel der realistischen Wahrnehmung des eignen und des fremden ICHs.

Videoanalysen können dabei hilfreich sein. Das Anschauen bringt Licht in das Dunkel des ICH, in die Verwirrung des Änderns. Anschauen und Erkennen können, dass es gut ist, wie es ist, ist ein Weg zum eigenen Bewusstsein.

Der Mensch kann nur in seinem Bewusstsein lernen, reifen, erleben und erfahren. Jeder Wahrnehmung- und Verarbeitungsprozess geschieht innerhalb dessen.

Wir strahlen das aus, was tief in uns tragen.

Wenn eine Erkenntnis zutrifft, macht sie betroffen.

Da jedoch bei allen Menschen die Kritikfähigkeit und die Kritikmöglichkeit unterschiedlich ausgeprägt sind, sollte jede Kritik sich selbst, als auch anderen gegenüber immer relativ formuliert sein, nie absolut. Wenn Feedback, wenn diese Rückmeldungen wirklichen Sinn haben soll, dann allenfalls als Mosaiksteine zum Fremdbild. Das Bild des Menschen wird klarer.

Es ist an sich genug das Falsche als falsch zu sehen, denn diese Erkenntnis wird unseren Sinn von dem Falschen befreien." (Krisnamurti)

Teil 2:

Es geht los, voller Freude: Appetitanreger

Kapitel 2.1:
Selbstabhängigkeit – von wem denn sonst?

„Ich habe letzte Nacht geträumt, ich sei ein Schmetterling, und jetzt weiß ich nicht, ob ich ein Mensch bin, der träumt er sei ein Schmetterling, oder ob ich vielleicht ein Schmetterling bin, der träumt, er sei ein Mensch?"

(chinesischer Dichter)

Wenn träumen eine sinn- und bedeutungsvolle Äußerung jeglicher Seelentätigkeit im Schlafzustand ist, dann bin ich alles, was ich träume. Und außerhalb des Schlafes? Wer bin ich? Was ist mein ICH? Was ist mein SELBST?

SELBST-ER-KENNTNIS: Bin ich der, der ich glaube, der ich bin?

Antworten zu finden ist deshalb so schwer, weil die meisten Menschen noch nicht einmal ihr ICH verwirklicht haben. Sie mussten vor sich selbst und anderen ein anderer sein. Sie können es gar nicht kennen. Geschweige denn ihr SELBST.

Da alles, was lebt, auf Überleben ausgerichtet ist, hat die Natur für einen Ausgleich gesorgt. Dieser Ausgleich heißt Egozentrik. Die meisten Menschen leben aus ihrem Ego heraus. Das Ego, statt nicht erlebte ICH-Realität - hungert nach Macht. Jedes "ich will" ist ein Ausdruck dieses Machtanspruchs. So bläht sich das Ego als vermeintliches ICH immer größer auf und versteht es, in immer neuen Verkleidungen aufzutreten. Diese Verkleidungen heißen Kaschierungen, Imponiergehabe und Fassadentechniken.

Diese "Verkleidungen" sind wir aber nicht und so lebt das Ego von der Abgrenzung und hat Angst vor der Hingabe, vor der Liebe, vor dem DU, vor dem Selbst. Hingabe bedeutet Kontext sein.

Ich weiß, wovon ich schreibe, ich gehöre auch zu den meisten Menschen. So klaffen Selbstbild und Fremdbild bei mir, wie auch bei den meisten Menschen, ziemlich auseinander. Das Ego entscheidet und verwirklicht einen Pol, z.B. ich bin gut, besser..., und schiebt den anderen Pol, unseren Schatten, der ja eigentlich zu uns gehört, auf das Außen. Die Bösen sind immer die anderen.

Die Angst den eignen Schatten anzunehmen, macht den Menschen unehrlich. Er glaubt immer, nur das zu sein, womit er sich identifiziert, oder nur so zu sein, wie er sich selbst sieht. Das aber sind alles nur Lebenslügen. Alle Betrügereien dieser Welt sind gemessen daran, harmlos. Ehrlichkeit gegenüber sich selbst gehört zu den härtesten Forderungen, die man stellen kann. Realistische Selbsterkenntnis ist eine permanente und deshalb für die meisten Menschen eben eine schwierige Aufgabe.

Selbsterkenntnis heißt das SELBST zu leben. Die Natur des eigenen Lebens zu leben. Das zu leben, was man jetzt und gerade ist. Das SELBST umfasst alles. Das ICH nicht: Es verhindert durch die Abgrenzungen das Erfassen des Ganzen, des SELBST. Etwas anschauen ist die große Zauberformel auf dem Weg der Selbsterkenntnis. Videoanalysen können dabei hilfreich sein. Das Anschauen bringt Licht in das Dunkel des ICHs, in die Verwirrung des Änderns.

Immer wieder möchten Menschen etwas ändern und begreifen daher schwer, wie wesentlich die Fähigkeit des Anschauens ist.

Alles anschauen können und erkennen können, dass es gut ist, wie es ist, ist das höchste Ziel des Menschen, im Sinne von Erleuchtung oder Weisheit. Das ist Selbsterkenntnis.

Solange einen Menschen noch irgend etwas stört und solange er noch irgend etwas für veränderungsbedürftig hält, solange hat er Selbsterkenntnis nicht erreicht.

Um zur Selbsterkenntnis zu gelangen, muss der Mensch aus seinem Schneckenhaus herauskommen und sich selbst leidenschaftslos betrachten. Wer sich selbst nicht kennt, ist verloren. (Mahatma Gandhi „Wer den Weg der Wahrheit geht, stolpert nicht")

Der Mensch kann allein in seinem Bewusstsein lernen, reifen, erleben und erfahren. Jeder Wahrnehmung- und Verarbeitungsprozess geschieht im Bewusstsein.

Zwar braucht der Mensch für jede Erfahrung und für jeden Bewusstseinsschritt den Weg über die Leiblichkeit.

Die Leiblichkeit zieht uns in eine Verbindlichkeit, vor der wir häufig Angst haben - aber ohne diese *Verbindlichkeit* bekommen wir auch keine *Verbindung* zum Erlebnis, zum Gelernten, zur Reife. Es ist uns Menschen unmöglich, Gelerntes, Gereiftes, Erlebtes, Erfahrenes bewusst zu integrieren, bevor dieses bis in die Körperlichkeit hinabgestiegen ist. Um diese Verbindung sehen zu können, müssen wir uns anschauen. *Wenn eine Erkenntnis zutrifft, macht sie betroffen.*

Da jedoch bei allen Menschen die Kritikfähigkeit und die Kritikmöglichkeit unterschiedlich ausgeprägt sind, gilt:

Das geknickte Rohr soll man nicht vollends zerbrechen!

So sollte jede Kritik sich selbst, als auch anderen gegenüber immer relativ formuliert sein, nie absolut. Dazu gehört das Können, die Art oder Form der Kritik so zu wählen, durch man nicht empfindet, dass man dadurch abgelehnt wird. Dennoch konsequent. Konsequenz ist die Treue zu sich selbst und zu seinen Werten, seinen Einstellungen und Handlungen, seinem Wissen und Können - ich stehe dazu.

Im Tun und Lassen begreift sich die menschliche Persönlichkeit und wird für andere begreifbar.

Entscheidungen sind Zeichen des individuellen Wirkens. Durch sie wird der Mensch körperlich wie geistig präsentiert. Er wird wirksam. Jeder muss sich entscheiden können, auch Nicht-Entscheiden gehört dazu. Sich entscheiden zu können ist untrennbar mit der Persönlichkeit des Menschen verbunden, mit seinem Denken, Fühlen, Handeln, seiner Intuition, dem Körper, der Seele.

„Entscheiden" ist hier im Sinne von *Entschiedenheit* zu verstehen. Denn „Entscheiden" kann auch ein Reflex sein. Auf was auch immer. Aus verschiedenen Gründen wollen „alle" unser Verhalten beeinflussen - manchmal zu unserem Besten, manchmal zu ihrem eigenen Nutzen. Häufig werden „Entscheidungen" von fremden Überlegungen beeinflusst, weil Macht, Geltungsbedürfnis, Neid, Rivalität, im Spiel sind. So können oft aus den gleichen Gründen wichtige Entscheidungen nicht getroffen werden.

Der Versuch die künftigen Handlungen von Mitmenschen entscheidend zu beeinflussen, gar zu lenken, gelingt umso eher, desto größer die Fremdbestimmtheit und Entscheidungsunfähigkeit des Menschen ist. Nicht selten sind dann wieder "Berater" notwendig. Fremdbestimmtheit, Unsicherheit und Entscheidungsschwäche werden manifestiert. Vorsicht vor Coaching, jeglicher Art. Manipulativ, edukativ, motivierend? Wer hat den Nutzen - wenn überhaupt?

Doch der Erfolg eines Menschen in dieser realen Welt hängt zu einem großen Teil davon ab, wie er fähig ist, entschieden zu sein.

Diese sinnvolle und konstruktive Fähigkeit, ist eng damit verbunden, wie stark sich seine intuitive Seite, seine rechte Gehirnhälfte und seine konstruktive Gewissensbildung entwickelt hat. Man kann noch so viel Fakten anhäufen, sich Zahlen und Daten einprägen, Wissen jeglicher Art sammeln - was zwar für den Erfolg auch nötig ist - jedoch ohne die Intuition, dieses mysteriöse Gespür, bleibt alles nur leblos. Es bewegt sich nichts und nichts wird bewegt.

Bewegung muss ins Spiel kommen. Innerhalb dieser Bewegung wird der gemeinsame Weg projektiert. Sprechen löst Bewegung aus.

Selbsterkenntnis ist Sprechen von und über sich selbst.

Sprechen schafft zwar keinen neuen Menschen, aber Klarheit und Verstehen. Anscheinend sogar Erkenntnis. Wenn man damit Glück hat, ist es wie ein Aufwachen zu sich selbst und es entsteht eine neue Zeit, ein neues Bewusstsein, eine neue Alltagspoesie: *Sie zeigt die ganze Schönheit der Person und des Augenblicks. Lässt den Zauber des Kontextes erleben.*

Warum tun wir uns nur so schwer damit?

Ganz einfach, es fehlt uns das Selbstwertgefühl. Selbstwertgefühl entsteht in den frühen Jahren der Kindheit. Es kann durch noch so viel Erkenntnisse im Erwachsenenleben nicht hergestellt werden. Doch durch das Wissen um sich selbst, der Selbsterkenntnis können wir einen gewissen Ausgleich schaffen. Haben wir das geschafft, haben wir Mut zur Selbsterkenntnis, dann haben wir eine stabile Brücke zum „Eigentlichen", der SELBSTABHÄNGIGKEIT?

Oh, Schreck lass nach: Abhängigkeit?

Abhängigkeit ist nicht nur für mich, sondern auch für viele andere eine fragwürdige und bisweilen auch krankhafte Angelegenheit. Ganz gleich wie viele und welche Gründe es auch immer für ein Dafür geben kann. Um diesen Begriff begreifen zu können, muss man sich klar darüber werden, dass wir bei welcher Abhängigkeit auch immer, wir auf manche Weise frei und auch auf vielerlei Weise gefangen sind. Abhängig ist jemand, der sich an einen anderen hängt, sich freiwillig einem anderen ausliefert. Ein Mensch ohne Bodenhaftung. Er schwebt in der Luft. Er trudelt, trottelt so dahin. Er ist ein Trottel.

Das alles meine ich für die Selbstabhängigkeit nicht, sondern im Sinne von Autodependenz. Autonom im Denken, Sprechen und Tun. Das bedeutet, zunächst einmal alle Abhängigkeiten hinter sich zu lassen – ALLE!

Möglich ist das nur für den Erwachsenen. Nur der Erwachsene kann sich um das Kind in ihm kümmern, kann seine geringes Selbstwertgefühl als solches begreifen, kann seine Handlungen als das erkennen, was sie sind, Handlungen eben und dafür verantwortlich, entschieden zu sein.

Selbstabhängigkeit ist das Wissen, das ich den andren brauche und dass ich mir nicht selbst genüge, aber gleichzeitig zu wissen, dass ich dieses Bedürfnis in mir tragen kann, bis ich finde, was ich suche: Mich, Beziehung, Unterstützung, Liebe.

Selbstabhängigkeit ist die Erkenntnis, dass ich nicht allmächtig bin, dass ich nicht alles kann, dass ich verletzlich bin und dass ich Sorge für mich selbst trage. Sorge für mich selbst heißt nichts anderes als für all mein Denken, Sprechen und Tun selbst verantwortlich zu sein.

Es gibt keine Schuld oder Nicht-Schuld.

Es geht darum, die Verantwortung für mich selbst zu übernehmen und Herr über mein eigenes Leben zu sein. Ich weiß um meine Abhängigkeiten, bin aber selbst dafür verantwortlich. Selbstabhängigkeit ist geistige wie körperliche Gesundheit.

Es geht nicht darum, dass wir keine Anerkennung von außen benötigen, oh, nein, die benötigen wir alle schon. Um aber diese Anerkennung zu bekommen und nicht unseren Leben nach ihr ausrichten zu müssen verlangt, dass wir und selbst und auch den anderen respektieren.

Selbstabhängigkeit ist Respekt ohne Einschränkung.

Aber ich muss mich auch als Mittelpunkt all dessen begreifen, was mir passiert.

Selbstabhängigkeit ist

- *der zu sein, der ich bin. Nicht darauf zu warten, dass ein anderer bestimmt, wer oder wie ich zu sein habe.*

- *Zu empfinden, was ich empfinde. Statt zu empfinden, was andere an meiner Stelle empfinden würden.*

- *Zu denken, was ich denke, meine Meinung zu sagen, wenn ich das möchte oder sie für mich zu behalten, wenn ich es für richtig halte.*

- *Risiken einzugehen, die ich eingehen möchte und bereit zu sein, den Preis dafür zu bezahlen.*

- *Nach dem zu suchen, was ich in meinem Leben glaube zu brauchen. Statt abzuwarten, dass ein anderer mir die Erlaubnis gibt, es zu bekommen.*

Selbstabhängigkeit ist ein Weg.

Ein Weg mit vielen Möglichkeiten.

Wir entdecken diese Möglichkeiten, während wir auf dem Weg sind. Je weiter wir kommen, desto besser sind für gerüstet für unser Leben, das Leben anderer und das Leben ganz allgemein – ganz ohne Angst, nicht zu genügen.

Das Leben endet nicht, es beginnt immer noch Neuem.

Kapitel 2.2:

Feedback – die Kunst des „Abschmeckens".
Verstehe ich den anderen? Verstehe ich, was er sagt?

Abschmecken der Persönlichkeit.
Nachprüfbarkeit der Persönlichkeit.
Geht das? Und wenn „Ja", wie geht das?
Einfach durch authentisches und wertschätzendes Feedback.
Was aber ist Feedback?

Feedback ist die Fähigkeit eines Menschen einem anderen Menschen urteilsfrei und bedingungslos (authentisch und wertschätzend) seine Empfindungen über das mitzuteilen was der gerade gesagt oder getan hat. Das liegt im Bereich des Fühlens, Denkens und Sprechen. Hier sind Intelligenz und Ausdruckfähigkeit eher gefragt als Intellektualität. Gefühle und Empfindungen ausdrücken zu können ohne verstandesmäßige Spiele zu spielen, z.B. Urteile abzugeben.

Darüber hinaus ist Feedback eine grundlegende Notwenigkeit des menschlichen Verhaltens sich zu verständigen. Es ist immer solidarisch gemeint. Immer auf den anderen ausgerichtet. Es geht zuerst um Erkenntniszuwachs. Stellt er sich nicht ein, dann ist das Feedback zumindest fragwürdig.

Authentisches und wertschätzendes Feedback geben und nehmen zu können beruht auf Wissen, Erfahrung, Erleben und Können verbunden mit Akzeptanz und Verantwortung.

Was aber ist in diesem Sinn der andere?
Was die andere Persönlichkeit?

Einige definieren Persönlichkeit als die Summe der körperlichen und geistig-see-lischen Merkmale eines Menschen, die unter den Bedingungen und Ereignissen der jeweiligen Interaktion (alles, was zwischen Menschen geschieht, wenn sie sich begegnen), als typisch und eigenartig für ihn selbst spürbar und für den an-deren erlebbar werden. Kontext sein!

Andere hingegen definieren Persönlichkeit als den Strukturaspekt eines Men-schen von Wandlung und Entwicklung, der ihn als Ganzes, d.h. als Einheit von Körper, Geist und Seele zu einer einzigartigen, schöpferischen (kreativen) An-passung im Leben befähigt - situativ wie generell - von sich aus.

Für die meisten ist Persönlichkeit lediglich das, was wir als Maske, Rolle, Fas-sade, Ideal den anderen bereit sind vorzuleben.

Einerseits ist der Begriff PERSÖHNLICHKEIT abgeleitet von dem lateinischen Wort *persona,* was ja so viel heißt wie Maske. Andererseits, wenn wir unsere Rollen spielen, dann fordern wir doch damit alle anderen auf, den Eindruck, den wir damit hervorrufen wollen, ernst zu nehmen.

Ganz gleich, wie wir den Begriff Persönlichkeit für uns definieren, viel interes-santer ist: In welchem Grad ist unsere Persönlichkeit eine wahre Landkarte unse-res SELBST? Und wenn wir diese Frage beantworten könnten, woher wissen wir die Antwort auf diese Frage? Wer bin ich?

Vermutlich gibt es keine Frage, deren Beantwortung Menschen mehr interessiert. Es könnte sein, dass sich alle menschliche Neugier darin verdichtet. Alles Su-chende hat seinen Grund in einer einzigen unbeantworteten Frage: "Wer bin ich wirklich?"

Wer wir sind, sagen uns immer die anderen! Was ich bin, sagt uns manchmal unser Outfit, das Auto, das Haus, das Geld. Ob es uns passt oder nicht, wir werden fast ausschließlich danach beurteilt, wie wir auf andere wirken **(Fremdbild)**, sel-ten danach, wie wir uns selbst sehen oder fühlen **(Selbstbild)**.

Was für andere nicht erkennbar ist, ist nicht.

Also, wer bin ich eigentlich?

Wie „schmecke" ich den anderen?

Die Kunst des Abschmeckens beim Kochen beinhaltet das Probieren und Verfeinern von Speisen. Dabei wird geprüft, ob das entsprechende Gericht die ideale Zusammensetzung der Gewürze hat und sein Geschmack die richtige Intensität besitzt. Das Ziel dieser Kunst ist die harmonische Aromatisierung des Menüs.

Und genauso ist es beim Feedback: Mit unserem Können und Wissen prüfen wir, ob der Inhalt zu dem Gesagten und das Gesagte zu der Persönlichkeit passt. Wir spüren dem Empfinden nach, ob das alles harmonisch ist oder nicht. Und sagen es dem anderen. Und zwar so:

- *Das wir niemals sein Verhalten nach eigenen oder anderen ethischen Normen bewerten.*

- *Nicht demjenigen, der uns ein Feedback gibt, ins Wort fallen.*

- *Nichts verteidigen, nichts rechtfertigen, nichts klarstellen.*

- *Wir uns auf jedes Feedback freuen, denn es hilft sich selbst und die Wirkung auf andere Menschen kennen zu lernen. Und wir auch in diesem Sinne dem anderen ein Feedback geben.*

- *Uns dabei Immer auf konkrete Einzelheiten beziehen.*

- *Immer sagen, wie das, was der andere gesagt hat, bei mir bewirkt hat. Ohne jedoch sein Selbstgefühl zu schädigen.*

- *Betonen, dass man lediglich persönliche (subjektive) Eindrücke, Gefühle, Empfindungen wiedergibt, jedoch nicht das Wesen des anderen beschreibt.*

Uff. Schwer. Bei den meisten Menschen besteht eine erhebliche Diskrepanz zwischen dem Verstand und den Gefühlen. Die meisten Menschen haben deshalb auch erhebliche Schwierigkeiten die natürlichen Merkmale ihrer Persönlichkeit zu realisieren. Für sich selbst und andere sichtbar und erlebbar zu machen.

Wie gelingt das? Wie erkenne ich?

Das Wissen, wie wir auf andere wirken, gibt uns die Sicherheit im Umgang mit uns selbst und anderen Menschen. Mit dieser Sicherheit gelingt es uns die für unsere Persönlichkeit so wichtige Ausdrucksfähigkeit bei allen kommunikativen Begegnungen des Alltags zu realisieren. Wir werden nicht nur nach unserem Äußeren und dem gesamten Erscheinungsbild eingestuft, nicht nach unserer Rolle oder Maske, sondern viel stärker nach unserem sozialen Verhalten als kommunikative Persönlichkeit.

Ich las bei in dem Buch von Pascal Mercier „Das Gewicht der Worte“: ... *Eher ist es, als hätte ich vergessen, wie das geht: Gedanken, Empfindungen in geäußerte Worte zu fassen. Und es ist nicht ein Vergessen, dem man durch Mitteilung und Belehrung abhelfen könnte. Eher ist es ein Vergessen, wie man es erlebt, wenn eine Fähigkeit, an die man sich noch vage erinnert, erloschen ist: Man weiß, dass man es einmal wusste, wie es ging, doch jetzt, trotz angestrengten, krampfhaften Versuchens, will es nicht mehr gelingen. Und es ist verrückt: Diese verlorene Fähigkeit, diese gespenstische Unfähigkeit betrifft nicht etwas, was im Geiste zu fehlen scheint, wie wenn ich spürte, dass mir die Fähigkeit wegrieselte, meine Erinnerungen festzuhalten, so dass ich mich immer weniger in die Vergangenheit meines Erlebens hinein erstrecken könnte – nein, es fehlt dem Geist, so scheint es, an nichts, er ist intakt bis in die schweigsame Ausformulierung der Gedanken hinein, und seien sie noch so feingliedrig und ziseliert. Es ist sonderbar und rätselhaft: Es ist nicht etwas im Geist, was man nicht mehr kann, nämlich seine Veräußerung...*

Dazu füge ich an: Es ist eine Lähmung im Sozialen.

Eine Lähmung die jeweilige menschliche Begegnung auszukosten, sie zu leben. Es ist eine Feedback-Unfähigkeit. Endet jetzt das Leben? Du schaust in den Spiegel und fragst: „Gibt es hinter dem Spiegel auch noch Menschen?“

„Ja“, lautet die Antwort „alle die Dir ein Feedback geben – ehrliches wie unehrliches!“ *Persönlichkeit ist Bereicherung.*

Kapitel 2.3:

Zuwendung - den anderen wirklich wollen.

Zuhören und Verstehen – Überzeugung und Vertrauen!

Der Schauspieler Curd Jürgens, den meisten als Filmschauspieler bekannt, wurde einmal gefragt:

„Warum er denn lieber in Filmen mitgewirkt habe,

als auf der Bühne. Er sei doch ein so hervorragender Schauspieler?" Er antwortete: *"Wenn Du das Publikum erst einmal „in der Hand hast", dann kannst du mit ihm machen, was du willst. Es folgt dir einfach und „verzeiht", oder „übersieht" so manchen Fehler. Die Kamera ist im wahrsten Sinne des Wortes „objektiv". Du kannst ihr nichts vormachen. Sie verlangt dein ganzes Können."*

Keine direkte Zuwendung an das Publikum und doch haben seine Filme viele Menschen bewegt.

Mit jedem Teilnehmer im Seminar wie im Coaching führte ich zu Beginn und zum Schluss Einzelgespräche. Es war ein Ritual. Ich wollte wissen, was derjenige wirklich wollte und was er meinte erreicht zu haben. Alles, was darin gesagt wurde nahm ich so, wie es war. Ich wollte nicht einwirken, nichts verändern. Dennoch, manchmal wunderte ich mich, dass es zwischen dem Gesagten und dem von mir Erlebten eine Diskrepanz gab. Warum? Es dauerte einige Zeit, bis ich begriff: Es war alles nahezu perfekt, Nähe war zwar da, nur fehlte die Zuwendung, die Hinwendung zum DU des anderen. Ich änderte mein Gesprächsverhalten. Ab und an gab es noch eine Diskrepanz. Meistens jedoch nicht, denn meine Zuwendung zum einzelnen ermöglichte ihm an seine wirklichen Bedürfnisse zu kommen. Ich bin immer auch der andere.

Diese Bewusstheit macht uns die Polarität und Einheit als zentrales Problem unseres Lebens klar. Wir werden in eine Welt hineingeboren, die vier mächtigen Impulsen gehorcht: **Rotation – Revolution - Schwerkraft – Fliehkraft.**

Diese Impulse sind die Abstraktionen, die das Leben bestimmen, also auch unser eigenes Leben. Sie sind von jedermann erlebbar und erfahrbar. Diese Impulse wirken sich auf das menschliche Verhalten aus, weil sie durch ihre Kräfte bestimmte Forderungen an das Leben auf dieser Erde stellen. Sie bestimmen all unsere Motive und prägen unser Handeln.

Wären wir uns dieser Eingliederung in diese kosmische (göttliche) Ordnung in unserer Ganzheit (Körper -Geist-Seele) bewusst, dann fänden wir in uns selbst ein Ordnungssystem - ein SEIN - vor, das über allen von Menschen erdachten und erschaffenen Ideologien, ganz gleich welcher Art, stände, weil es eben einfach unsere Existenz ist – vollkommen.

Mit der Bewusstheit für diese Vollkommenheit können wir Krisen und Konflikte auch als das erleben, was sie sind, als von uns selbst geschaffene Elemente des Lebens, für dessen Erleben wir allein die Verantwortung tragen müssen. Das ist jedoch für die meisten Menschen verdammt schwer. Trotzdem, das Bewusstsein der eigenen Vollkommenheit gehorcht dem Gesetz der Polarität.

Dieses Gesetz der hermetischen Philosophie (in sich geschlossenen Betrachtung der Wirklichkeit, wenn das eine ist, dann kann das andere nicht sein) untersteht der **Zwei.** So gibt es Plus und Minus, Gut und Böse, Mann und Frau, Licht und Schatten, Dur und Moll, - diese Liste ließe sich beliebig verlängern, denn Gegensatzpaare gibt es unendlich viele. Diese "Gegensätze" gibt es jedoch nur in unserer Begriffswelt. Die Wirklichkeit besteht jedoch aus Einheiten, die sich dem menschlichen Bewusstsein nur polar offenbaren. Vermutlich, weil jede menschliche Aussage immer nur einen Aspekt der Wahrheit ausdrücken kann. Wir denken daher "ENTWEDER/ODER" nicht "SOWOHL-ALS-AUCH". Wir sind der Meinung, dass Gegensätze sich ausschließen - hier liegt aber unser Denkfehler.

Würden wir das polare Prinzip richtig verstehen, dann würden wir so mancher Irrtümer, Konflikte vermeiden.

Will man die Wahrheit beschreiben, so braucht man immer auch noch den Gegenpol. Real betrachtet ist jede Aussage über die Wirklichkeit eine Paradoxie. Eindeutige Aussagen über die Wirklichkeit kann es in der menschlichen Sprache nicht geben. Betrachten wir die Gesetze der Polarität an einem konkreten Beispiel wie dem Atem, so erkennen wir die wirkliche Grunderfahrung der Polarität: Es gibt ein Einatmen ohne Ausatmen und zuverlässig kein Ausatmen ohne Einatmen. Einatmung und Ausatmung wechseln sich ständig ab und bilden so einen Rhythmus. *Leben ist Rhythmus.*

Rhythmus ist aber nichts anderes als der ständige Wechsel zweier Pole. Rhythmus ist das Grundmuster allen Lebens. Die Physik hat es inzwischen längst begriffen, in dem sie behauptet, dass sich alle Erscheinungen auf Schwingungen reduzieren lassen. *Zerstört man Rhythmus, zerstört man Leben.*

Durch die Art der Erziehung zur Polarität unseres Bewusstseins wird uns ständig zwei Möglichkeiten des Handelns vorgestellt, was uns dazu zwingt - wollen wir nicht in völliger Apathie verweilen - uns zu entscheiden. Entscheiden heißt: Nur eine Möglichkeit zu verwirklichen. Die Qual der Wahl verfolgt uns auf Schritt und Tritt. Also wenn, dann wollen wir wenigstens "vernünftig" entscheiden. Wir brauchen Bewertungskriterien. Hat man erst einmal solche Maßstäbe, dann glaubt man, man könne leichter entscheiden. Und so beginnt ein jeder, nicht nur seine Wertmaßstäbe zu verteidigen, sondern auch möglichst viele Mitmenschen von diesen Werten zu überzeugen. Letztlich müssten wir alle Menschen überzeugen, dann erst hätte wir eine Aussicht auf eine heile Welt. Das funktioniert nicht, also gibt es Konflikte. Es ist zum Verzweifeln.

Beide Pole, alle Gegensätze ergeben die Einheit. Alles ist zwiefach, alles hat zwei Pole, alles hat sein Paar von Gegensätzlichkeit, doch Gegensätze, die sich ausschließen sind sie nicht, gleich und ungleich ist dasselbe. Gegensätze sind identisch in der Natur, nur verschieden im Grad; Extreme berühren sich; alle Wahrheiten sind nur „halbe" Wahrheiten; alle Widersprüche können miteinander in Einklang gebracht werden. Also wer immer redet, spricht, darlegt, muss sich bewusst sein, dass er es für den anderen tut. Eine Eigenschaft ist da sehr hilfreich: **Altero-Orientiertheit.**

Die altero - orientierte Grundhaltung (alter = der andere, Grund = hier als das Elementare des Menschen, das in seiner Persönlichkeit verankerte gemeint) ist die Fähigkeit eines Menschen, die es ihm erlaubt, von sich selbst, seinen Bedürfnissen, Interessen und Erwartungen abzusehen, sie zurückzustellen und sich auf das Ziel, das er verfolgt und auf den/die Menschen, mit dem/denen er es erreichen will, so umfassend einzustellen, dass er sein Ziel auch wirklich erreicht.

Altero-orientierheit ist ein Kriterium der Führungsfähigkeit. Hier nicht im hierarchischen Sinne gemeint, denn auch Mutter und Vater sind Führende. In diesem Sinne ist es die Fähigkeit des bewussten Führens, das Maß der persönlichen

Bedürfnisse des Geführten und die Zielsetzung des Führenden zu einem harmonischen miteinander verschmelzen zu können.

Altero - orientiertheit ist Zuwendung zum anderen im hohen Maße. Zuwendung ist Anteilnahme, Zuneigung,Entgegenkommen, Freundlichkeit, Herzlichkeit, Herzensgüte, Wärme, Warmherzigkeit, Liebenswürdigkeit, Wohlwollen, Güte. Das ganze Problem von Egozentrik und Altruismus hebt sich auf. Der andere wird zur Kraftquelle. Nur wer sich für den Partner und sein Anliegen wirklich interessiert, kann dauerhaft Vertrauen gewinnen und überzeugen.

Diese Fähigkeit zu realisieren, setzt voraus, dass man weiß, wer man ist (nicht was man ist) und zwar im Sinne von SELBST-ER-KENNTNIS, so dass die Antwort auf diese Frage nicht in allen Handlungen und Reaktionen darauf und durch Dominanzstreben gesucht werden muss. Hinter Dominanz verbirgt sich Angst, Angst nicht zu wissen... - jedoch, letztlich ist der Dominante in kommunikativen Situationen immer der Verlierer, denn er verliert Sympathie und Ausstrahlung.

Alteroorientiertheit ist Zuwendung zu sich selbst und zum anderen. Durch diese Zuwendung entsteht die Lust zum „Hören". Und den Zuhörer benötigen wir doch, wenn wir etwas sagen.

Mein sehr geschätzter und durchaus auch geliebter Rhetoriklehrer Dr. Baldur Kirchner schreibt in seinem Buch „Benedikt für Manger": ... *„Hören" ist ein bewusster kommunikativer Akt, der die Aufmerksamkeit des Hörenden in besonderer Weise herausfordert. Auf jemanden oder etwas zu hören, das bedeutet, sich herausfordern zu lassen. Der Hörende verlässt das Stadium der Distanz, des Desinteresses oder der Lethargie und wird aktiv. Hören als Herausforderung bedeutet damit auch eine innere Veränderung des Menschen..."*

Zuhören ist das Können eines Menschen, einem anderen Menschen aktiv, geduldig und analytisch zuzuhören. Es ist ein elementares Merkmal der Gesprächsfähigkeit, im Sinne: Ausdruck der Vertrauensfähigkeit. Gemeint ist damit die Fähigkeit, während eines Sprech-Vorgangs (eines kommunikativen Aktes) seine eigenen Vorstellungen, Wünsche und Erwartungen zurückzunehmen und sich ganz auf den Sprechenden und dessen Anliegen zu konzentrieren.

Zuhören ist nicht uneingeschränkte Verfügbarkeit, sondern so aktiv zuzuhören, so dass man das Wesentliche versteht. Das Wesentliche ist das, was der andere auch wirklich gemeint hat. Das geht nur dann, wenn man alle Vorurteile, festgelegten Begriffe, Alltagsinteressen bei Seite lässt, denn nur ein empfangsbereiter Sinn kann leicht verstehen.

Erst wenn die volle Aufmerksamkeit einer Sache zugewandt ist, vermag man zuzuhören. Zuhören ist die Voraussetzung für das Verstehen. Das Verstehen ist die Voraussetzung für den konstruktiven Fortgang eines Gespräches. Dieses Verstehen wird im privaten, wie beruflichen Alltag oft dadurch erschwert, dass das Zuhören durch einen Filter von Widerstand erfolgt.

Wir sind durchdrungen von Vorurteilen und Symbolen - religiösen, wissenschaftlichen, geistigen, psychologischen - von Wahrnehmungs-Selektionen (die von uns geschaffene, die symbolisch festgemachte, die wirkliche Welt) und von unseren alltäglichen und besonderen Nöten, Sorgen, Wünschen, Vorstellungen und Ängsten. So hängen wir lieber an unseren Worten, als dem anderen zuzuhören.

Wie erkenne ich aber das Wesentliche?

Erkennen setzt Erleben voraus.

Erleben setzt rege Anteilnahme voraus.

Zuhören ist Anteilnahme.

Zuhören macht Verstehen möglich.

So ist es für alle kommunikativen Begegnungen wesentlich, den oder das andere zu erleben. Im Gespräch sichert dieses Erleben aktiv geduldiges und analytisches Zuhören.

Kapitel 2.4:

Fühle ich, was ich empfinde,
oder empfinde ich, was ich fühle?
Sehe ich das, was ich sehe, oder sehe ich nur das, was ich sehen will?

Bewusstsein - Wahrnehmung - Achtsamkeit

Dieses Phänomen ist vielen Verkehrspolizisten bekannt durch die Zeugenaussagen bei einem Autounfall. Wird von den unterschiedlichen Zeugen die Farbe der beteiligen Fahrzeuge genannt, dann erscheint es so zu sein, als sei das Auto eher bunt als einfarbig. Fast jeder assoziiert mit dem, was er gesehen hat, etwas anderes. Nur was? Vereinfacht könnte man sagen: Jeder steckt in seinem Bewusstsein, wie in seiner Haut. Er kommt da nicht so einfach heraus.

Was in unser **Bewusstsein** kommt, sind Inhalte aus einer begrenzten Zahl psychischer Funktionen mit emotionellem Anteil. Gemeint ist damit: Egal was Du tust, es kommt nur dann in Dein Bewusstsein, wenn Du daran gefühlsmäßig beteiligt bist. Sofern Bewusstseinsinhalte sich aus Meldungen der Sinnesorgane ergeben, spiegeln sie unsere eigenen Vorurteile über die Welt wider, weil wir die Welt nur mit den uns eigenen Kategorien erfassen können. Bewusstsein ist, wenn das, was wir damit meinen, auch anderen vermittelt, werden kann. Meisten geschieht das sprachlich, aber es ist auch anders möglich, z.B. durch Gesten. Bewusstsein ist die Gesamtheit aller psychischen Ereignisse, die kommuniziert werden können.

Bewusstsein steht folglich immer in einem sozialen Rahmen. Immer im Kontext. Bewusstheit ist alles, was ein Mensch an physischen und psychischen Ereignissen wahrnimmt, auch dann, wenn er es nicht vermitteln kann. Grenzenloses Bewusstsein gibt es nur im Traum.

Unser Bewusstsein ist ein inneres qualitatives und subjektives Erleben, was eng mit unseren jeweiligen Gehirnaktivitäten zusammenhängt.

Das menschliche Gehirn besteht biologisch aus

5 Hauptabschnitten

- Hinterhirn

- Kleinhirn

- Mittelhirn

- Zwischenhirn

- Endhirn

und hat die Aufgabe, etwas verkürzt ausgedrückt, aber dennoch treffend, das Verhalten des Menschen durch Informationsverarbeitung zu steuern. Verhalten meint hier die Gesamtheit und den Zusammenhang von Lebensäußerungen des Individuums in seiner Umwelt. So arbeiten diese Teile auch immer als miteinander verbundene Einheit. Immer im Zusammenhang.

Hinterhirn - ist die Fortsetzung des Rückenmarks, es besorgt die Steuerung lebenswichtiger Organfunktionen wie Atmung und Blutkreislauf.

Kleinhirn - dient der Kontrolle der Körperhaltung und der Gliederstellung im Schwerefeld der Erde, es koordiniert den Bewegungsablauf in raumzeitlicher Hinsicht.

Mittelhirn - es steuert den Schlaf-Wach-Rhythmus und enthält Schallt- bzw. Bearbeitungsstellen für den Gesichts- und Gehörsinn.

Zwischenhirn - es wacht über das innere Milieu des Organismus und die Zeitstruktur der Lebenstätigkeiten (menschlicher Rhythmus)

Endhirn - dieser Teil ist paarig, wir sprachen eben von der linken und der rechten Gehirnhälfte, es enthält die umfassende Integrationseinrichtung der Großhirnrinde, an welche die sogenannten höheren bewussten Hirnleistungen gebunden sind.

Die linke Gehirnhälfte ist ein spezielles Gedächtnis-Zentrum für Wörter und Zahlen. Sie analysiert, bewertet, kritisiert, kontrolliert die rechte Seite des Körpers, sowie die verbale Darstellung (Grammatik und Wortwahl). Sie steuert und verarbeitet verbale und mathematische Informationen in logischer Reihenfolge.

Die rechte Gehirnhälfte setzt Dinge zusammen. Sie ist also ein spezielles Zentrum für Intuition, Spontaneität und Gefühle. „Denkt" in Bildern, spielt, visualisiert, beschäftigt sich mit „Ganzheiten", nicht mit Details. Regelt die Körpersprache, Bewegungen, physische Aktivitäten

(Sport, Tanz), und künstlerische Leistungen und Erlebnisse (Zeichnen, Malen...) Sie kontrolliert die linke Seite des Körpers.

Jede Hälfte unseres Gehirns ist mit der gegenüberliegenden Seite des Körpers verbunden. Gesichtssinn, Tastsinn und Bewegung auf der rechten Seite sind also Aufgaben des linken Gehirns und umgekehrt. Die Nervenverbindungen zwischen den beiden Hemisphären ermöglichen es den Hälften, Informationen auszutauschen, so dass jede Hemisphäre uns unmittelbar und mittelbar in die Lage versetzen kann, auf jeder Seite des Körpers zu sehen, zu fühlen oder Bewegungen auszuführen.

Dennoch - wie inzwischen viele hunderte von Experimenten bewiesen haben – „denken" unsere beiden Gehirnhälften deutlich auf verschiedene Art. Als Spezialist für Sprache „denkt" das linke Gehirn nicht nur in Worten, sondern brilliert bei den logischen Sequenzen, die Schritt für Schritt ablaufen. Als Spezialist für Bilder hat das rechte Gehirn einen ungeheuren Vorteil beim Erkennen und Behandeln von komplexen visuellen Strukturen.

Jede Gehirnhälfte arbeitet autonom, doch immer dann, wenn sie zur Leistung und Lösung einer bestimmten Aufgabe herangezogen wird, übernimmt immer die Hälfte, die am besten trainiert ist, das Kommando darüber, welches Hälfte zur Lösung, zur Entscheidung letztlich herangezogen wird.

Die unterschiedliche Art des Denkens beider Gehirnhälften sowie die darauf beruhende lebensbewahrende Arbeitsteilung beider Hälften ist der Grund dafür, dass wir mit Fug und Recht behaupten können, dass das menschliche Gehirn eine enorme, kaum fassbare Kapazität besitzt, die bei jedem Menschen in verschiedener Art organisiert ist. Ergebnis: Jeder Mensch hat eine einzigartige Persönlichkeit und Struktur seiner Fähigkeiten. Das Gehirn ist der enge Raum des Psychischen. Dieser Gedanken sagt nichts anderes aus, als dass die Grenzen unseres Bewusstseins allein dadurch gegeben sind, dass psychische Funktionen an Hirnsubstanz gebunden sind.

Das Gehirn ist in unserem Kopf. Es kann also nicht beliebig groß sein. Quasi ist es in unserem Kopf eingesperrt. Konsequenz: Wenn Funktionen an bestimmten Stellen des Gehirns lokalisiert sind und zumeist ein Ort nur eine Funktion beherbergt und das Gehirn nicht beliebig groß sein kann, dann kann es auch nur eine begrenzte Zahl von Funktionen geben. Wir können nicht über beliebig viele psychische Funktionen verfügen. Es gibt nur die, die in unserem Kopf Platz haben - und hineingekommen sind sie auf Grund entwicklungsgeschichtlicher Notwendigkeiten. Die Größe unseres Gehirns bestimmt somit den Umfang unseres Seelenlebens. Bestimmt unsere Art zu Denken unsere Kreativität, laterales Denken wie logisches Denken. Ebenso verhält es sich mit unseren Gefühlen.

Gefühle sind Erlebens- und Verhaltenskategorien, die sich allgemein-verbindlichen Definitionen entziehen. Über das, was Gefühle sind und welche Funktion sie haben, gibt es so viele Ansichten wie Personen, die sich damit beschäftigen.

Nach allgemeinem Sprachverständnis sind Gefühle spezifische Bewusstseinszustände.

Für ihre Kennzeichnung und Differenzierung verfügt die Sprache über eine Vielzahl von Begriffen. Eine Reihe von Gefühlsbegriffen bezieht sich auf Bewusstseinszustände, die sich häufig unmittelbar im Verhalten äußern, z.B. durch Ausdruck oder Handlungen und einen erkennbaren zeitlichen Ablauf haben, z.B. Angst, Ärger, Furcht, Zorn, Wut, Traurigkeit, Freude.

Daneben gibt es eine Vielzahl von Gefühlsbegriffen, die sich vorwiegend auf mitgeteilte, nicht unbedingt im offenen Verhalten erkennbare Bewusstseinszustände beziehen und die im Zusammenhang mit bestimmen Reizkontexten stehen, wie z.B. körperliche Reize: Hunger, Müdigkeit, Schmerz...; sozialen Reize: Liebe,

Hass, Stolz... und rein sinnlich wahrgenommene Reize: Harmonie-, Schuld-, Erfolgsgefühl. In engem Bedeutungszusammenhang mit dem Gefühl werden, ebenfalls uneinheitlich, die Begriffe Affekt, Stimmung, Emotion verwendet.

Als **Affekt** wird, überwiegend ein erlebnis- und auch verhaltensmäßig starkes Gefühl verstanden. Mit **Stimmung** bezeichnet man einen andauernden gefühlsartigen Zustand. Der Begriff **Emotion** wird für die Gesamtheit, der mit einem Gefühlserlebnis auftretenden Reaktionen gebraucht. Das kann dann auch für tierisches Verhalten gelten. Zur Abgrenzung für das menschliche Verhalten gilt der Begriff der Emotionalität. **Emotionalität** ist das Gesamtgefühlsvermögen eines Menschen, dass empfindungs-, trieb- und persönlichkeitsbedingt sein kann.

Gefühle lassen sich auf verschiedenen Ebenen von Verhalten darstellen, und zwar auf der Ebene

- *des verbalen Verhaltens,*
- *physiologischer und biochemischer Vorgänge,*
- *motorischen Verhaltens und des Ausdrucks.*

Der *Verhaltensebene Ausdruck* kommt eine hohe Bedeutung deshalb zu, weil auf dieser für andere Individuen sichtbare und deutbare motorische und vegetative Gefühlsreaktionen beschreibbar sind. Dennoch: Ausdruck kann willentlich als auch unterbewusst täuschen und/oder interpretiert werden. Gefühle sind Elemente der Wahrnehmung unserer Beziehung zu uns selbst und zu anderen Menschen.

Wir nehmen uns nur durch unsere Gefühle wahr. Wenn wir etwas betrachten, hören, riechen, schmecken, wenn wir etwas bedenken, erörtern, planen, erforschen, stets ist der Bewusstseinsinhalt, der mit der Tätigkeit verbunden ist, mehr als ein objektives Ereignis, mehr als eine nüchterne Auskunft über die reale Welt oder über ein Geschehen in uns selbst.

Zwischenmenschliche Beziehungen sind dauerhaft,

wenn sie von menschlichen Gefühlen getragen sind.

Soll eine menschliche Beziehung dauerhaft sein, so muss sie emotional getragen sein. Leider bestehen oftmals auch negative emotionale Beziehungen viele Jahre hindurch, z.B. Menschen, die sich hassen und diesen Hass ein Leben lang in sich tragen - und trotzdem beieinander leben. Irgendwann bricht es aus, mal gewaltig eruptiv, mal langsam und stetig, jeden Tag, jede Nacht. Der Krieg ist das brutalste Beispiel. Manche Ehe, manche Gemeinschaft, das wohl gewöhnlichste Beispiel.

Gefühle und Handeln stehen in einer sehr engen Verbindung zueinander.

Jedes Erlebnis, jeder Bewusstseinsinhalt ist von vornherein immer auch angenehm oder unangenehm, interessant oder langweilig, erfreulich oder unerfreulich, mit anderen Worten: *durch unsere Gefühle gefärbt.* Damit ich etwas merke, damit mir etwas bewusstwerden kann, muss es mich interessieren, und das impliziert bereits eine emotionale Einstellung.

Gefühle sind an bestimmten Orten im Gehirn repräsentiert, Das Zentrum für Gefühle ist die rechte Gehirnhälfte. Daraus folgt, dass wir nicht beliebig viele Gefühle haben können. Die Größe unseres Gehirns beschränkt den Umfang unseres Gefühlslebens. Wir müssen mit den Gefühlen auskommen, die für uns im Laufe der Entwicklungsgeschichte verfügbar gemacht wurde. Intensität, Qualität und zeitlicher Verlauf der Gefühle ist von unserem Gehirn abhängig. Wenn nun unsere Gefühle an Zahl, Intensität, Qualität begrenzt sind, so heißt das noch lange nicht, dass sie im Hintergrund unseres Bewusstseins bleiben. Denken und handeln sind immer emotionell getönt und umgekehrt: Unsere Emotionalität wird durch unser Denken und Handeln beeinflusst. Alles bedingt sich gegenseitig.

Denken und handeln kann nicht von der Allgegenwärtigkeit der Gefühle befreit werden.

Fühlen ist ein Grundvermögen der physischen Existenz des Menschen. Es ist die Fähigkeit, sich vom Inhalt von Vorstellungen oder Wahrnehmungen in seinem Inneren berühren zu lassen. Das geschieht zunächst durch dermatales (hautkontaktliches) Erlebens. Gefühle durchstrahlen als Gestimmtsein das Lebensgefühl eines Menschen. So geben Stimmungen Auskunft darüber, mit welcher Erlebnisqualität das menschliche Individuum sein Leben gerade bewertet.

Fühlen heißt, zunächst mit und durch den Körper Erlebnissen zu begegnen. Von Anfang seines Lebens an. In der Mutter-Kind-Beziehung nehmen unbewusst Nähe und Distanz als Erlebniskriterien ihren Anfang. Somit ist Fühlen sanftes Ertasten der kindlichen Erlebniswelt. Dieses Erleben ist ausschlaggebend für die elementare emotionale Qualität, von der sich der Erwachsene später (meist unbewusst) leiten lässt, also ausschlaggebend für Verhalten und Handeln in der Erwachsenenwelt. Der Vorrat an Gefühlen, den jemand angelegt hat, kann aber auch für andere zur seelischen Nahrung werden.

Seine Bindungs-, Kommunikations-, Konflikt- und Entscheidungsfähigkeit lassen das für sich selbst und andere erkennbar werden.

Im Fühlen vollzieht sich die Ur-Berührung mit dem Leben.

Doch erst ein Fühlen, das die Tiefe der Persönlichkeit erreicht, bleibt in uns; denn Berührung mit dem Leben heißt stets: das Herz des Menschen zu berühren.

Wahrnehmung kann als ein sich selbst organisierendes, musterbildendes und mustervergleichendes, aktives Informationssystem (unser Gehirn) begriffen werden. Demzufolge heißt Wahrnehmung wortwörtlich eher: *Die Wahrheit zur Kenntnis zu nehmen.*

Dies kann nur dadurch geschehen, dass man in allem, was man wahrnimmt, sich selbst erkennt. Das, was wir Umwelt oder Außenwelt nennen, sind Spiegelungen unserer Seele. Die Pforten dieser Wahrnehmung sind unsere Sinnesorgane: Augen, Ohren, Zunge, Haut. Durch sie sind wir mit der Außenwelt verbunden. Sie sind die Fenster in unserer Seele, durch die wir hindurchschauen - und letztlich uns selbst sehen. So nehmen wir alles wahr.

Die Außenwelt, die wir mit unseren Sinnen erfahren und an deren unumstößliche Realität wir so oft so fest glauben, gibt es in Wirklichkeit nicht. Um also optimal Konflikte und Probleme lösen zu können, ist eine intensive Auseinandersetzung mit deren Ursachen vonnöten. Die Ursachen zu erkennen, hängt entscheidend von unserer Wahrnehmungsfähigkeit ab. Unsere Wahrnehmung wird beeinflusst durch unsere individuellen Sichtweisen. Unsere Sichtweisen werden in Ihrer entscheidenden Ausprägung in den frühen Jahren der Kindheit angelegt.

Grundsätzlich sind jedoch fast alle Ursachen von Konflikten und Problemen auf die Tatsache zurückzuführen, dass die meisten Menschen über das Funktionieren ihres Lebens Vorstellungen von ihrem Verstand haben entwickeln lassen, die dann aber mit dem Leben an sich (fast) gar nichts mehr zu tun haben. So ist es auch gar nicht verwunderlich, dass sich unsere Wahrnehmungsfähigkeit in dem Maße trübt, indem wir den Verstand zum Wahrnehmen heranziehen. Hilfreicher wäre es sich zu bemühen, den Verstand kennen und erkennen zu können, unser individuelles Wissen über das wirkliche Funktionieren des Lebens überhaupt und des eigenen Lebens zu erhöhen und zur Erkenntnis und damit zur Erleuchtung zu gelangen.

Aber alles, was wir wahrnehmen, muss nicht wahr sein.

Die Wirklichkeit ist nicht so, wie ich sie gerne hätte.

Sie ist nicht so, wie sie sein sollte.

Sie ist nicht so, wie man mir gesagt hat, dass sie sei.

Sie ist nicht so, wie sie einmal war.

Noch ist sie so, wie sie morgen sein wird.

Die Wirklichkeit um mich herum ist, wie sie ist.

(Jorge Bucay „Geschichten zum Nachdenken")

Herauszufinden was nun für uns wahr ist, im Sinne von für uns eher „giftig" oder eher „bereichernd" das nennt man **Achtsamkeit.**

Achtsamkeit bedeutet, dass wir uns unserer selbst, unseres Körpers, unseres Tuns (Denken, Sprechen. Handeln), unsere Atmung bewusst sind **und nicht urteilen.** Das klingt nicht nur schwer, sondern ist es auch. Der erste Schritt ist ein bisschen mehr als gewöhnlich Aufmerksamkeit auf unseren Körper und unsere Gefühle zu entwickeln. Dabei hilft eine einfache Übung.

Die „Honigbrötchenübung": Einmal am Tag ein halbes Brötchen mit fließendem Honig zu bestreichen und dieses vielleicht bei einer Tasse Tee ganz langsam und genüsslich zu essen und darauf achten das kein Honig auf die Finger fließt. Währenddessen alle Gedanken zulassen und diese weder als gut oder als schlecht beurteilen. Langsam, aber deutlich spürbar entwickelt sich das Empfinden für das eigene Selbst, so wie es ist.

So entwickeln wir Achtsamkeit, die Fähigkeit Wertungen und Urteile loszulassen, unseren Atem und Körper zu spüren und unsere volle Aufmerksamkeit darauf zu richten, was in und um uns herum geschieht. Können mit allem und mit allen wirkungsvoll umgehen. Sind uns selbst und allen unseren Wahrnehmungen und Empfindungen jederzeit bewusst. Der wichtigste Punkt der realisierten Achtsamkeit ist unsere Wahrhaftigkeit, d.h. den Mut zu haben, die Wahrheit auszusprechen und Feedback zu geben und zu nehmen.

„Achtsamkeit sei die Wurzel all' unseres Tuns"

Kapitel 2.5:

Ungeduld ist keine Tugend.
Geduld und Gelassenheit schon.

Ungeduld ist keine Tugend. Auch wenn 95% aller Interviewpartner auf die Frage „Was ist Ihre Schwäche?" mit „Ungeduld" kokettieren. Sehr viele schmücken sich mit der Hektik, der Eile. „Keine Zeit zu haben" tragen sie wie einen Orden. Tatsächlich scheint niemand mehr Zeit zu haben. Privat wie beruflich. Kaum kommt das Flugzeug zu stehen, schon bewegt sich der Finger hektisch auf dem Blackberry, andere haben bereits das Handy am Ohr.

Als sei in den wenigen Minuten, Stunden des Fluges schon entscheidendes passiert. Wirklich?

Viele telefonieren unterwegs, essen „to go". Vermutlich gibt es in den Betrieben keine Kantinen, in den Wohnungen keine Herde oder Esstische mehr. Wenn ich das so sehe, dann wird mir schlagartig klar, warum es so viele Kochsendungen gibt. Es ist reine Nostalgie.

Im Ernst: Eile ist ein Statussymbol.

Ich muss. Es ist so. Nicht zu ändern.

Bloß nicht erkennbar unbrauchbar,

unproduktiv, arbeitslos zu sein.

Selbst der, der sich gerade mal eine Ruhepause gönnt, erklärt sofort warum er sie denn nötig hat, erzählt von dem Erledigten.

Doof wenn man die Uhr zum Meister macht und sie nicht nach sich selbst stellt.

Bei uns zu Hause gibt es einige Sonntage der Langeweile. Am Anfang schwer ertragbar, aber dann: Es ist herrlich die Sekunden, Minuten, Stunden dahintröpfeln zu lassen. Die Seele atmet. Der Leib fühlt. Leben eben. Das aber ist eher die Ausnahme. Oder es muss eine Pandemie her. Oder eine „staatliche" Verordnung. Auf einmal geht das, was einem zuvor unmöglich war: Entschleunigung. Warum geht das sonst nicht? Warum ist sonst Geduld und Gelassenheit schier unmöglich?

Dem einen oder anderen mag es gar komisch erscheinen, über diese Begriffe überhaupt nachzudenken. Trotzdem will ich es hier tun, denn die meisten menschlichen Dinge unseres Alltags sind ohne Geduld und Gelassenheit kaum realisierbar. Miteinander reden zum Beispiel oder eine Partnerschaft, eine Familie sinnvoll zu führen, bessere Leistungen zu erbringen. Was auch immer gelingen soll, das braucht Geduld und Gelassenheit im Denken, Sprechen und Handeln.

Zeit ist eine Sache des Herzens, nicht des Verstandes.

Es braucht Zeit dieses zu begreifen. Hilfreich sind die Tugenden Geduld und Gelassenheit. Beide besitzen wir von Geburt an nicht. Beide müssen erlebt, erfahren und erlernt werden. Beide setzen schon ein Stück Bildung der Persönlichkeit voraus. Geduld (hypomoné) bedeutet ja im Griechischen ein tapferes Standhalten. Geduld ist das Gegenteil von Feigheit und zählt zur Tapferkeit. In einigen Kulturen bedeutete geduldige Gelassenheit seelische Größe. Erst eine hektisch-betriebsame Zeit gestattete der Ungeduld einen gewissen Wert (z.B. Menschen von Bedeutung haben keine Zeit, haben es immer eilig, lassen ihre Zeit von anderen "managen"). *Gegenwärtig deutet sich ein gewisser Wandel an.*

Geduld ist als aktives Tun und nicht als ein passives Erleiden oder resignierendes Dulden zu verstehen. Sie ist der Ausdruck seelischer Reife. Somit kann das Maß der Geduld auch als ein Maß der eigenen Entwicklung gelten (Wo stehe ich?).

Geduld sichert geduldiges Zuhören: Niemals einen Menschen zu unterbrechen; niemals ein Gespräch abbrechen; verlassen; ruhig bis zum Ende zuhören; nie bereits, während der andere spricht, die Gegenrede planen; keine Angst zu haben, etwas vergessen zu können; nie projizieren oder selektieren; nicht nur auf die Information, die Kommunikation beschränken.

Gelassenheit hat etwas mit loslassen, entscheiden können, akzeptieren, Zeit haben zu tun. Zeit ist immer eine Sache des Herzens, nicht des Verstandes. Zeit ist unendlich. Der Gelassene weiß, dass alles seine Zeit hat. Gelassenheit heißt nicht, alles zu ertragen.

Gelassenheit ist Aktivität, setzt Kampf voraus, Konfliktfähigkeit und seine Angst anzunehmen. Gelassenheit erlaubt aktives analytisches Zuhören. Gemeint ist damit, dass der Zuhörende das Gehörte hinsichtlich der faktischen Voraussetzungen (Konsequenzen, Implikationen); der logischen Voraussetzungen; des Sprachspiels (Sprachcode, Begriffswelt) und des Ziels (primär überzeugen oder Probleme lösen) analysieren kann.

Das Zuhören ist für das Verstehen elementar.

Damit eben auch für die Dialektik, Rhetorik, Psychologie, Soziologie und selbstverständlich auch für die ganz alltägliche menschliche Kommunikation. Das Umsetzen dieses elementaren Merkmals der Gesprächsfähigkeit kann meist nicht durch das Training bestimmter Techniken gefördert werden, sondern nur durch eine neue Grundorientierung: *Echtes Verstehen gelingt nur dem, der zu fühlen vermag. Wer nichts fühlt, versteht weder die anderen noch sich selbst*

Der GELASSENE weiß, dass alles seine Zeit hat, wie schon in der Bibel, Altes Testament, Buch Kohelet geschrieben:

„Es gibt eine Zeit für Aggressivität und eine Zeit für Passivität, eine für Einsamkeit und eine für Gemeinsamkeit, eine fürs Kämpfen, eine fürs Lieben, eine fürs Reden und eine fürs Schweigen...“

Welchen Vorteil hat also ein Mensch, wenn er sich falsch und übermäßig anstrengt? Für alles Schaffen gibt es auch die Zeit dazu. Gelassenheit setzt aber auch voraus, materiell gesichert zu sein. Gibt es hier Defizite, so sind sie erst zu beseitigen. Aber auch das gilt: Wer alles mit Gelassenheit erträgt, ist unmenschlich, mindestens gegen sich selbst, denn Gelassenheit setzt Aktivität, Kampf voraus. Es gilt Konflikte und vor allem seine eigenen sozialen Ängste anzunehmen und ihnen nicht auszuweichen. *Gelassenheit ist also Arbeit an unserer Angstbewältigung.*

Wie bereits gesagt, Geduld und Gelassenheit kann man erlernen. Diese Tugenden hat man nicht von Geburt an. Dazu braucht es viel Mut und verlangt sehr viel Arbeit an uns selbst. Wo jedoch humane Aktivität durch Überaktivität abgelöst wird, wo also die Überaktivität zum Selbstwert wird, da wird Geduld kaum etwas zu suchen haben. Geduld und Gelassenheit sind aber wichtig gerade für ganz banale Alltagsdinge wie Sprechen, Zusammenleben, Arbeiten.

„Vieles wird erreicht durch Geduld und geht wieder verloren durch Ungeduld. Ratlosigkeit und Ungeduld sind zwei Krankheiten, die das Leben verkürzen"

(Mahatma Gandhi)

Geduld wird durch die Gelassenheit, einer Haltung innerer Ruhe und Ausgeglichenheit für andere sichtbar. Beide Tugenden beginnen bei der Akzeptanz des SELBST.

Kapitel 2.6:

Intuition – gefühltes Wissen!
Kreativität – erlebter Geistesblitz!

Das eine ist immer, das andere nur im Augenblick.

Das eine ist unendliche Freiheit, das andere die Freiheit des Moments. Beide sind lebensnotwendig. Imitieren, kopieren führen zur Starrheit und letztlich zum „Sterben".

Es steht eine Entscheidung an. Das Entscheidende.

Das „Bauchgefühl" sagt: „Genau so muss es sein!"

Da meldet sich der Verstand: „Das wäre zu einfach!" Entscheidungsvorlagen werden erarbeitet. Zusätzliche Analysen gemacht. Empfehlungen abgefragt. Noch eine zusätzliche Excel-Tabelle wird erstellt. Besser? Nicht immer.

Oft wird das Emotionale nicht genügend bewertet. Wir sind verhaftet am Werk der „realen Vernunft, des Verstandes. Diese Werke machen nicht frei. Wer sich immer mehr darin übt, den rationalen und/oder formalen Anweisungen zu folgen, blockiert sein Denken und Handeln – er ist nicht mehr frei.

Intuition macht frei, schenkt zumindest ein gewisses Quantum an Freiheit, denn sie ist die Fähigkeit, Einsichten in Sachverhalte, Sichtweisen, Gesetzmäßigkeiten oder die subjektive Stimmigkeit von Entscheidungen zu erlangen, ohne diskursiven Gebrauch des Verstandes, also etwa ohne bewusste Schlussfolgerungen. Die Richtigkeit der Ergebnisse des intuitiven Handelns führt zu dem Vertrauen in die eigene geistige Kraft als ständigen Begleiter im ganzen Leben. Die Gedankenkraft der Intuition überwindet die Illusion der Begrenztheit.

Intuitives handeln ist der genussvolle Augenblick der Freiheit.

Sind also Verstand und Intuition ein Paradox?

Stören gar Gefühle erfolgreiche Arbeit?

Keineswegs, denn Emotionalität und Rationalität gehören zusammen. Ja, Verstand und Intuition können Hand in Hand gehen. Doch viele Menschen sind von Gefühlen getrennt. Auf allen Ebenen, allen Bereichen, allen Orten des menschlichen Zusammenlebens. So erscheint vielen Menschen nicht das Gemeinsame dieser beiden Gehirnfunktionen relevant zu sein, sondern eher eine Diskrepanz.

Jedes Erlebnis, jeder Bewusstseinsinhalt ist von vornherein immer auch angenehm oder unangenehm, interessant oder langweilig, erfreulich oder unerfreulich, mit anderen Worten: Durch unsere Gefühle gefärbt. Damit ich etwas merke, mir etwas bewusst werden kann muss es mich interessieren, und das impliziert bereits eine emotionale Einstellung. Denken ist immer emotionell getönt und umgekehrt: Unsere Emotionalität wird durch unser Denken beeinflusst. Alles bedingt sich gegenseitig. Alles, was wir tun, kann **nicht** von der Allgegenwärtigkeit der Gefühle befreit werden. Gefühle sind Elemente der Wahrnehmung unserer Beziehung zu uns selbst und zu anderen Menschen. Wir nehmen uns nur durch unsere Gefühle wahr. Soll unser Tun gelingen, dann muss es von unseren Gefühlen getragen sein. Also, wann immer wir erfolgreich handeln wollen, müssen wir immer rational und emotional begründet handeln. Denken und handeln sind immer emotionell getönt und umgekehrt: Unsere Emotionalität wird durch unser Denken und Handeln beeinflusst. *Emotionalität und Rationalität sind untrennbar.*

Nach meinen Beobachtungen bedienen sich erfolgreiche Entscheider und kreative Köpfe eines raffinierten Systems im Gehirn, angetrieben von Wissen und Erfahrung. Diese innere Weisheit, genannt Intuition, fließt in Entscheidungs- und Schaffensprozesse ein. Dirigiert von den Gehfühlen.

Leider klingt oft ein gegenteiliges Credo: Verstand und Gefühl haben nichts miteinander zu tun! Wirklich? Betrachte ich meinen Erziehungsweg, dann ist es mir klar, warum es so ist. Funktionieren war angesagt, die instrumentelle Intelligenz wurde gefördert. Was beweisbar, belegbar war, war gut und richtig. Ich war das, was man einen „Zahlenmenschen" nennt, der Meister der PRO und CONTRA – Listen. Und damit hatte ich auch Erfolg.

Erfolg verstärkt auch das, was nicht sinnvoll für das menschliche Leben ist.

Es ist notwendig zu begreifen, dass das sich ausschließlich auf den Verstand und die Vernunft zu berufen, eher einem falschen und impotenten Selbstbildnis entspricht. Mindestens aber einem „Hinkenden", denn es fehlt was. Und so schleppen wir „hinkend" alten Plunders mit uns herum, wie einen Pokal, eine Trophäe. Meistens um anderen zu gefallen. Das aber bedeutet Verfall. Andere jubeln. Unser fantastisches Denken verdorrt durch ständige Wiederholung des Gleichen. Infolge dieses falschen Gebrauchs wird es stumpf und glanzlos. Gedankenzucht, Arbeitszucht, Schablonen des Alltags rauben Dir Kraft und Energie. Deshalb ist der eine oder andere manchmal müde, ausgelaugt, leer.

Burnout zeigt seine Fratze am Fenster Deines Lebens.

Die ganze Einstellung zum Leben beruht auf Ablehnungen, Urteilen, Rechtfertigungen, Vermutungen, Deutungen, Vergleich, Verzicht. Das alles entspringt unserem Verstand, unserer Vernunft. Sie bestimmen Dein Leben, nicht mehr DU. Das ist das Falsche. Manchmal zeigen Deine Träume Dir Dein wirkliches Denken. Deine innere Kraft. Deine Intuition. Trotzdem sind die meisten Menschen stolz auf ihren Verstand. Oft machen sie ihn zur letzten Instanz. Genauso oft wird die Vernunft zum Ersatz. Jedoch, der Verstand ist ein selbständiges Organsystem, das das gesamte physische Wesen miteinschließt. Zweck des Verstandes ist es, zu überleben. Diesen Zweck erreicht der Verstand durch die Speicherung von Spuren der Erinnerung von Ereignissen noch während sie passieren und dem Abrufen dieser Erinnerungen, wenn sie für Überlebenssituationen gebraucht werden.

Verstand schaltet Denken aus. Verstand ist also ein Isolierungsvorgang, eine Absonderung - das Ende. Verstand "denkt" in automatischen Reaktionen seiner Erfahrungen, seines Glaubens, seines Wissens. Das ist das Falsche. **Intuition ist das Echte.** *Die Augen glauben an sich selbst, die Ohren glauben den anderen, die Intuition glaubt der Wahrheit.* (Zitat nach einem anonymen Autor)

Elemente der Intuition sind: Geistesgegenwart, Wissen, Entscheiden. Die Quellen sind unsere Gefühle. Längst von der gegenwärtigen Hirnforschung belegt. Intuition kann man erlernen. Es beginnt mit dem Wissen um das Bewusste und das Unterbewusste. Dann folgt so viel wie möglich erleben und erfahren, ohne es sofort auf die Verwendbarkeit zu prüfen. Schlaf und Traum helfen dabei. Dann beobachten, ohne etwas zu bewerten, zu beurteilen. Und letztlich immer wieder üben Neugier, Mut und Lust zu zulassen.

Die Intuition ist das Ergebnis von Lernprozessen.

Sie bezieht ihre Kraft im Sinne von Weisheit aus Erfahrungen und Routinen, die sich im Laufe des Lebens einstellen. Die Intuition kommuniziert mit dem Verstand durch die Gefühle. Ein Kind kann nicht intuitiv sein. Es probiert einfach aus und so beginnen Lernprozesse. Wird seine Neugier gefördert, dann wird es auch in seinem weiteren Leben immer Mut zur Intuition haben.

Kreativität ist ebenso erlernbar.

Kreativität ist die Natur der Geistesblitze. Kreative Momente sind „Heureka-Erlebnisse". Kreativität ist Fähigkeit eines Menschen etwas Neues, manchmal Originelles, zu schaffen, das brauchbar und nützlich ist. Diesen Nutzen zu realisieren, benötigt wieder Intuition und Vernunft. Kreativität hat nichts damit zu tun, wenn man etwas anders macht, als man es bisher gemacht hat.

Dass kann auch jeder „Dumme". Kreativität entwickelt sich erst im Aufmerksamkeitsüberschuss, d.h.: Erst wenn alle seine anderen Bedürfnisse abgesichert sind, kann sich der Mensch den Luxus erlauben, Muße zu finden und Geistesblitze zuzulassen, also Gedanken über NEUES zu machen.

Logik und Verstand können einfach nichts NEUES schaffen, die Intuition aber schon. Intuition ist die Kraft des Fortschritts. *„Die menschliche Zivilisation macht in dem Maße Fortschritte, in dem sie nicht darüber nachdenken muss, wie sie Probleme löst"* sagt Alfred North Whitehead (Mathematiker).

Erst wenn das Gehirn ruht, wenn es ganz still ist, sind kreative Höchstleistungen, also Geistesblitze möglich. In betriebsamen Räumen oder einer betriebsamen Umgebung ist das nicht möglich. Unsere Intuition könnte uns aber helfen, diese Ruhe zu schaffen.

Kapitel 2.7:

Fragen – der kreative Weg der Neugier.

Wir haben immer eine Wahl – egal welchen Weg wir gehen! Fragen führen auf den Lernweg! Behauptungen auf den Kritikweg!

Entscheiden Sie: Sind das Behauptungen oder auch schon Fragen?

Entscheidungen sicher zu machen, ist der Traum fast aller Menschen.

Gibt es überhaupt sichere Entscheidungen?

Klar ist, ohne Entscheidungen gibt es kein Leben. Ganz gleich ob gezwungen oder notwendig oder wohl überlegt oder planend vorausschauend. Manches ist vermeintlich sicher, das meiste unsicher – in allen Lebensbereichen. Wenn wir könnten, wie wir wollten, dann würden wir lieber nicht – oder doch oder wie und warum oder könnte da nicht doch? Die Natur hat sich da etwas ganz Besonderes ausgedacht. Lebenswichtiges ist unserer Entscheidung enthoben, zum Beispiel beim Atmen. Versuchen Sie einmal Ihr atmen willkürlich zu unterbrechen.

Entscheidungen sind realisierte Antworten auf Probleme. Sie sind immer endgültig. In hierarchischen geführten Systemen zum Beispiel geht es nicht nur um willentliche Entscheidungen, die Antworten auf Probleme, sondern mehr darum, die Antworten für andere verständlich zu machen. Und nicht nur das, es gilt kritischen Fragen und emotionalen Widerständen standzuhalten. Rationale Widerstände und sachbezogene Kritik zu integrieren, statt klein zu reden oder machthierarchisch durchzusetzen.

Konsens, Überzeugung, Glaubwürdigkeit und Vertrauen sind wesentlich. Überredung ist würdelos und damit unbrauchbar.

In einem direkten und persönlichen Austausch dialektische Gesprächsführung zu erarbeiten, scheint mehr Sinn zu machen, als nur die üblichen Techniken der Trivial- und Schlagfertigkeitsrhetorik anzuwenden. Der beste Weg zur Lösung jedweden Problems, also für Entscheidungen, besteht darin, zunächst bessere Fragen zu stellen. Das wird aber nicht explizit gelehrt. Wenn überhaupt, dann innerhalb von Kreativitätstechniken als Problemlösung durch die Kunst des Fragens.

Kluge Fragen stellen zu können ist nur eine Kunst im Sinne von Fragen stellen zu können also ein substanzielles kommunikatives Können bei allen menschlichen Begegnungen.

Wohin man auch blickt, überall begegnen uns die Errungenschaften durch Antworten auf Probleme. Entscheidungen eben. Menschen verlieren ihren Arbeitsplatz und müssen sich hinterher als Schmarotzer beschimpfen lassen. Politiker wie Manager bereichern sich an denen, für die sie eigentlich tätig sein sollen. Sind das nicht genügend Ergebnisse überzeugender „Antwortstärke", „Entscheidungsstärke"? Ja! Viele freuen sich sogar darüber und handeln entsprechend. Wozu nun hier an dieser Stelle auch noch über das allzu Selbstverständliche reflektieren?

Als unvoreingenommener Beobachter dieses gegenwärtigen Zeitgeschehens lasse ich mich jedoch vom Trugbild solcher Aktivitäten nicht täuschen. Weiß ich doch, dass überaktives, auf Antworten beruhendes Handeln aufgrund von „Entscheidungsstärke" oder so genannter „Ellenbogenfreiheit" eine Neurose kennzeichnen kann.

Wenn das „Antworten finden" richtig ist, dann brauchen wir ja auch nicht mehr zu entscheiden, dann können wir uns ja der Willkürlichkeit des Falls eines Würfels, des Drehen eines Glücksrades bedienen. Wunderbar: Keine eigenen Entscheidungen, keine Verantwortung.

Es geht nicht darum sich dem gegenwärtigen Hype anzuschließen, dass in der auf ständige Veränderung angelegten Gesellschaften Problemlösungen durch das Suchen nach den (möglichst) richtigen Antworten das Beste aller Möglichkeiten ist und in Krisenzeiten reicht es dann auch das Querdenker, Außenseiter, Nonkonformisten, Exzentriker ... eine wünschenswerte Bereicherung der eintönigen und eingefahrenen Alltagsroutine wären.

Nein, es geht lediglich darum mit Unglauben auf das zu reagieren, was viele zu glauben scheinen und sich durchaus kritisch gegenüber Handlungsmaximen zu verhalten, die nach allgemeiner Auffassung die angebliche Ordnung begründen und nicht unbedingt die stillen Annahmen der plausibel und seriös daherkommenden Urteile zu akzeptieren. Wachsam sein!

Richtige (bessere, kluge) Fragen ergeben richtige (bessere, kluge) Antworten. Niemals den Glauben an seine Fragen verlieren.

Müsste der Anfangssatz nicht eher heißen: Haben wir immer eine Wahl, wenn wir mit einem anderen sprechen? Was wäre für ein Gespräch sinnvoller: Fragen oder Behauptungen? Wie kann man die besten Antworten bekommen, ohne zunächst die besten Fragen zu stellen? Different Question! Question Thinking!

Ganz gleich welche Bezeichnung wir wählen, beide sind wesentlich. Ich stelle mir darunter ein System des Denkens vor, das Fragen nutzt, um den Handlungsspielraum bei nahezu jeder Situation zu erweitern. Einen Handlungsspielraum zur Verfeinerung der eigenen Fragen, damit bei allem, was man tut, bessere Ergebnisse erzielt werden. Und nicht nur das, denn es entsteht ein „System" das das Denken und Handeln (Entscheidungen, Ergebnisse) mithilfe geschickter Fragen verändert. *Fragen die wir uns selbst als auch anderen stellen.* Unser Denken erweitert sich, verändert sich. Alle denkbaren Probleme sind in Fragen wandelbar.

Probleme lassen sich kaum mit demselben Denken lösen, durch das sie entstanden sind, da wir oft in den eigenen Routinen „gefangen" sind und daher kaum wirkliche Alternativen entdecken können. Geübt sind wir durch unser Erziehungs- und Bildungsmethoden allenfalls darin mit unendlichem Aufwand einen Lösungsweg zu finden und sind heilfroh, wenn er auf irgendeine Weise erlaubt, das Ziel zu erreichen. Funktioniert er dann tatsächlich, verteidigen wir diesen dann auch noch mit tausenden von Ausreden, als wäre er der Einzige, Wertvollste, Beste.

Wir wählen in jedem Moment, jeder Situation, jedem Ereignis, jedem Gespräch, jeder menschlichen Begegnung. Jede Wahl wird von Gedanken, Gefühlen, äußeren Umständen beeinflusst. Mit der Annahme all dessen, was jetzt ist, können wir unseren Weg gehen. Entweder den Weg des Fragens oder den Weg des Kritisierens. *Der eine führt zum Lernen der andere in den Sumpf.*

Welchen Weg der Einzelne nun einschlägt hängt weitgehend von seinem Grundvertrauen (Urvertrauen) ab. Meist ist es da, denn ohne Grundvertrauen würden wir morgens nicht einmal aus dem Bett steigen. Also, schon beginnen fast ganz automatisch die sinnvollen Fragen: „Wieviel Urvertrauen habe ich in dieser Situation?"

Kann ich aufgrund dessen das Gegenwärtige auch annehmen? „Kann ich die richtigen Fragen stellen?"

Habe ich Grundvertrauen in dem adäquaten Maße, dann habe ich auch den Mut durch Fragen zu Lernen, den Mut zur Bereicherung. Mir fallen die richtigen Fragen zu Klärung, zur Lösung ein:

„Was ist passiert?“

„Was will ich?“

„Was sind die Fakten?“

„Wovon gehe ich aus?“

„Wovon kann ich ausgehen?“

„Was kann ich lernen?“

„Was sind meine Optionen?“

„Was ist möglich?“

„Wie gehe ich am besten vor?“

„Was denken und fühlen, wollen die anderen?“

„Was denke und fühle ich?“

„Wofür bin ich verantwortlich?“

Der Raum für Fragen: Was? Wozu? Woraus? Wogegen? Womit? Woher? Wohin? Wovon? Wann? Wo? Warum? Wie? Wer? erweitert sich. Auch der Raum für weitere Gedankenspiele wie Rollen-, Kreativ-, Theaterspiele.

Wenn mein Grundvertrauen gering ist, dann neige ich mehr dazu den Kritikerpfad, den „Sumpfpfad“ zu gehen, denn kritisieren geht immer oder das Warten darauf, das andere Antworten geben, Lösungen finden, die ich dann wieder kritisieren kann. Mir fallen nur Behauptungen, Vermutungen, Verallgemeinerungen, Automatismen ein oder

„Wessen Schuld ist das?“ –

„Warum fällt mir nichts ein?“

„Warum bin ich so ein Versager?“

„Warum sind die anderen so dumm?“

„Was ist nur los mit mir“?“

„Was ist nur mit den anderen los?“

„Wozu das alles?“

Zack – und schon stehen wir knietief im Sumpf.

Kluge Fragen stellen zu können ist nur durch ständiges Üben erreichbar. Allein theoretische Denkmodelle reichen da nicht aus. Es muss auch praktiziert sein. Für den Anfang wäre es hilfreich sich ein Wahllokal bildlich vorzustellen oder es sich auch auf einem Blatt Papier zu zeichnen und dieses dann als Unterstützung zu verwenden. Wie einen „Knoten im Taschentuch“ oder ein „Merkzettel“.

Mir wäre die Verwendung des Begriffes „Talisman“ lieber.

Talisman der zwei Wege: „Lernpfad – Weg der Fragen oder Urteilpfad – Kritikerweg - Sumpfpfad“. So werde ich immer daran erinnert, dass ich eine Wahl habe.

Wer den Weg der Fragen geht, der stolpert nicht.

Kapitel 2.8:

Orte, die zum Ankommen einladen.

Beschäftigt man sich mit der Sprache und dem Sprechen, unabhängig ob mit Kommunikation, Rhetorik, Dialektik, Linguistik, Lyrik, Hermeneutik, Philosophie und auch unabhängig von Motivation, Neugier oder Notwendigkeit, dann erfährt man sehr viel über die Technik und Methodik das Redens und Sprechens mit und vor Menschen, auch noch etwas über die Persönlichkeit des Sprechenden, aber wenig bis gar nichts über die Orte, die zum Ankommen einladen und damit zum Gelingen beitragen. Warum?

Unabhängig von der jeweiligen Beantwortung der Frage,

der Ort ist aber wichtig sowohl für den Sprechenden als auch den Zuhörenden. Ganz gleich ob es ein Gespräch zu zweit oder eine Rede, Vortrag, Präsentation vor Gruppen ist. Beide benötigen einen „festen Stand", einen „festen Ort", am besten einen, an dem sich beide wohlfühlen. So können das Sprechen und das Zuhören wirklich gelingen. Die Lehre verwendet wenig Gedankengut darauf.

Meist geht es um das Produkt selbst, manchmal auch um den Sprechenden.

Auf dem tosenden Meer spricht es sich anders als bei lauem Wind am Strand. Zwar wäre es auch sinnvoll an beiden Orten gar nicht zu sprechen, sondern einfach nur zu sein und zu genießen. Das ist hier aber nicht gemeint. Gemeint ist, wenn man etwas sagen will und auch hören will, allein der Ort, der dazu einlädt. Um gut sprechen und zuhören zu können muss man erst angekommen sein. Es geht um Orte, die zum Ankommen einladen. Derer gibt es aber viele.

Wird deshalb so wenig darüber gesagt, geschrieben, gelehrt, weil es bei allen Gesprächen eher um die Bewegung – der Weg ist das Ziel – geht? Oder weil Eile, Hetze, Hast, „keine Zeit zu haben" eher schick sind und es deshalb erst gar nicht zulassen, sich Gedanken über das Ankommen zu machen? Es als sinnvoll zu erachten? Oder ist der Ort, der zum Ankommen einlädt, einfach nur der Ort, an dem wir uns gerade befinden? Auch dann, wenn wir in Eile sind?

Also sind wir immer an irgendeinem Ort, der uns entweder fremd ist oder an dem wir Fremde sind. Stimmt das, dann muss es doch geradezu geboten, wenn nicht gar notwendig sein, den „fremden Ort" zu eigen zu machen, um uns nicht fremd zu fühlen und so ankommen zu können. Damit die Fremdheit abgebaut werden kann muss man den Ort nicht bewerten, beurteilen, irgendwie empfinden, sondern ihn nehmen, wie er eben ist. Geht das? Wenn ja, dann brauchen wir viel mehr Fertigkeiten weit über das eigentliche Sprechen hinaus oder vielleicht die Beratung durch eine Locations Agentur?

Ankommen bedeutet schlicht ein Ziel zu erreichen, dann: Gefallen finden, einen Geschmack treffen, wohlwollend aufgenommen werden, oder auch: der entscheidende, wichtige Punkt sein. *Ich definiere Ankommen als vollkommene Liebe zur Freiheit der Seele.*

Schauen wir uns doch mal verschiedenste Orte an. Vielleicht erkennen wir denjenigen Ort oder diejenigen Orte, die zum Ankommen einladen und damit Sprechen und Zuhören gelingen lassen.

Die Theke. Brauchtum ist in den verschiedenen Kontinenten nicht sehr verschieden. Mag ein Indianer aus der Sonora Wüste (Arizona//USA) in Leipzig noch so hilflos herumirren, wenn er eine Theke erblickt, wird er wissen, wie er sich zu benehmen hat. Und umgekehrt. Ein Sachse in Indianapolis wird es auch wissen. Die Theke ist die Stätte der Freiheit. Der Freiheit zu reden und der Freiheit zu schweigen. Der Freiheit zu trinken. Der Freiheit zu knobeln. Die Freiheit der Behauptungen, Erzählungen, Sinnlosigkeiten, Albernheiten, Philosophien, Glauben und Nichtglauben. Diese unendlichen Möglichkeiten der Freiheit machen die Theke zu einem sicheren Ort. An einem sicheren Ort kann man hervorragend Gespräche, jeglicher Art, führen. In dieser Oase der menschlichen Seele, von Licht und Traum kann man getrost einen Tropfen Wermut in den Becher fallen lassen, ohne dass man sich gleich veranlasst sieht, den ganzen Becher ins Meer zu werfen. Aber Achtung, auch heute noch eher Männer. Frauen weniger. Was eine Rangordnung andeutet – unabhängig der jeweils geltenden gesellschaftlichen Normen.

In diesem Zusammenhang kann man auch die **Orte Kaffeehaus, Restaurant oder Hotel-Lobby** als Orte für Gespräche betrachten, aber laden sie auch wirklich zum Ankommen ein? Einige schon. Ich lebe in Hamburg und mag zum Beispiel das Literaturhaus Café oder die Lobby des Hotel Vier Jahreszeiten für meine Gespräche sehr gern. Stilvolle Eleganz und räumliche Größe laden mich zum Ankommen ein und geben mir die Freiheit Denken und Sprechen in Einklang zu bringen. Restaurants tun das manchmal, zuerst frei nach dem Schiller'schen Motto „Wenn gute Reden sie begleiten, dann fließt die Arbeit munter fort" etwa „Wenn gutes Essen sie begleiten, dann fließen die Gespräche munter fort", und dann wegen der Disziplin zum Speisen wie zum Zuhören. Die Unsitte des Notierens und Auf-das-Handy-blicken wird etwas eingeschränkt.

Der Beichtstuhl. Nicht unumstritten. Auch, weil ihn immer weniger Menschen wirklich nutzen. Auch, weil die Beichte mit vielen Vorurteilen belastet ist. Auch, weil man glaubt, man müsse unbedingt katholisch sein. Auch, weil die Therapeuten-Coach oder der Coaching-Raum vielleicht dessen Funktion übernommen hat. Unabhängig davon aber kann es ein Raum des Ankommens sein. Man tritt ein, schließt den Vorhang hinter sich, es ist still, Besinnung ist möglich. Der Kniefall ermöglicht eine Demuth vor sich selbst. Es ist genau der Ort, an dem man seine Vergangenheit zur Sprache bringen (Sünden hin oder her), offen und ohne Scheu über Brüche auf dem bisherigen Lebensweg reden kann. Mit allem, was man bisher getan hat (gut oder schlecht) kann man ankommen. Sich mit sich selbst und seinen Lebensentwürfen auseinandersetzen und Frieden schließen kann. Ganz gleich ob man eine Absolution will oder bekommt, man genießt den Augenblick, steht auf, tritt heraus in die Wirklichkeit – ein neuer Ort.

Der „neue Ort" ist dann **die Kirche (aber auch der Tempel, die Moschee, Synagoge, der Andachts-Raum).** Das kann auch ein Ort des Ankommens sein, hat aber andere Aufgaben, eine andere Bestimmung, ist ein „Gotteshaus", also eher ein noch fremderer Ort? Dennoch – ich suche gern eine Kirche, Kapelle, einen Dom auf (weil mir diese Orte aufgrund meiner religiösen Erziehung und buddhistischen Weltanschauung näher liegt). Bei all meinen geschäftlichen wie privaten Reisen zu Gesprächen, Meetings, Kontakten, Recherchen plane ich den Besuch zeitlich wie örtlich ein. Ich gehe hinein, ganz gleich welcher Konfession dieser Ort zugehörig ist, verweile einige Minuten, komme bei mir an und fühle mich gewappnet für all das, was danach kommt. Ankommen in doppeltem Sinn.

Manchmal, wenn ich längere Zeit an einem Ort weile, dann suche ich den **Friedhof** des Ortes, des Dorfes, der Stadt auf, meistens um die Menschen des Ortes, die die noch leben, zu verstehen. Paradox? Nicht unbedingt. Grabsteine, Gräberpflege, Beschriftungen, Grabschmuck sagen viel über die Menschen aus, die hier gelebt haben und die hier noch leben. Wie man mit seinen Ahnen umgeht, so geht man auch meist mit sich selbst um. Verscharrt, verbrannt, vergessen oder liebevoll erinnernd. Und mitten in der Unruhe der Beschäftigung mit den eigenen Vorstellungen spüre ich die Ruhe, den heilenden Balsam der Stille. Ich darf ankommen. Hier, als auch in der Stadt, dem Dorf, dem vorübergehenden Quartier. Ich kann schwungvoll und behutsam meine Arbeit tun. Ganz gleich welche.

Ähnlich ergeht es mir im **Park**, unabhängig ob groß oder klein, ob ich ihn mag oder nicht. Hamburg ist eine Stadt, die in allen Stadtteilen mindestens einen Park hat. Ein Segen für uns die wir hier wohnen und für alle anderen Besucher. Sind zu viele da, dann ist das Ankommen schwer. Man ist eher von den Menschen als von den Bäumen, Sträuchern, Blumen, Wiesen, der Architektur fasziniert. Also abgelenkt. Morgens, wenn der Park noch nahezu „unschuldig" ist, dann lädt er zum Ankommen an, umschmeichelt den Besucher mit seiner Schönheit, ja fast verwegenen Laszivität. Du bist da und bist eins mit dem Ganzen. Parks sollte man deshalb nicht abschließen. Dort wo es Usus ist, dort klettere ich schon mal über das Tor, als schleiche ich mich zu einer heimlichen Geliebten. Immer wieder bin ich erstaunt, wie sehr ich dann da sein darf.

Mit dem **Wald** ist das nicht so ganz einfach. Groß und mächtig stehen die Bäume mit ihren gewaltigen Kronen oder dem immergrünen Gewand da, beschützt von den Büschen und Sträuchern, die auch dann noch schützen, wenn sie struppiges, trockenes Unterholz sind. Es riecht zwar verlockend gut, verheißt einiges, aber es ist dunkel, die Sicht etwas eingeschränkt. Obwohl?! Nun, wenn man die behütenden Waldgeister um Einlass bittet, dann geht es doch. Dann lädt uns der Wald zum Ankommen ein. Wir dürfen ein Teil von ihm sein. Mit seinen Geistern gibt er uns Schutz, Zauber, Teilhabe und Ruhe. Vergessen Sie nie, wenn Sie den Wald verlassen, sich am Ausgang bei den Waldgeistern zu bedanken. Sie dürfen wiederkommen.

Die eigentliche Bestimmung eines **Hafens** ist es, dass dort Waren ankommen und „umgeschlagen", also weitergeleitet werden. Aber ein Ort der zum Ankommen einlädt? Hafenstädte scheinen etwas Magisches für Menschen zu haben. Erklären kann man das nicht. Das Gewirr von mächtigen Kränen, Schiffen, Lastwagen, Container scheint eher dagegen zu sprechen. Auch die flinken „Ameisen" die fast ferngesteuert lautlos Container hin und her bewegen machen eher Angst als Freude. Dennoch, Hafen bedeutet Ankommen. Nicht nur für Waren, sondern auch für Menschen: Seeleute, Passagiere, Reisende. Nach all der Zeit auf den Flüssen, den Seen, dem Meer gibt es Land unter den Füssen. Der Hafen lädt nicht nur zum Ankommen ein, sondern erdet. Ich lebe in Hamburg. Der Hafen ist für mich ein bedeutender Punkt der Lebendigkeit und der Stille. Kein Paradox. Am späten Abend, auch manchmal nachts gehe ich langsam auf dem schmalen Weg hinter dem Bernhard-Nocht-Institut für Tropenmedizin, zur Elbe gewandt, vor mir die Landungsbrücken, dahinter die beleuchteten Docks und Kräne. Überwältigt bleibe ich stehen. Gedanken fließen ruhig dahin. Der Weg heißt „Bei der Erholung". Was für eine Einladung zum Ankommen.

Ähnlich ergeht es mir mit dem **Marktplatz.** Ganz gleich ob belebt oder leer, ob Wochenmarkt oder geselliges Beisammensein, ob schön oder nur zweckmäßig. Immer schon war es der zentrale Platz eines Ortes, eines Dorfes, einer Stadt. Es ist der Ort des Verstehens. Der Menschen, die hier leben, die Häuser, die hier gebaut wurden, die Geschäfte, die versorgen, das Leben, wie es hier gelebt wird. Der Marktplatz ist der Ausdruck der Seele eines Ortes. Jede Seele braucht Schutz. Deshalb lädt der Marktplatz nicht alle zum Ankommen ein. Aber die Wenigen die er einlädt sind Seelenverwandte.

Lange habe ich überlegt, ob ich überhaupt einen Gedanken zum **Haus, der Wohnung, dem eigenen Garten, der Parzelle**, in diesem hier gemeinten Sinne verschwenden sollte. Und immer noch bin ich hin- und hergerissen. Dient ein Haus, eine Wohnung, ein Garten, eine Parzelle nicht eher dem eigenen Schutz als der

Einladung zum Ankommen? Ist es nicht eher „mein Heim"? Hinzukommt, dass ganz gleich zu welcher Zeit, zu welcher Epoche immer waren sie, irgendwie, stereotyp. Ich kannte noch die Veranda als „Empfangsraum" für alle die nicht weiter eintreten durften (Ableser, Postbote, Nachbarn, Fremde). Oder die Diele, die den gleichen Zweck erfüllte. Auch das Brimborium, dass vorher gemacht wurde, bevor Gäste kamen (abstauben, wischen, putzen, ordnen, verstecken). Ich wohnte, aber war meine Wohnung auch ein Ort des Ankommens? In meiner Studienzeit wohnte ich in einer WG. Dort gab es einen Raum für uns alle aber auch für alle die zu uns kamen. Hier diskutierten, stritten, tranken, aßen wir. Einige, die hier nicht wohnten, wollten meist nicht weg. War das ein Ort, der zum Ankommen einlud? Als Kleinkind, auch noch als Schüler, war mein „Ort, der mich zum Ankommen einlud", der Platz unter dem Küchentisch. Heute wünsche ich mir das unsere Häuser, Wohnungen, Parzellen, Gärten so geplant und gebaut werden, dass sie mindestens einen Raum haben, der ein Ort ist, der andere zum Ankommen einlädt.

Als wir noch „Jäger und Sammler", teils sesshaft, meistens nomadisch, waren, da war es wesentlich, dass wir uns zum „Ankommen" Orte schafften, **Thing-Stätten, Steinkreise, das besondere Tipi, magische Orte** also, an denen Menschen zusammenkamen, um bestimmte Themen zu besprechen, Ruhe und Besinnung zu finden, weise Urteile zu fällen. Da wir fast ständig in Bewegung waren, waren diese Orte für die über das Existenzielle hinausgehende lebensbejahenden Themen notwendig. Zum Ankommen eben. Seltener waren es Orte am **Meer**, am **See**, am **Fluss.**

Fluss, See, Meer hatten eher die Bedeutung einerseits für die Ernährung, andererseits für das „Göttliche", das eigentlich „Schöpferische". Manchmal waren sie gar Götter selbst. Für uns so genannten zivilisierten Menschen haben Orte am Meer, See, Fluss eine höhere Bedeutung für das Ankommen. Nicht nur im touristischen Sinne. Ganz gleich ob man am Meer im weichen, feinen Sand oder auf einer Klippe sitzt oder an ihm entlang geht, die Gischt fast das Gesicht berührt, das man meint, das Salz zu schmecken, immer schenkt uns das **Meer** mit dem ständigen Auf und Ab der kleinen wie größeren Wellen und der fast magischen Aufforderung in der schier unendlichen Weite Licht zu suchen (und manchmal auch zu finden, mindestens aber zu sehen) neue Ideen für eine leidenschaftliche Lust am Leben.

Der **Fluss** gleitet, manchmal gemächlich, manchmal schnell, manchmal reißend von der Quelle bis zur Mündung dahin. Nimmt alles mit. Niemals kann man an der gleichen Stelle in den gleichen Fluss steigen. Das Fließende ist elementar, nicht das Ankommende. Der Fluss nimmt Sorgen, Nöte, Leiden, Kummer und Schmerz mit – irgendwohin. Vom Ballast befreit machen wir uns auf den Weg. Hoffentlich unseren eigenen.

Der **See** ist ein Ort des Ankommens, wenn wir ein Boot oder ein Floß haben. Leicht schaukelnd nimmt unsere Seele Platz. Sieht das Trennende und das Vereinende. Besinnung auf das Wesentliche wird leichter. Zurück am Ufer finden wir uns in uns selbst zurecht. Die Vollkommenheit wird bewusst.

Bei meiner persönlichkeitsbildenden Arbeit, Coaching mit den unterschiedlichsten Richtungen und Zielen, verwende ich Meer, See, Fluss als jeweiligen sinnstiftenden Ort. Das Meer, wenn es eher darum geht den Wandel und den Wechsel einzuleiten. Den Fluss, wenn es darum geht Behinderungen aufzulösen. Den See, wenn es darum geht ein Bewusstsein für seinen persönlichen „Reichtum" zu entwickeln.

Sind **Urlaubsorte** ein Ort fürs Ankommen? Für den einen oder anderen schon. Für mich ist das eher fraglich, obwohl, wenn ich nach Italien reise und über die Grenze fahre, dann erlebe ich mich, als sei ich hier geboren. Spaßeshalber sage ich dann: „Vermutlich bin ich ein verwunschener Etruskischer Prinz". Urlaubsort sind Orte für kurzfristiges Verweilen zur Erholung, Erinnerung. Pausenorte ähnlich wie Pausenbrote.

Ein Gedanke noch zu den **„schrecklichen" Orten**.

Gemeint sind Orte, die zum Ankommen einladen sollen, auch so gemeint sind, aber es eben nicht erfüllen: Arbeitsräume aller Art wie Werkstatt, Büroraum, Arbeitszimmer, Kantine, Sitzungszimmer, Meeting-Raum, Seminarraum, Gerichtssaal, Plenarsaal u.a.m.

Würde man diese Orte als Orte, die zum Ankommen einladen, ganz gleich aus welchem Grund, konzipieren, dann wäre das sinnreiche Erfüllen der jeweiligen Aufgabe wirklich möglich. Noch ein Gedanke: Was ist, wenn wir blind sind? Fühlen wir dann den Ort? „Sieht" man dann das Eigentliche des Ortes eher?

In Hamburg gibt es eine Ausstellung „Dialog im Dunkeln". Hier ist alles so gestaltet, dass es für Sehende erscheint, als seien sie blind. Ich war erstaunt, denn auch „bei Lichte besehen" waren die Räume so, als seien sie für das Ankommen bestimmt. Der menschliche Geist konnte sich ausbreiten, die Worte verhalten nicht einfach, sondern wurden gehört. Und nicht nur Worte, sondern auch Geräusche, Klänge (leise, zärtliche. laute, gewöhnliche) wurden deutlicher. Die Wege, die es galt zu gehen wurden klar, wenn auch nicht sichtbar. Leben wurde elementar.

Bei den Management-Autoren Förster/Kreuz las ich in ihrem Buch „Hört auf zu arbeiten" zum ersten Mal etwas von einem Ort namens VARANASI. Einem Ort an dem alles nebeneinander lebt: Tod wie Geburt. Pilger wie Touristen in Scharen, fliegende Händler, Asketen, urinierende Hunde, spielende Kinder, schimpfende Ladenbesitzer, eine verbrennende Leiche... In VARANASI herrscht ein immens Grundvertrauen, dass alles, was den Menschen ausmacht, eben dazugehört und alles gut ist, wie es ist. Es gibt kein Wegschieben, kein Augenverschließen, ganz gleich von welchem Schicksal, welchem Problem, welcher Art des Lebens. Alle sind da, alle sind angekommen. *So sollten alle Orte sein, die zum Ankommen einladen. Orte des JETZT.* Ganz gleich welcher Ort es ist, ob nun als Ortswechsel, ob innerhalb einer Reise, ob VARANASI oder einer der hier beschrieben Orte, immer sollte es der Ort sein, der meine Seele zu Ankommen einlädt. Am liebsten in der Mitte meiner Persönlichkeit. Ganz gleich an welchem Ort diese grad verweilt.

TEIL 3:

Geschmackvolle Kleinigkeiten – „erster Gang“

Kapitel 3.1:
Wer wir sind oder wer oder was wir sein wollen!

Wer ist eigentlich „wir"? Und seit wann wollen wir alle das Gleiche?

Bei meiner Arbeit (meistens als Lehrer der Rhetorik und Dialektik) begegne ich einigen Frauen und Männern, jeden Alters, Standes, Berufs, Kranke wie Gesunde, Erfolgreiche wie Strebende, Müde wie Muntere, Begehrende...

Die meisten wollen etwas haben bzw. etwas können, wenige wollen etwas lernen. Bei den Antworten nach dem Warum nennen sie die „abenteuerlichsten" Gründe, Rechtfertigungen, Ausreden. Nach einiger Zeit des Zuhörens stelle ich dann die Frage: „Wer sind Sie?

Dann erzählen sie mir ihr Leben, geben sich ungeheure Mühe, alles genau und richtig zu beschreiben, korrigieren sich sofort, wenn sie finden, dass dieses oder jenes ein ungeeigneter Versuch der Selbstdarstellung sein könnte oder weil sie glauben, sie könnten dabei nicht mit Gewissenhaftigkeit, Genauigkeit oder Aufrichtigkeit vorgegangen sein. Doch sie sagen nichts über sich. Sagen nichts darüber, wer sie sind. Sagen nichts über ihre Gefühle, Empfindungen, Täuschungen.

Ein anderes Beispiel: Stellen Sie sich vor Sie sind unglücklicherweise von einem Kreuzfahrtschiff ins Meer gefallen. Das Glück ist mit Ihnen. Nach tagelangen umhertreiben im Wasser landen sie an einem einsamen Strand, steigen aus dem Meer, ganz nackt, nichts, was Sie erkennbar macht, keine Kleidung, kein Ausweis, kein Titel, keine Rolle, keine Maske. Nichts.

Menschen kommen auf Sie zu und fragen Sie: Wer bist Du? Was sagen Sie den Menschen?

In dem Buch von Annette Mingels „Dieses entsetzliche Glück" gibt es eine wunderbare, anrührende, zarte Geschichte von einem Vorlesen in einer Schule für „Behinderte" (jedes Kind sollte für sich die Frage beantworten „Wer bin ich?" aufschreiben und dann in der Klasse vorlesen), Olivia, die als letzte mit leiser Stimme vorlas, las: *„Das bin ich oder vielmehr: Das wäre ich gern. Die Frau, in die sich einfach jeder Mann verlieben muss. Und niemand ist eifersüchtig, weil das eben nur normal so ist. Ich sehe aus wie eine Fee – hell und schmal und so, als ob ich schwebe. Natürlich tanze ich, Ballett oder etwas Ähnliches. Am Abend, wenn ich müde bin von all dem Tanzen, der Liebe und der Bewunderung, falte ich mich zusammen wie eine Blüte und bin schon eingeschlafen. Keine Schlafmittel nötig, keine Beruhigungstropfen. Keine fusseligen Haare auf dem Kopf und überall, keine müden Beine, keine Hornhaut an den Füßen. Keine epileptischen Anfälle. Keine Lernbehinderung. Keine blöden Mitbewohner, die sofort rumschreien, wenn man das warme Wasser aufbraucht. Kein Betreuer, der sonntags bei seiner Familie bleiben muss: bei Frau und Kind und Katze, so klein und weiß und flauschig wie eine Feder, aber kratzbürstig wie ich."*

(Danke Frau Mingels, dass ich das hier ungefragt zitieren durfte.)

Wer bin ich? Was ist mein ICH? Was ist mein SELBST?

Antworten zu finden ist schwer. Für alle Erwachsenen.

Von denen schreibe ich hier. Nicht von Menschen in akuten Krisensituationen, nicht von Gebrechlichen, oder Kranken, Behinderten, Kinder oder Jugendlichen. Sie alle leben mehr oder weniger wohlbehalten in Abhängigkeiten.

Nur Erwachsen können die Frage beantworten: Wer bin ich?

Erwachsen sein heißt unter anderem: sich den bevorstehenden Herausforderungen zu stellen, zwischen all den verschiedenen sich bietenden Optionen selbst zu entscheiden, zu jedem Zeitpunkt so zu reagieren, dass es sich dabei um unsere eigene Art und Weise handelt und nicht um eine von irgendwoher übernommene.

Die meisten Erwachsenen haben noch nicht einmal ihr ICH verwirklicht. Sie mussten vor sich selbst und anderen ein anderer sein. Sie können ihr ICH gar nicht kennen. Geschweige denn ihr SELBST.

Da alles, was lebt auf Überleben ausgerichtet ist, hat die Natur für einen Ausgleich gesorgt. Dieser Ausgleich heißt Egozentrik. Die meisten Menschen leben aus ihrem Ego heraus. Das Ego, statt nicht erlebte ICH-Realität - hungert nach Macht. Jedes "ich will" ist ein Ausdruck dieses Machtanspruchs. So bläht sich das Ego als vermeintliches ICH immer größer auf und versteht es, in immer neuen Verkleidungen aufzutreten. Diese Verkleidungen heißen Kaschierungen, Imponiergehabe und Fassadentechniken. Diese "Verkleidungen" sind wir aber nicht und so lebt das Ego von der Abgrenzung und hat Angst vor der Hingabe, vor der Liebe, vor dem DU, vor dem Selbst. Es fehlt der Daseins-Sinn. Denn wer keinen Mut hat zum Träumen, der hat keine Kraft zum Kämpfen.

Selbsterkenntnis heißt nicht lapidar das SELBST zu finden, sondern vielmehr sich selbst zu spüren, eben einen Sinn für das persönliche Dasein zu bekommen.

Etwas anschauen ist die große Zauberformel auf dem Weg der Selbsterkenntnis. In den persönlichkeitsbildenden Seminaren sind es die Videoanalysen, die dabei hilfreich sind. Das Anschauen bringt Licht in das Dunkel des Ich's, in die Verwirrung des Änderns.

Immer wieder möchten Menschen etwas ändern und begreifen daher schwer, wie wesentlich die Fähigkeit des Anschauens ist. Alles anschauen zu können und erkennen zu können, dass es gut ist, wie es ist, ist das höchste Ziel des Menschen, im Sinne von Erleuchtung oder Weisheit. Das ist Selbsterkenntnis, das ist Daseins-Sinn. *„Wir strahlen das aus, was wir tief in uns tragen!"*

Dennoch besteht bei den meisten Menschen eine (meist) erhebliche Diskrepanz zwischen Selbst- und Fremdbild.

Und um diese zu verringern, wären Informationen über die Wirkung unseres Verhaltens wesentlich. Wirklich?

Anscheinend, denn „Feedback" ist üblich, modisch, findet sich in den unterschiedlichsten Methoden und Bezeichnungen wieder. Nur, können wir wirklich etwas damit anfangen? Und wenn ja, was?

„Feedback" hat einen festen Platz in unserer Lebenswelt gefunden zur Erklärung sozialer Beziehungen. Es soll den Wert des Verständnisses innerhalb eines bestimmten sozialen Status erklären können und dadurch helfen erwünschte

Kommunikationsformen zu verwenden und sprachliche Änderungsprozesse leichter umzusetzen. Besonders in konfliktbesetzten Interaktionen.

Ist das im realen interaktiven Zusammenleben von Menschen möglich?

Nun eher nicht, denn solange es Menschen auf dieser Erde gibt, gibt es auch Vorstellungen von *dem Menschen.* Menschenbilder eben. Das heißt: Ich kann meist nur das in und an einem Menschen sehen, was meiner „Welt" entspricht.

Feedback sagt also nur etwas über mich selbst aus und (fast) niemals über den, dem ich ein Feedback gebe. Bin ich der, der ich glaube, der ich bin?

Der Mensch kann nur in seinem Bewusstsein lernen, reifen, erleben und erfahren. Jeder Wahrnehmung- und Verarbeitungsprozess geschieht innerhalb dessen.

Du weißt, was Du machst, und machst es mit Stolz.

So erhält die Beschäftigung mit der eigenen Persönlichkeit einen neuen Impuls, eine neue Intension. Das Bild des Menschen wird klarer.

Es ist also nicht sinnvoll Antworten auf die Frage zu finden: Wer bin ich? Vielmehr ist es sinnvoll zurückzuweisen, was wir nicht sind oder was wir nicht sein wollen oder was andere meinen, dass wir sein sollen!

Wir sind das, was wir gerade sind, in diesem Augenblick und was von anderen erkennbar ist.

Kapitel 3.2:
Meinungen gibt es wie Sand am Meer!

Von dem Augenblick an, an dem wir morgens das Radio anstellen und Musik oder Nachrichten hören wollen bis zu dem Augenblick an dem wir am Abend bei einer Fernsehsendung, über einem Roman oder einer Zeitschrift einschlafen schwimmen wir in einem Meer von Worten.

Radiomoderatoren, Zeitungsverleger, Politiker, Kollegen, Kinder, Partner, Verkäufer, Leitartikler, Freunde und Verwandte, Markt- und Börsenberichte, Werbebroschüren, Reklameschilder, Bücher, Projektberichte, E-Mails, Briefe, Rundschreiben – alles überfällt uns den ganzen Tag mit Wörtern.

Ein gewaltiger „Niagarafall" verkleideter Meinungen.

Manche empfinden wir als angenehm.
Manche als Tyrannei.
Und wir selbst tragen ebenso dazu bei.
Sehnsucht nach Klarheit, Struktur und Ordnung macht sich in uns breit. Trotzdem kommen wir selten auf die Idee, dass das Wesen und die Begleitumstände dieses täglichen Niagarafall von Wörtern die Quelle für manche persönlichen Schwierigkeiten sind – Tyrannei eben.

Kommunikation ist alles. Alles Verbale und alles Nonverbale - sprachliche und nicht sprachliche, vom Schrei eines Säuglings bis hin zu einem künstlerischen Werk, vom handwerklichen Geschick bis zur industriellen Fertigung - eben alles. Missverständnissen ist Tür und Tor geöffnet.

Kommunikation ist, wenn man trotzdem verstanden wird.

Der Zufall regiert. Sie scheint ein sehr komplexer Vorgang zu sein. Sie ist eben mehr als nur das Sprechen oder der Sprechvorgang selbst. Nichts ist geregelt, nichts ist klar und eindeutig. So ist sie für Missverständnisse und Pannen vielfältigster Art anfällig. Ein Eldorado für Missverständnisse.

Irgendwann hat man das satt. Wenn alle anderen meinen, dann kann ich auch meinen. Und statt Klarheit mehren sich die Meinungen. „Dideldideldum", der Plumpsack geit um". Wir „posten". „Posten" wir gedankenlos oder sind wir nur irgendwelche Gedanken los? Unter Meinung, ganz gleich wie kurz oder lang sie ist, ob in Bildern oder Worten, ob ausgeschrieben oder als Emoji versteht man ein „Fürwahrhalten" ohne objektiv hinreichende Begründung.

Großartig, dann kann man auch jeden „Schei..." meinen.

Zwar ist es wunderbar, wenn sich Menschen miteinander austauschen, miteinander diskutieren, Gedanken teilen, in Kontakt bleiben. Und das über viele Kilometer hinweg. Wenn die Kinder aus dem Haus sind, auf Klassenreise, im Ausland zum Schüleraustausch, oder gar nicht mehr bei uns wohnen, dann ist es herrlich, wenn sie wenigsten etwas „posten". Und nicht nur dann, sondern gerade in unserer globalisierten Lebenswelt ist es hilfreich, wenn wir Informationen auf diesem Wege austauschen. Alles gut? - Nicht wirklich!

Liest man das, was da so alles gepostet wird, was da so auch auf anderem Weg als Meinung daherkommt, kann man nicht auf die Idee kommen, dass alles gut ist mit der menschlichen Kommunikation. Es gibt da beleidigende und verletzende Inhalte, Gerüchte über bestimmte Personen, fremde Inhalte werden als eigene ausgegeben, negative Sprüche über Kollegen/Vorgesetzte, Detail über Geschäftsreisen, Informationen über den eigenen Status, Dinge, die man eigentlich auf Dauer online nicht sehen will, Bilder von Kindern (eigenen/fremden), Hasstriaden, Beschuldigungen, Unwahrheiten... Wo aber bleibt dann die Information, die Nachricht, der Gedanke, das liebevolle Wort?

Man könnte meinen, es geht gar nicht darum, sondern eher nur sich „auszukotzen" oder „etwas loszuwerden". Dafür gibt es aber Therapeuten. Vielleicht wird Meinungsfreiheit hier falsch verstanden in dem Sinne, man muss zu allem und jedem, auch etwas meinen. Wie wäre es denn mal, wenn man „postet", wenn man auch wirklich etwas zu sagen hat oder es auch will oder man wenigsten versucht seine Meinungen zu begründen?

Die Meinungsfreiheit ist ein Grundrecht der Demokratie. Demokratie heißt aber nicht „Meinungskratie", sondern eher (sinngemäß) ... „die Herrschaft geht vom Volke aus..." Doch wer herrschen will muss zuerst Verantwortung tragen.

Wie wäre es, wenn wir beim nächsten „Meinen" zuerst an unsere Verantwortung denken? Die haben wir nun einmal für alles, was wir tun, sagen, schreiben. Zu meiner Kindheit gab es das Sprichwort „Narrenhände beschmieren Tisch und Wände". Sind wir jetzt alle „Narren"?

Als unvoreingenommener Beobachter des einen oder anderen Gesprächs, ob nun privat oder beruflich höre ich eher Irrungen und Wirrungen, Sprüche, Unverständliches – und vor allem Monologe. Soll durch eine Meinung etwas „abgehen", dann muss bei jeder Äußerung alles getan werden, dass wir verstanden werden und auch selbst verstehen können.

Am ehesten gelingt es, wenn wir unsere Meinungen so sprechen, so schreiben, so dokumentieren, dass alle Aussagen – direkt und sofort – nachprüfbar sind, denn wo immer Menschen sich begegnen, zusammenarbeiten und gemeinsam leben wollen, ist Vertrauen das Wesentliche. Vertrauen hat aber immer mit Glaubwürdigkeit zu tun. So ist menschliches Gespräch nichts anderes, als die Wahrheit zu sagen und nicht, mit Worten wahr zu machen, was nicht wahr ist. Meinungen, die aus einem „Niagarafall" von Worten bestehen sind eher Selbstgespräche. Bestenfalls „Verkleidungen". Karneval ist nicht immer.

Zwar setzen wir mit einer Selbstverständlichkeit voraus, dass jeder andere auch an den eigenen Meinungen interessiert ist oder dass sich das Verständnis von selbst ergibt und glauben, dass wir tatsächlich etwas zu sagen haben. Das ist ein fataler Irrtum. Bisher.

Die alltägliche „Meinungsvielfalt" ist, nach meinen Beobachtungen, nur daran interessiert, monologisierend seine eigenen Thesen, manchmal wissenschaftlich, manchmal meinungsorientiert, meistens behauptend vorzutragen. Der Sinn bleibt meist auf der Strecke.

Die meisten Erwachsenen sprechen eher manipulierend, sind stolz auf ihre Meinungen. Tricks, List und Tücke, Im Großen wie im Kleinen, privat wie beruflich, national wie international sind „en vogue". Das Bedürfnis nach Dominanz wird unerschöpflich. Meist drückt sich das durch Wort-Gewalt aus. Der Mensch, der sich allein auf seine eigenen Erfahrungen, seine eigene Meinung stützt, wäre längst ausgestorben.

Wenn Menschen miteinander sprechen, dann kommt es weniger darauf an Meinungen im Sinne von Wort-Gewalt gegen andere zu verwenden oder fantastische Reden zu halten oder exzellent zu fabulieren als mehr auf das Miteinander von Menschen.

Jeder unnatürliche Sprachgebrauch der Menschen führt dazu, dass sie mehr und mehr von der Wirklichkeit isoliert sind. Missbräuchlichen Beeinflussungen durch Vereinfachungen, Zeitraffern und Stereotypen sind so Tür und Tor geöffnet, siehe „BILD", manche Politikeraussagen, Sprüche von Managern. Es kommt also nicht darauf an, dass die bessere Rhetorik, geschliffenere Dialektik "siegt" oder die eigene, wie auch immer vorgetragene, Meinung, sondern es kommt allein auf die bessere Sache an.

Das menschliche Gespräch ist nicht Show, nicht Theater, nicht Verstellung, sondern zähes Bemühen um den anderen, die Wahrheit, die Sache, das Problem.

Meinungen verwirren, wo sie nicht hingehören.

Wir haben die Fähigkeit im „Geist der anderen ganz bestimmte Bilder entstehen zu lassen" oder präzise und neue Gedankenkombinationen zu erzeugen, indem wir nichts anderes tun, als mit unserem Mund Geräusche zu produzieren – Meinungen kundtun.

Das wichtigste Ziel aller menschlichen Begegnungen (sprachlich wie nicht-sprachlich) ist die Steigerung persönlicher Gesundheit und Zufriedenheit im Leben. Das gelingt dadurch, dass wir durch ihren realen Gebrauch lernen, uns wirkungsvoller auszudrücken, unsere Denkvorgänge in Ordnung zu bringen und verlässliche Normen für Urteile, Bewertungen und Entscheidungen zu entwickeln. Sie ermöglicht dem Meinenden, ohne sich zu verbiegen, immer und zu jeder Zeit den fairen Umgang mit Menschen und Worten.

Sprache als Kunst der Überzeugung. Sprache als Mittel von Überredung, Propaganda, Agitation, Demagogie. Sprache als Mittel der Manipulation. Sprache als Mittel der Dichtung und Fantasie. Sprache als Mittel von Gewalt und Ausdruck von Macht. Und wozu das alles?

Meinungsfreiheit meint nichts anderes, als ohne Angst sich anderen mitzuteilen, um gemeinsam etwas miteinander zu erreichen. Wenn Meinungsfreiheit entmystifiziert wird, nicht mehr als erhabener Ausdruck menschlicher Einzigartigkeit begriffen wird, sondern als Resultat eines biologischen Anpassungsprozesses zur Vermittlung von Informationen, dann erliegt man nicht länger der Versuchung, die Sprache als heimtückischen Gedankenverdreher zu betrachten, der sie ja auch nicht ist - lediglich durch kulturelle "Verklappungen" dazu gemacht wurde. Das menschliche Leben hat es nicht gerade erleichtert, wie wir im Alltag, manchmal schmerzlich, erfahren. Alle Meinungen, ganz gleich wie wichtig und unwichtig, enden an der Grenze des Willens eines anderen Menschen.

Verstehen wir, wie Sprache wirkt, welche Gefahren des Irrtums sie in sich birgt, welche Möglichkeiten sie hat, so begreifen wir: Die Hauptsache der Sprache und des Sprechens ist es ein Menschenleben zu führen. Sich Sprache und Sprechen sowohl in intelligenter, als auch intellektueller, als auch sittlicher Disziplin zu widmen heißt, sich mit den Beziehungen zwischen Menschen und der Wirklichkeit zu befassen, mit den Beziehungen von Worten zu dem, wofür sie in den Gedanken und Gefühlen des Menschen stehen.

Sprachgebrauch ist immer gegenwartsbezogen.

"Bloße Worte" und "Das habe ich bloß so gesagt" gibt es nicht.

Es sei denn es dient der Verwirrung.

Sprache und Sprachgebrauch dienen dem Verstehen und dem Zusammenfassen von Kenntnissen.

Kulturelle und intelligente Kooperation ist das große Prinzip des menschlichen Lebens. Und so sind Meinungen endlich wieder das, was sie sein sollten, seltene „Diamanten" des menschlichen Lebens, nicht nur Sand am Meer.

Kapitel 3.3:

Freiheit, die ich meine: Sich durchsetzen oder nachgeben!?

Klar und deutlich etwas sagen oder mit dem anderen reden? Sich durchsetzen oder nachgeben? Diese Fragen stellen sich jedem von uns täglich. Und es gibt keine Antwort darauf. Schon haben wir einen Konflikt oder stehen davor oder sind mittendrin. Konflikte gibt es immer und überall im Leben. Leben ohne Konflikte gibt es nicht. Also greift diese Frage eben auch ins volle Menschenleben: Beziehungen, Konflikte, Streitigkeiten, Verhandlungen...

Was veranlasst einen Menschen oder eine Gruppe von Menschen, andere beherrschen zu wollen?

Was bestimmt den anderen, dass er nachgibt?

Wodurch werden die beteiligten Parteien veranlasst, auf ihrem Stadtpunkt unnachgiebigen zu beharren?

Warum ergreift der Besonnene, getrieben von einer kaum für möglich gehaltenen inneren Kraft, sehr entschlossen Partei, die ihn zum ebenso erstaunlichen Sieg führt?

Warum gibt jemand selbst gegen seine innerste Überzeugung nach, ohne recht zu wissen warum?

Warum bleibt ein anderer in einer lähmenden und angstvollen Ratlosigkeit stecken, anstatt die notwendige Entscheidung zu treffen?

Bei der Suche nach Antworten erkennt man rasch, dass bei der Beantwortung der Frage "Sich durchsetzen oder nachgeben" die Erziehung eine bedeutende Rolle spielt. Auf jeder Altersstufe. An jedem Ort. In jeder Gemeinschaft. Die starken und die schwachen Reaktionen, die man sich in der Kindheit angewöhnt hat, haben die Tendenz, sich durch das ganze Leben hindurch, zu wiederholen.

So greift diese Frage in alle menschlichen Beziehungen hinein. Unabhängig davon, ob es sich um den Heranwachsenden handelt, der versucht von seinen Eltern die Zustimmung für längeres Fortbleiben am Abend zu erzwingen, oder um

Diplomaten, die über Krieg und Frieden entscheiden; Kaufleute, die sich bessere Vorteile sichern wollen; einen Bauer, der seinen Ertrag nach den erhofften Subventionen ausrichtet; oder Theologen, die über dogmatische Fragen diskutieren...

Nie ist die Ursache eines Konfliktes, die die Frage entstehen lässt, belanglos. Es gibt kein Wichtiger oder weniger wichtig. Für jeden Menschen ist die Ursache von gleichgewichtiger Bedeutung. Und jeder Standpunkt hat die gleiche, wertfreie Berechtigung.

Nicht immer sind es die Stärksten, die im Konflikt siegen, nicht immer jene, deren Argumente vernünftiger sind. Gerade Schwache bellen lauter, können es sich nicht leisten, ihre Position aufzugeben, selbst gegen alle Vernunft und Einsicht. Sie können es oft nicht ertragen, besiegt zu werden. Dagegen erlaubt sich der Starke schon einmal den Luxus, mit Würde zurückzutreten, denn er hat ja den Sieg nicht nötig, um sein Ansehen zu festigen. Der Alltag ist voll falscher Verständnisse der einen Haltung bis hin zur Verzweiflung durch die andere Haltung.

Warum sind sich die Menschen nicht einig?

Menschen sind sich nicht einig, weil sie die Dinge unterschiedlich sehen, sie verschiedene Ziele haben, ihre Art zu Denken sie dazu ermuntert, es von ihnen erwartet wird. Insofern hat jeder immer Recht, aber auch niemand jemals Recht. Das bedeutet, dass jeder Mensch nach seiner eigenen Auffassung Recht haben kann, dies aber bei einer allgemeineren Sicht nicht so ist und bei absoluter Sicht niemals der Fall sein könnte.

Die meisten Menschen sehnen sich danach geliebt zu werden. Wirklich geliebt, so wie sie sind, nicht nur einer Leistung, eines Nutzens wegen. In einer an Nutzen und Haben orientierten Gesellschaft ist das schwer möglich. Die Sehnsucht bleibt meistens unerfüllt. Hierin liegt der Ursprung unseres ständigen Forderns, das uns zueinander in Gegensatz bringt. Das ist eines der Paradoxien unseres menschlichen Lebens: Eigentlich wollen wir beliebt sein, wollen, dass man uns vertraut. Vertrauenswürdig zu sein ist jedoch, wenn wir zueinander im Gegensatz stehen, schwer möglich.

Obwohl uns die Frage „nachgeben oder durchsetzen"? betrifft und oft genug betroffen macht, obwohl sie so elementar zu unserem alltäglichen Leben gehört, ist deren Beantwortung an sich unmöglich. Denn es gibt Situationen, in denen es besser ist nachzugeben und es gibt Situationen, in denen es besser ist, sich durchzusetzen, beziehungsweise das, was man zu sagen hat, auch klar und deutlich zu sagen. Für alles gibt es eine Zeit.

Wer z.B. immer wieder nachgibt, wer nicht irgendwann einmal "die Stirn geboten" hat, der muss immer wieder nachgeben, obwohl er das längst nicht mehr will oder gar braucht. Sein eigenes Verhalten hat ihn dazu gezwungen. Wer nicht rechtzeitig einen Versuch zur Versöhnung zeigt, der ist oft genötigt, sich immer mehr zu versteifen, selbst gegen seine eigene innere Überzeugung.

Eigentlich muss die Frage, wenn man in Konflikten optimal agieren will, so lauten:

"Gebe ich nach oder setze ich mich durch - und welche Konsequenzen in dem einen oder anderen Fall bin ich bereit, für mich gelten zu lassen?"

Denn ganz gleich, wie wir uns entscheiden, alles, was wir tun, fällt auch wieder auf uns zurück. Es ist also nicht die Frage des ENTWEDER/ODER, sondern es ist ENTSCHEIDUNG und AKZEPTANZ.

Was bei allen Konflikten bedrückt ist oft nicht der Konflikt an sich, sondern viel mehr das Gefühl, unterlegen zu sein. Unterlegenheit wird fast immer als Gewalt empfunden. Unterlegenheit bricht sich irgendwann Bahn -unberechenbar, unvorhersehbar, ungelegen - und wird so zu einem teuflischen Kreislauf der Rache. Hier wollen wir immer und unbedingt Recht haben!

Bei Friedrich Schiller heißt es: *„Vor dem Sklaven, wenn er die Kette bricht, vor dem freien Menschen erzittere nicht.“* So ist es.

Bei allem, was immer wir tun, wollen oder machen, immer muss uns die Freiheit des anderen genau so viel bedeuten wie die eigene Freiheit.

Kapitel 3.4.:

Probleme sind nicht das, was sie sind.

„Oh, das ist ein Problem!" oder *„Kein Problem!"* tönt es durch unseren Alltag, unabhängig ob in Gesellschaft, Politik, Kultur, Wirtschaft, Wissenschaft - in allen Lebensbereichen. Warum? Beides gibt es real nicht, weder lösbare noch unlösbare. Probleme sind eine Frage der Haltung und noch fantastischer: eine Frage der Definition oder Deklaration. Aber real?

Die Sängerin Annett Louisan singt in einem Ihrer Lieder den Refrain:

„Geh' mir weg mit deiner Lösung.

Sie wär' der Tod für mein Problem.

Jetzt lass' mich drüber reden.

Es ist schließlich mein Problem.

Und nicht dein Problem."

Trifft sie damit nicht genau das, was im Allgemeinen mit Problem gemeint ist: Eine Beschäftigungstherapie?!

Real sind Aufgaben, die wir in der jeweiligen Lebenssituation zu lösen haben und deren Lösung mit unterschiedlichen Graden von Schwierigkeiten, Anstrengungen, Leistungen (geistiger wie physischer Art) verbunden sind. Wo ist da das Problem?

Allerdings ist der Alltag hinsichtlich der Verwendung von dem Begriff „Probleme" voller falscher Verständnisse bis hin zur Verzweiflung. Für viele ist es ein Tanz auf dem Vulkan. Der Begriff „Problem" ist so herrlich geeignet für Spielereien unterschiedlichster Art. Ganz gleich wer, wie, was spielt, „Problem" bleibt eben nur ein Begriff. Und das ist das eigentliche Problem.

Aufgaben zu erledigen ist ein wunderbares Lebenselixier.
Ohne dass „Aufgabenlösen" ist kein Lernen möglich. Das betrifft Kinder ebenso wie Erwachsene. Kinder eher noch im Besonderen. Schirmt man Kinder aus Gründen der „Sicherheit" von Aufgabenlösungen ab oder nimmt ihnen diese sogar ab, dann raubt man den Kindern jede Gelegenheit des Lernens. So entsteht

eher geistige wie körperliche „Inhaltslosigkeit". Und dann sind die zu lösenden Aufgaben in allen Lebensbereichen eben „Probleme".

Und noch eine Gefahr lauert: Mediale Vereinfachungen!

Ganz gleich ob, Facebook, Instagram, Twitter, Fernsehen, Tages-Zeitungen, Magazin, Rundfunk überall gibt es einfache Lösungen. Für die kompliziertesten Vorgänge der Welt ob nun politische oder gesellschaftliche, wissenschaftliche oder wirtschaftliche, werden hervorstehende Züge ausgewählt, scheinbar langweilige Einzelheiten ausgelassen, Zeiten gerafft, Ursache und Wirkung vereinfacht, Menschen in stereotypen Rollen dargestellt. Alles ist leicht oder leicht zu verstehen.

Ja, vielleicht, wenn es abstrakt bleibt.

Im Konkreten bleibt die Hilflosigkeit.

Die Landkarte ist nun einmal nicht das Gelände.

Die Komplexität der jeweiligen Aufgaben in den verschiedenen aktuellen Lebensbereichen zu begreifen, benötigen wir das Denken, das eben nicht alles leicht ist und wir eben nicht passiv darauf warten, dass etwas Schönes eintrifft. Aufgaben lösen im Alltag bedeutet nicht Konsum oder Droge, sondern wahrzunehmen **was ist**, dann fühlen – denken – handeln. Erst dann, wenn man etwas so wie es ist, wahrnehmen und annehmen kann, kann man auch lösen. Das zu üben und wie man in der jeweiligen Situation optimal reagiert scheint sinnvoll zu sein. Aufgaben zu lösen, ruft dann nicht mehr „Ohnmachtsvorstellungen" hervor, die wir dann „Probleme" nennen.

Wer schon „Probleme" denkt, hat schon verloren, zumindest kann er seine Aufgaben nicht mehr lösen.

Um die verschiedenen Aufgaben in all seine Lebensbereichen optimal lösen zu können, ist eher vonnöten:

Ein gutes und gesundes Maß psychischer und sozialer
Gesundheit, die es uns erlaubt, die Gegebenheiten des
Lebens so anzunehmen, wie sie tatsächlich sind.

Gute Kenntnisse psychischer und sozialer
Mechanismen, die helfen, die eigenen/die fremden
Reaktionen zu erkennen und zu verstehen und deren
Verlauf prognostizieren zu können.

Ein Bild des Menschen, das ausschließlich mit den natürlichen Gegebenheiten
des Lebens übereinstimmt, empirisch nachweisbar und von allen Menschen erlebbar ist.

Problem ist nicht das, was es ist, sondern es ist lediglich ein semantischer Begriff
der viele die sich damit beschäftigen zu einem selbstbefriedigenden Ergebnis führen kann, jedoch wenig mit der Wirklichkeit zu tun hat. Die Lebens-Wirklichkeit,
also das, was ganz real und konkret in den verschiedenen Lebensbereichen gerade
auftritt, ist eine lebensbejahendes Eldorado für zu lösende Aufgaben die mit unterschiedlichen Schwierigkeiten, Anstrengungen und Leistungen verbunden sind.

Also lassen Sie uns gemeinsam Freude haben am Aufgabenlösen, am Leben eben!

Kapitel 3.5.:

Aufmerksamkeit gewinnen!

Achtsamkeit und Respekt für Menschen und die Sache.

In einigen „Kommunikationsseminaren" lernst Du mit Menschen und Worten manipulativ umzugehen, eventuell auch Aufmerksamkeit zu gewinnen.

In persönlichkeitsbildenden Seminaren der Rhetorik und Dialektik lernst Du wie Du mit viel Freude und Niveau immer so sprechen kannst, dass Du ganz viele sympathische Partner findest, die Dir zuhören und entsprechend handeln. Das das gelingt brauchst Du deren Aufmerksamkeit. Aber kannst Du deren Aufmerksamkeit erlangen, gewinnen? Ja. Führen durch das Wort wird dadurch elementar.

Kommunizieren kann jeder, einige sind gar Schönredner, andere eher „Sabbelheinis", aber wenige können ein bezaubernder Meister des dialektischen oder erzählenden Gespräches sein. Vermutlich deshalb will man „Aufmerksamkeit gewinnen", mit Tricks, List und Tücke (man nennt das auch Motivation).

Der Mensch der Gegenwart ist besonders gefährdet, seine Kommunikationsfähigkeit manipulierend einzusetzen (im Großen wie im Kleinen, Privat wie im Beruf, National wie International). Anscheinend, weil es ihm nützlicher als sein Wesen sein Ansehen im Glanze brillanter Bilanzen, höchster Leistungen und strahlender Bestätigung in Medien erscheint.

Wird doch einzel-egoistisches Verhalten, einseitige Nutzenorientiertheit und Funktionalität eher belohnt als soziales Verhalten. Das Bedürfnis nach Perfektion und Dominanz wird unerschöpflich. Meist drückt sich das durch Wort-Gewalt aus. Dieses bedeutet jedoch Krieg. Oder etwas harmloser: Statt zu informieren gibt es eher „Informationsdiät". So oder so, es lässt sich so weniger Aufmerksamkeit gewinnen. Nehmen wir an, es wäre möglich. Um die Aufmerksamkeit des anderen gewinnen zu können wäre Achtsamkeit, Wertschätzung, Respekt für Menschen und für die Sache eher sinnvoll. Ja, sogar notwendig, damit uns jemand zuhört und möglicherweise durch seine Handlungen folgt.

Im privaten wie betrieblichen wie auch gesellschaftlichen Alltag kommt es weniger darauf an, „Wort-Gewalt" gegen andere zu verwenden oder fantastische Reden zu halten oder exzellent zu sprechen als mehr auf das Miteinander von Menschen, die gemeinsam leben und arbeiten wollen.

Jeder unnatürliche, unwissenschaftliche (also manipulative) Sprachgebrauch führt dazu, mehr und mehr von der Wirklichkeit isoliert zu sein. Einsam zu sein! Missbräuchlichen Beeinflussungen durch Vereinfachungen, Zeitraffern und Stereotypen sind so Tür und Tor geöffnet. Aufmerksamkeit gibt es dann eher von der „falschen Seite". Ehrlichkeit, Aufrichtigkeit, Wahrhaftigkeit lassen eher Wertschätzung und Respekt erkennen.

Es kommt also nicht darauf an, dass die bessere Rhetorik, geschliffenere Dialektik "siegt", sondern es kommt allein auf die bessere Sache, das bessere, verständliche Argument an, denn das macht dauerhaft Entwicklung und Fortschritt von Systemen (Familie, Betriebe, Institutionen, Nationen) im menschlichen Sinne möglich. „Bessere" gemeint im Sinne von Wahrhaftigkeit. Der Zweck des Sprechens ist erfüllt: *Das Denken in Bewegung zu bringen. Der Nutzen ist der gemeinsame Erkenntnis-Zuwachs.*

Sprechen zu und mit Menschen ist nicht Show, nicht Theater, nicht Verstellung, sondern zähes Bemühen um den anderen, die Wahrheit, die Sache, das Problem. Jeder Mensch, wenn nicht neurotisch bedingt isoliert, verbringt den größten Teil seiner Zeit in Gruppen. Um sich darin ohne Dominanz und ohne nicht-notwendige Anpassung behaupten zu können, muss er selbst wissen, wer er ist, was er kann und was er aufgrund dessen zu erfüllen und zu leisten vermag. Das jedoch keineswegs einseitig festgeschrieben (Diplome, akademische Grade, Zeugnisse, Hierarchien, Rollen ...), sondern immer wieder neu als Orientierung in sich selbst, so dass man nie die Angst haben muss, sich verlieren zu können.

Das wichtigste Ziel der menschlichen Kommunikation ist die Steigerung persönlicher Gesundheit und Zufriedenheit im Leben. Das gelingt dadurch, dass wir durch ihren realen Gebrauch lernen, uns wirkungsvoller auszudrücken, unsere Denkvorgänge in Ordnung zu bringen und verlässliche Normen für Urteile, Bewertungen und Entscheidungen zu entwickeln. Sie ermöglicht dem Menschen, ohne sich zu verbiegen, immer und zu jeder Zeit den fairen Umgang mit Menschen und Worten. Manchmal ist es gut zu schweigen. Einfach mal die Klappe halten. Auch wenn's einem widerstrebt. Auch wenn man was ganz Wesentliches zu sagen hat. Einfach still sein. In der Stille liegt die Kraft oder wenn der Verstand still wird beginnt das Verstehen!

Ich weiß: Präsent zu sein in einer Welt voller Lärm, Anspannung, Sorge, Widersprüche, ist nicht ganz einfach. Sich zu behaupten gegen die Vielschätzer, Schönredner, Alltags-Prahler, Verschwörer, Besorgnisträger und anderen Hilflosen auch nicht. Aber es gibt eine Kraft, die mir hilft, diese laute „Un-Wesentlichkeit" zu ertragen: „Kraft der Stille". Gemeint als Zusammenhang von Körper, Geist und Seele. Diese Ganzheit zu spüren, auch dann, wenn mich der Alltag zu überrollen droht. Es geht nicht um Schweigen, nicht um Meditation, sondern es geht um das persönliche, individuelle Können, den Verstand still werden zu lasen. Er muss still werden, weil er den Lebensraum einengt, die Fähigkeit einfach leben zu können minimiert. Leben ist wichtig, nicht bloß nur zu funktionieren. Denn dann wird Leben zur Angst, Angst zur Abwehr, Abwehr zu Stein.

Spüre ich mangelnde Zuwendung, dann ist es für mich bedrohend. Ich kann diese Bedrohung noch nicht bewusst machen, es entsteht Angst. Angst zu vermeiden, nicht zu spüren, nicht zu wollen verbraucht Unmengen von Energie.

Stille verschafft Kraft. Stille ist ein Teil des eigenen „Ich's". Das Wesen der Stille kann durch Worte nicht erfasst werden. In der Stille gehen wir durch das Jetzt hindurch und sehen uns selbst in einem anderen Raum.

Ich finde neue Gedanken, neue Worte, neues Zuhören!

Kapitel 3.6.:

Einsicht und Verantwortung bedingen einander!

Einsicht bedeutet in der Alltagssprache, dass Eigenschaften, Zusammenhänge und Beziehungen eines Objektbereiches subjektiv hinreichend erkannt, geistig erfasst und sachlich richtig **begriffen** werden. Als bewusstes Resultat der Kombination von **Wahrnehmungen** und **Nachdenken** ist Einsicht dabei das Ergebnis eines analytisch-synthetischen **Erkenntnisprozesses**. Auf anderem Wege zustande kommende, dann oft „blitzartig" erlebte Einsichten werden in der Alltagspsychologie einem besonderen geistigen Vermögen, nämlich der „Intuition" zugeschrieben.

Verantwortung ist vorrangig die Fähigkeit, das eigene **Können** und die möglichen **Folgen** von Entscheidungen einzuschätzen und so zu handeln, dass die erwarteten Ziele mit größter Wahrscheinlichkeit erreicht werden. Häufig ist damit das **Bewusstsein** verbunden, im Falle des Scheiterns **Schuld** zu tragen.

(Beide Definition laut WIKIPEDIA)

„Die Grenzen meiner Sprache bedeuten die Grenzen meiner Welt" - sagt der Sprachphilosoph Ludwig Wittgenstein.

Die Grenzen meiner eigenen sprachlichen Darstellungsfähigkeit, aber auch meiner sprachlichen Unbeweglichkeit, kann die Grenze meiner Kommunikationsfähigkeit sein. Wer sich verständlich ausdrückt, der leistet einen konstruktiven Beitrag zum Verständnis der Menschen untereinander und miteinander. Er setzt also die innere Bereitschaft voraus, sich auf den anderen einstellen zu wollen und damit eine angemessene Sprache zu wählen.

Bei der praktischen Anwendung der Alltagssprache geht es darum, mit einer angemessenen Sprache, im verantwortlichen Spiel von Frage und Antwort, Überzeugungen transferieren oder kommunikative Probleme lösen zu können. Das zu können vermitteln die persönlichkeitsbildenden Erfahrungswissenschaften Rhetorik und Dialektik.

Ohne diese bleibt selbst der Klügste, Wissendste und technisch Versierteste fehlbar und wenig überzeugend, weil er oft Wahrheit von Gewissheit (von Lüge und Falschheit einmal abgesehen) nicht scharf genug unterscheiden kann. Es gehört jedoch gerade zu den Stärken der *Allgemeine Dialektik*, dieses zu können. Darüber hinaus auch, dass sie dadurch eine Einsicht in ihre eigenen Grenzen entwickeln kann - also die Einsicht darüber, wo Dialektik sinnvollerweise, angewendet werden kann und wo lieber nicht.

Kommunikationskultur - und auch deren Zentralbegriffe Rhetorik und Dialektik - hat immer etwas mit den gesellschaftlich-menschlichen Phänomenen Freiheit und Demokratie zu tun. Sie hat also dort ihre Grenzen, wo Tyrannei, Diktatur und Gewalt herrschen.

Dialektik hat zwar immer etwas mit Macht, jedoch nie mit Gewalt zu tun. Damit nun die Grenzen nicht zu dominant oder vielleicht gar nicht erst wirksam für das menschliche Leben werden und damit der Nutzen der Dialektik erhalten bleibt, ist die Dialektik nicht nur Wissen und Technik, sondern stellt vielmehr umfassende Forderungen an das Können des Ausübenden. Dabei geht es zunächst einmal darum, den richtigen Gedanken mit den richtigen Worten, in der richtigen Sprache, der richtigen Rolle, vor dem jeweils richtigen Publikum, zur richtigen Zeit und der richtigen Intention auszusprechen.

Lehren und lernen in Sachen Dialektik ist deshalb zuerst Persönlichkeitsbildung. Die Persönlichkeit ist in der Lage, einsichtig und verantwortet zu handeln.

Verantwortung definiert als die Bereitschaft, der Produzent all unserer Erlebnisse zu sein, auch derjenigen, die wir nicht mögen. Deutlich gesagt, es geht hier nicht um die tatsächlichen Ereignisse im Leben, sondern vielmehr um das Erleben derselben.

Nach meinen Beobachtungen und dem Erleben ist die „VERANTWORTUNG" neben dem Begriff "LIEBE" der am wenigsten verstandener Begriff. So ist es auch nicht verwunderlich, dass man sich lieber mit Lebenslügen begnügt, als sein Leben zu leben. Lebenslügen sind solche Einheiten (Objekte, Gedanken, Konstrukte), die helfen, sein Leben, sein Selbst, sein Verständnis über sich Selbst und andere Menschen, bewusst sich über sich selbst an sich und in seinen Bezügen zur Umwelt zu betrügen.

Folgende Beispiele sollen das illustrieren:

Es gibt Menschen, ...

... die sich für Unternehmer/Manager halten, obwohl sie noch nie ein Risiko eingegangen sind;

... für ehrlich und aufrichtig halten, obwohl sie lügen, wenn es schien, dass sie dabei nicht entdeckt würden;

... für erfolgreich halten, obwohl sie nur Anerkennung bekommen;

... für freihalten und dennoch bei jeder Schwierigkeit zur Zigarette, zum Glas Bier, Schnaps, Wein oder zur vermehrten Arbeit greifen und List und Tücke gegen jedermann anwenden;

... für intelligent, besser, klüger, einzigartiger, etwas Besonderes halten, jedoch ständig die Leistungen anderer klein machen;

... für moralisch halten, obschon sie in ihrer Umwelt das Leben der Menschen "zur Hölle" machen - mehr als mancher verurteilter und bestrafter Verbrecher.

Ohne Verantwortung gibt es keine Einsicht. Ohne Einsicht, keine Erleuchtung. Erleuchtung ist der natürliche Zustand des Lebens, nachdem wir alle unnatürlichen, dunklen Zustände abgestreift haben. An der Erleuchtung ist weder etwas Rationales noch etwas Emotionales. Deshalb kann man Erleuchtung nicht erlangen, wie sehr man sich auch anstrengt. Man ist oder ist eben nicht. Man hat sie oder man hat sie nicht. Sie kommt. Sie erleuchtet. Sie kann nicht gemacht werden. Erleuchtung kann man nur durch NICHT-TUN (nicht durch Anstrengung) erlangen. Ein anderes Wort ist Los-lassen. Übrigens: Mit NICHT-TUN ist nicht Faulheit und auch nicht Bequemlichkeit gemeint. Los-lassen, Nicht-Tun ist auch möglich, wenn man hart arbeitet. Los-lassen, Nicht-tun ist, alles so lassen wie es ist - es zu akzeptieren.

All das "Zeugs", das man so hat, seine Beurteilungen, seine Meinungen, Haltungen, Überzeugungen, sogar seinen Glauben - einfach in Frieden lassen. Nichts-Tun ist einfach das zu tun, was wir im Leben alles so zu tun haben, weil wir es tun wollen und nicht weil wir davon überzeugt sind, eine hohe Meinung davon haben oder daran glauben, oder weil es ethisch wertvoll ist, oder wir uns dadurch beliebt machen können ...

Tun aus diesen Gründen ist Tun ohne Einsicht.

Ohne Einsicht, keine Verantwortung.

Keine Verantwortung, keine Erkenntnis.

Keine Erkenntnis, keine Erleuchtung.

Wer gelernt hat (erlebt und initiiert hat) los-zu-lassen, der wird sich auf sein Leben (überleben) konzentrieren, der wird aufpassen, dass nicht der Verstand falsche Verknüpfungen hinsichtlich des Mangels an den drei großen L's = Luft - Lebensmittel - Liebe vornimmt. Diese falschen Verknüpfungen betreffen jedoch nicht nur unser Erwachsenen Dasein, sondern auch schon die Kinder. Signale dafür sind: Allergien, Schreien, Krankheiten, schlechte Schulnoten, Desinteresse, mit dem Computerspielen ... Diese Signale sind Aufforderungen an die Eltern zur Kurskorrektur. Diese Signale der Kinder sind Konflikte für die Eltern.

Wer die Süße des Lebens nicht durch die Zuwendung erhält, holt sie sich durch Naturalien (als Kind wie oft auch später noch als Erwachsener): Krankheiten, Geld, Spielzeug, Süßigkeiten, Hyperventilation, Fettleibigkeit, Recht-haben ...

Das natürliche Bedürfnis nach Zuwendung ist die Bitte um Bestätigung des Seins. Wir sind immer auch der andere. Ohne den anderen ist unser SELBST nicht erlebbar. Wer z.B. dem Kind oder einem Erwachsenen die notwendige Zuwendung verweigert, verweigert ihm seine Existenz.

Personen im Erwachsenenalter, die stark um ihre Existenz ringen mussten, veranstalten - im wahrsten Sinne des Wortes - einen starken Wirbel. Das geht vom hastigen, pausenlosen Sprechen bis hin zu einem künstlerischen Werk.

Denn fast alle Menschen, die suchen (sich selbst, ihr Leben), suchen zunächst im Außen - außerhalb ihrer Persönlichkeit. Kinder z.B. erobern auf diese Weise Stück für Stück ihr SELBST durch Imitation und Identifikation.

So erlernen wir das Begreifen.

Erleben kommt immer vor dem Begreifen.

Konkretes Wissen ist reflektierte Erfahrung. Erfahrung allein ist auch das, was wir jahrelang falsch machen. Eltern, die erfahren und erleben unterbinden, erziehen Kinder, die im späteren Alter die Identifikation mit dem Sein verlieren. Man zieht die Hände vom Leben zurück und identifiziert sich leicht mit allem und jedem. Das ist im Übrigen auch der Keim für Depression. Sich dagegen gespiegelt zu sehen durch den anderen bedeutet sein SEIN erlebt zu haben.

Das gilt für alles, was wir tun. Selbstbewusstes, verantwortungsvolles Handeln ist Leben. Im Tun begreift sich das SELBST. Aus diesem Grund ist es tragisch, nicht mehr arbeiten zu dürfen? Arbeitslosigkeit ist dramatisch, denn man untersagt dem Menschen, die Spuren seines SEINS durch Arbeit zu hinterlassen. Für mich bleibt eine Gesellschaft fragmentarisch, die keine Arbeit für alle schafft. Wie sonst sollten wir Einsicht erhalten und Verantwortung übernehmen können?

Kapitel 3.7:

Der erste Gedanke, das erste Wort, der erste Eindruck

Ich gehöre zu denen, die immer gleich losplappern, die, die nie Angst davor haben in aller Öffentlichkeit zu reden oder eine Rede zu halten. Warum auch? Entweder ich habe keine Ahnung von dem, was ich sage, oder ich habe Ahnung oder gar Wissen. In dem einen Fall sage ich klar und deutlich. dass es meine Meinung ist oder die Gedanken, die mir gerade in den Sinn kommen. Im andren Fall weiß ich ja, wovon ich rede und ich auch in diesem Fall die Weisheit und Wahrheit und Gewissheit nicht ein für alle Mal „gepachtet" habe. Was soll schon passieren?

Und – meine Gedanken sind ja auch nicht „Topsecret," sondern wenn ich sie in Worte fassen will, für alle anderen zugänglich. Den jeweils „ersten Gedanken" in „erste Worte" zu fassen fällt mir nicht schwer. Nie, außer ich will nicht sprechen und meine Gedanken für mich behalten, wie einen Schatz. Ich mache auch nicht immer auf jeden einen „guten Eindruck". Was ist das schon?

Wenn ich es will, dann kann ich mich dem andern zuwenden, ihm zuhören, unabhängig vom Inhalt dessen, was er sagt. Ich lächele nicht unbedingt und will auch nicht unbedingt „einen Eindruck" machen. Kann ich auch nicht, denn ich habe nie Schauspielunterricht gehabt. Auch weiß ich, dass, ganz gleich was ich tue, der andere, sich sein eigenes Bild von mir macht. Also will ich nur sein, wie ich gerade bin. Täuschen will ich niemanden.

Ja, ich weiß, es gibt aber viele Erwachsene, die eingestandene wie uneingestandene Angst vor dem ersten Wort und dem ersten Eindruck haben, besonders wenn sie in der „Öffentlichkeit" reden sollen. Ganz gleich wo: In der Schule, bei der Arbeit, privat wie beruflich – und auch ganz gleich was: Partygespräch, Präsentation, Meeting, Bewerbung, Vortrag, Gesellschaftsrede, Flirt oder einem anderen besonderen wie allgemeinen Anlass.

Manche lassen nicht einmal ihre eigenen Gedanken zu, schon gar nicht einen „ersten Gedanken". Die meisten Alltagsreden und -gespräche, privat wie beruflich sind deshalb eher stereotyp, langweilig, wiederholend, reaktiv bestätigend, formalistisch, konform. Statt Fähigkeit, die ja jeder hat, strahlt das dann eher „Unfähigkeit" aus, nicht nur Kommunikationsunfähigkeit. Schade, ich hätte gern gewusst, was Du weißt, was Deine Gedanken sind.

Mit Kommunikations-Unfähigkeit ist gemeint, das Sprechen nur mit Bedingungen erfolgt, sogenannt zielgerichtet. "Small Talk" oder unterhaltende Plaudereien sind kaum möglich, ja bisweilen verpönt, mindestens aber negativ belegt, auch sogenannte "Freizeit-Gespräche" sind immer "zielorientiert", entweder schwerwiegend problematisiert oder grölend, dröhnend lachend begleitet oder endlos immer gleichbleibend (langweilig). Sprechen dient weniger der Verständigung oder Bereicherung, sondern mehr der Selbst-Darstellung und dem Entertainment und führt so zur Wortgewalt.

Man kann oder will nicht mehr aus sich herausgehen, sich offenbaren, sich mit anderen oder einer Sache auseinandersetzen. Stattdessen will man Recht haben, gebraucht Rechtfertigungen, Erklärungen, Behauptungen. Kommunikation verkommt so zu einem lustvollen bis qualvollen Selbstbezug. Das Sprechen ist eher egozentrisch, alles dreht nur um sich selbst, man spricht nur im Jargon seiner Arbeit, seines Lebens. Das macht einsam, das isoliert. Das wird dann auch noch unglücklicherweise "Übereinstimmung" oder "gleiche Wellenlänge" genannt. Durch diese Art des Sprechens will man jedoch nur eines, sich ins „rechte Licht" setzen und andere dafür ins Unrecht, aber für das, was man tut, was man erlebt und empfindet, nicht verantwortlich zu sein.

Der Mensch lebt auf einer verbalen Insel und sieht kein Steg zum Ufer.

Gepaart ist das meist mit **Geborgenheitsverlust.** Das ist ein längerer oder vorübergehender Zuwendungsentzug, vom Nichtansehen in einem Gespräch bis zur permanenten Abwendung und Nichtachtung. Jeder Mensch will sein. Er hat ein Bedürfnis nach Bestätigung seines Daseins.

125

Dieses Bedürfnis ist das Motiv vieler menschlicher Handlungen, die über den eigentlichen Erhalt der zum Leben notwendigen Dinge: "Die drei großen L" -Luft, Lebensmittel, Liebe hinausgehen. Wird dieses Bedürfnis nicht befriedigt, dann sucht der Mensch nach Befriedigung. Das äußert sich fast immer durch Überkompensation von empfundenen und nicht bewusst empfundenen Defiziten. Diese Menschen laufen (bisweilen rasen sie sogar) mit hängender Zunge durchs Leben. Bedenken Sie: Nur wer sich noch nicht gefunden hat, sucht sich ständig in anderen und anderem. In den schlimmsten Fällen kommt es im wahrsten Sinne des Wortes zum Drama, Leben wird nicht mehr gelebt, sondern "aufgeführt", z.B. durch

- Über-Aktivitäten (Workaholic ...);
- Flucht-Aktivismus (keine Muße finden ...);
- Kompensatorischer Ehrgeiz (Titel, Orden ...);
- Helfer-Berufe (Krankenschwester, Pfleger, Arzt, Psychologe, Therapeut
- Flucht-Berufe (Reiseleiter, Archäologe ...);
- "Sorge" um "Schwache" (alle kommen immer zu mir...).

Diese „Paarung" führt dann, fast zwangsläufig, zur **Störung der Ausdrucksfähigkeit.** Gemeint ist die Unfähigkeit, meist von demjenigen nicht einmal selbst empfundene, seinen tatsächlich empfundenen Gefühlen, den ihnen adäquaten Ausdruck zu verleihen. Emotionen sind die Gefühle und Empfindungen eines Menschen, die nach außen hin wirksam werden. Sie sind so etwas wie die Grundstimmung der Persönlichkeit. Es ist zu natürlich, seine empfundenen Gefühle auszudrücken. Kann man seine empfundenen Gefühle nicht adäquat ausdrücken, so ist das häufig der entscheidende Grund dafür, warum manchmal, trotz bester Absichten, Überzeugung, nicht möglich wird. Dennoch halten viele Menschen lieber alles zurück. Möglicherweise könnten sie etwas von sich geben, was sie nicht wollen. Gefühle zu beherrschen ist ihnen wichtiger, als diese zu leben. Sie ahnen nicht, wie das die Substanz ihrer Aussagen entscheidend mindert, ja in dem einen oder anderen Falle sogar als Lügner erscheinen lässt. Dennoch: Lieber leben sie im selbst erschaffenen Käfig ihres Lebens einsam dahin, als sich und andere real zu erleben. Kenntlich wird das durch alle Formen des eingeschränkten Sprechens, wie z.B.

- Graffitis (Wandsprüche);
- Rockersprache;
- Jargon bestimmter Gruppen (meist Jugendliche);
- Computerdeutsch; Fach-chinesisch;
- Politiker-, Manager-, Soziologen-Sprache;
- Möglichkeits- und Leideform statt Tatform (Konjunktiv statt Indikativ).

Die Angst vor Zuwendungsentzug taucht im privaten wie im beruflichen Leben auf. Sie ist wesentlich gekennzeichnet durch die Sorge, von seiner Umgebung nicht akzeptiert werden zu können. Wer als Kind häufiger durch Zuwendungsentzug bestraft wurde, der findet lange keinen Zugang zu seiner Selbstakzeptanz. Oder anders ausgedrückt: Seine Selbstakzeptanz hängt elementar von der Anerkennung durch die Außenwelt ab. (Mitarbeiterbeurteilungen in Firmen. "Der Trainer hat mir wieder Selbstvertrauen gegeben". Alles Widersprüche in sich.)

Die Tiefenpsychologie nennt einen solchen Menschen eine "fremdgesteuerte Persönlichkeit". Die Lebensmaxime eines solchen Menschen lautet vorerst: Ich mag mich, wenn und weil mich andere Menschen mögen. Wer will das nicht, von anderen gemocht, gar geliebt zu werden? Erstrebenswert ist aber die psychische Einstellung zu sich selbst, die da heißt: Ich mag mich, weil es mich gibt, weil ich existiere.

Auch in vielen Partnerbeziehungen finden wir die Angst vor Zuwendungsentzug als schattenhaftes Phänomen - als das "Phantom der Ehe". Die Angst davor, zeitweise mit sich allein sein zu müssen, entwickelt im einen oder anderen Partner ein Klammerverhalten, das nur zu oft mit "Liebe" garniert, apostrophiert, verwechselt wird. Liebe klammert oder knebelt jedoch nicht, vielmehr wünscht sie sich das Wachsen der Persönlichkeit des anderen. Deshalb kann sie loslassen. Angst und Liebe aber passen nicht zueinander.

Angst und Leben widersprechen sich.

Die Angst vor dem Leben charakterisiert den depressiven Menschen. Depressive Erscheinungsformen gehen häufig mit dem Verlust des Urvertrauens einher. Urvertrauen meint ein Gefühl tiefer Geborgenheit in sich selbst und zum Leben. Dieses Gefühl des elementaren Vertraut Seins, dass weitgehend unser tatkräftiges, sinnvolles, konstruktives Handeln bestimmt, ist dem heutigen Menschen weitgehend abhandengekommen.

Oftmals aber ist die Lebensangst vieler Menschen aus verletzenden Bemerkungen der kindlichen Persönlichkeit gegenüber entstanden. Wer ständig hören musste, dass er zu jeglichem Tun unfähig sei, der nimmt diese Selbstzweifel fast mit der Muttermilch auf. Weil sich ein Kind in starker emotionaler Abhängigkeit zu seiner geliebten Bezugsperson befindet, glaubt es schließlich, was dieser Mensch ihm sagt. Erst viele Jahre später zeigen diese seelischen Kränkungen ihre Krebsgeschwüre. Sie wuchern und wuchern. Werden oft als eigentliches gehegt und gepflegt. Aus eigener Kraft können sich die meisten seelisch Verletzten nicht mehr helfen. Oft genug geben sie all das Erfahrene und Erlebte ungeprüft weiter, an ihre Partner, schwerwiegender noch, an die eigenen Kinder. Man nennt es Erziehung. So wirken Lebensangst und Mindergefühle als tragische Elemente ineinander.

Der dadurch belastete Mensch lebt in seiner Selektion des Negativen, die ihn nur bedingt kommunikationsfähig sein lässt. So können viele nicht mehr realistisch darstellen, was sie können. So entstehen die unfruchtbaren, sinnlosen Streitereien zwischen Kaufleuten und Technikern. So entstehen alle unergiebigen Streitereien. Statt miteinander zu arbeiten und liebevoll miteinander zu leben, wird darum gestritten, wer mehr Recht hätte - als wäre unser Leben und unsere Arbeit ein mehr oder weniger in einem Sack Müll, der entsorgt werden muss.

Um die Angst loszuwerden, ist es notwendig, die Angst zu akzeptieren - nicht die Angst abzuwehren oder gar zu verleugnen. Das ist nicht leicht und nicht selbstverständlich. Denn das persönliche Unterbewusste und das gesellschaftliche Unbewusste haben manche Abwehrhaltung geschaffen, um die Angst nicht anschauen zu müssen. Wo der ängstliche Mensch noch als Versager gilt, darf das Menschsein nicht in seiner hilflosen Gebärde erscheinen.

Wer seine Angst annehmen kann, hat den ersten Schritt seines Handelns bereits getan. Denn Handeln meint hier die innere Auseinandersetzung mit dem Angstinhalt. Dieser zunächst wohl stillen Betrachtung der Angst folgt das Gespräch über die Angst. Die Darstellung der eigenen emotionalen Erlebnisinhalte ist eine bedeutende Form kommunikativen Handelns.

Aber unabhängig davon, ist die Darstellung der eigenen emotionalen Erlebniswelt deshalb eine bedeutende Form des kommunikativen Handelns, weil die meisten Menschen eine kaum beschreibbare Selbstüberwindung erleben, sich gegenüber einem Mitmenschen emotional zu öffnen. Doch auch hier gilt: Kommunikationsfähigkeit bildet die Voraussetzung für Konfliktfähigkeit. Konfliktfähigkeit ist die Fähigkeit des erwachsenen Menschen sich mit der Sache auseinander zu setzen.

Die Angst anzuschauen und über sie zu sprechen, führt von der Verdrängung weg hin zu mehr Realitätsnähe. Wer seine Angst oder seine Ängste beschreiben kann, hat das Grundanliegen der Angst begriffen, nämlich ihren Aufforderungscharakter. Der Aufforderungscharakter der Angst liegt im Appell zum Handeln. Im letzten Schritt seines Handelns wird der angsterfüllte Mensch die Ursache seiner Angst erforschen. Während er sich mit der Angstursache auseinandersetzt, reift er zu einer realitätsorientierten Persönlichkeit heran. Das Vertrauen in das eigene Leben bringt ein neues Lebensgefühl. Die Angstbewältigung hebt die Lebenslüge auf, in der der Mensch bisher gelebt hat.

Gefühle lassen sich nur durch Handeln ändern, denn das Tun eines Menschen prägt eigenes und fremdes Erleben. Das Denken, das Handeln, die Gefühle verändern grundlegend unser Verhältnis zu unserer Situation. Die Form unserer Gedanken, die Art und Weise unserer Gefühle gleicht unserer Wahrnehmung und unserem Handeln. Somit steht dann auch unseren „ersten Gedanken", unseren „ersten Worten", unserem „ersten Eindruck" nichts mehr im Wege.

Denke ich, also bin ich - Ist mein Gedanke wirklich mein**er**?

Zur Ausstrahlung eines Menschen gehört seine deutlich signalisierte offene Kommunikationsbereitschaft. Unsere Kommunikationsbereitschaft hängt davon ab, was wir in unserer Persönlichkeitstiefe verankert, unwissend zugeschüttet haben oder was offen zugänglich in unserer Persönlichkeit enthalten ist und was für andere spürbar und bemerkbar ist.

Manchmal fallen Menschen auf, wenn sie z.B. geheuchelt freundlich sind. Es stört die Gesamtharmonie des Ausdrucksvermögens. Grundsätzlich fällt jede Störung der Gesamtharmonie des Ausdrucksvermögens eines Menschen auf. Diese Störungen zu sehen, zu finden, sich selbst und seine Wahrhaftigkeit, die Wirklichkeit - eigenen und fremde - zu finden, ist um so schwieriger, je mehr unsere Umwelt die Selbsttarnung ermöglicht.

Enttarnung durch Erhöhung des Bewusstseins ist vonnöten.

Erweiterung des Bewusstseins vollzieht sich jedoch nicht dadurch, dass ich anderen oder mir selbst mehr Wissen und intellektuelles Begreifen vermittele. Jegliche Form von Bewusstseinserweiterung fängt bei mir selbst an.

Es gibt keinen Entwicklungsschritt ohne Zuwachs an Selbsterkenntnis.

Etwas anschauen ist die große Zauberformel auf dem Weg des SELBST-Erkenntnis. Weisheit ist die Fähigkeit, alles anschauen zu können und zu erkennen, dass es gut ist, wie es ist. Das ist wahre SELBST-ERKENNTNIS.

Hier haben zahlreiche Videoanalysen, vielen, vielen Suchenden geholfen.

Es ist wichtig zu wissen, wie die Frisur das Gesicht verdeckt - um es hier einmal ganz vordergründig und platt, jedoch praxisnah zu sagen - ob eine Brille das Gesichtsfeld einengt oder das Gesichtsfeld weiter, offener erscheinen lässt, ob ein Bart die Mimik verdeckt oder gerade noch freigibt, ob sich das geschminkte Gesicht wie eine Maske vor das Antlitz des Menschen schiebt, wie weit die Augen des sprechenden Partners geöffnet sind für den anderen, wie derjenige sich dem Partner zuwendet ...

Es ist das Antlitz eines Menschen, das zuerst die Nähe signalisiert und damit Sympathie auslöst. Wo keine Sympathie, da auch keine Überzeugung, kein Vertrauen. ***Wir strahlen das aus, was wir tief in uns tragen!***

Kapitel 3.8:

„Noch ein Gedicht" – Poesie und Kommunikation

„Überall im Kosmos gibt es kostbare Edelsteine.

Und sie sind auch in jedem von uns.

Ich möchte dir eine Handvoll davon schenken, lieber Freund.

Ja, heute Morgen möchte ich dir eine Handvoll schenken,

eine Handvoll Diamanten, funkeln von morgen bis abends.

Jede Minute unseres Lebens ist ein Diamant, der den Himmel und die Erde erhält,
den Sonnenschein, den Fluss.

Wir müssen einfach nur sanft und achtsam atmen,

dann wird sich uns das Wunder zeigen:

Vögel singen, Blumen blühen.

Hier ist der blaue Himmel, hier treiben Wolken.

Dein allerliebster Blick, dein schönes Lächeln.

All dies ist in einem Juwel enthalten.

Du bist der reichste Mensch auf Erden

und du benimmst dich wie ein notleidender Sohn.

Bitte tritt dein Erbe an.

Lass uns einander Glück schenken und lernen

im gegenwärtigen Moment zu weilen.

Lass uns das Leben liebevoll in unserem Armen halten

und unsere Unachtsamkeit und Verzweiflung loslassen"

(Thich Nhat Hanh – aus dem Buch „Versöhnung mit dem inneren Kind")

Die Poesie (Lyrik – Dichtung) ist eine Kunst innerhalb der menschlichen Kommunikation, die mit Fantasie die Ausdrucksmöglichkeiten der Sprache einsetzt, sie neu belebt, mit ihr experimentiert, um dem Zuhörer oder Leser Lebens- und Welterfahrungen, vielleicht auch Deutungen oder Umdeutungen näher zu bringen. Auf alle Fälle andere Sichtweisen.

„Alter Teich in Ruh' –

Frösch'lein springt hinein

und das Wasser tönt!"

(Jap. Gedicht eines Zen-Meisters zum Thema „Etwas in Bewegung bringen")

Neben den Grundformen Lyrik, Epik, Drama (Schauspiel)

gehören dazu auch Formen der Satire, Ironie, Kabarett, Komik.

Ich habe Dich so lieb!

Ich würde Dir ohne bedenken

Eine Kachel aus meinem Ofen schenken.

Ich habe Dir nichts getan

Nun ist mir traurig zu Mut.

An den Hängen der Eisenbahn

Leuchtet der Ginster so gut.

Vorbei – verjährt – doch nimmer vergessen.

Ich reise.

Alles, was währt,

ist leise.

Die Zeit entstellt alle Lebewesen.

Ein Hund bellt.

Er kann nicht lesen.

Er kann nicht schreiben.

Wir können nicht bleiben.

Ich lache.

Die Löcher sind die Hauptsache

An einem Sieb.

Ich habe Dich so lieb. (***Joachim Ringelnatz***)

Ganz gleich welche Form, auch die anspruchsvollsten Werke, besitzen Elemente der Unterhaltung und diesen ebenso dem Vergnügen, als auch dem Verstehen.

Auf jeden Fall soll der Stoff das Publikum (Zuhörer, Leser) angenehm fesseln und aus den realen Zwängen und Beschränkungen vorübergehend befreien.

Der Insasse

Als ich vor Jahren lernte einen Wagen zu steuern,

hieß mich mein Lehrer eine Zigarre zu rauchen;

und wenn sie mir in dem Gewühl des Verkehrs oder

in spitzen Kurven ausging, jagte er mich vom Steuer.

Auch Witze erzählte er mir während des Fahrens,

und wenn ich all' zu beschäftigt mit Steuern, nicht lachte,

nahm er mir das Steuer ab.

Ich fühle mich unsicher, sagte er, ich der Insasse,

erschrecke, wenn ich sehe, dass der Lenker des Wagens

allzu beschäftigt ist mit Lenken.

Seitdem, beim Arbeiten, sehe ich zu,

mich nicht allzu sehr in die Arbeit zu vertiefen.

Ich achte auf mancherlei um mich herum.

Manchmal unterbreche ich meine Arbeit,

um ein Gespräch zu führen.

Schneller zu fahren als ich noch rauchen kann,

habe ich mir abgewöhnt, Ich denke an den Insassen.

(Bertolt Brecht)

Wenn es um andere Aufmerksamkeiten geht, warum schreiben wir nicht, wenigstens ab und an mal, unsere Prosa-Texte in Poesie, als ein Gedicht? Prosa klingt meist so diktatorisch. Muss das so sein? Und wenn ja, wäre es nicht leichter verstehbar, wenn es poetischer ausgedrückt wird?

Power-Point Informationen als Gedicht? Schaubilder als Karikatur?

Wenn nicht immer und jedes Mal, so doch an und ab, der höheren Aufmerksamkeit, der Belebung wegen. Denn auf „Totes" folgt „Lebendiges"! Sprache, geschrieben, gesprochen, gezeichnet soll doch etwas in Bewegung bringen. Mit Poesie wird ein bewusstes „Kunstwerk" geschaffen, welches unmittelbar mit den individuellen Zügen der Persönlichkeit verbunden ist und möglicherweise auch bleibt.

Stärker als alle Prosa – und sei sie noch so wichtig – richtet sich die Poesie an Geist und Seele eines Menschen, lockt Emotionen, fördert die Fantasie, berühren und veranlassen zum Handeln. Es ist weit mehr als das Übliche.

Zum neuen Jahr

Wie heimlicherweise

Ein Engelein leise

Mit rosigen Füßen

Die Erde betritt,

So nahte der Morgen.

Jauchzt ihm, Ihr Frommen,

Ein heilig Willkommen,

Ein heilig Willkommen!

Herz, jauchze du mit!

In ihm sei's begonnen,

Der Monde und Sonnen

An blauen Gezelten

des Himmels bewegt.

Du, Vater, du rate!

Lenke du und wende!

Herr, dir in die Hände

Sei Anfang und Ende,

Sei alles gelegt!

(Eduard Mörike)

Teil 4

Feuerwerk der Sinne

An der Vielfalt sich erfreuen!

Kapitel 4.1.:

Miteinander sprechen – das große Prinzip des menschlichen Zusammenlebens!

Der Mensch, der sich allein auf seine eigenen Erfahrungen stützt, wäre längst ausgestorben.

Sich dem anderen mitzuteilen, sich mit anderen auszutauschen ist die menschliche Fähigkeit zum Überleben. Sprache ist das Mittel. Sprechen eine Möglichkeit. Andere Möglichkeiten sind zuhören, lesen, schreiben, malen, zeichnen ...

Wir haben die Fähigkeit im Geist der anderen, bestimmte Bilder entstehen zu lassen oder präzise und neue Gedankenkombinationen zu erzeugen, indem wir nichts anderes tun, als mit unserem Mund Geräusche zu produzieren. Dieses Wunder heißt Sprache. Sprache ist mit dem menschlichen Empfinden so eng verwoben, dass ein Leben ohne Sprache kaum vorstellbar ist. Sprache ist der unerlässliche Mechanismus menschlichen Lebens.

Sprache ist ein menschlicher "Instinkt". Sprache ist genau so wenig eine kulturelle Erfindung wie der aufrechte Gang, auch ist sie kein kulturelles Artefakt, den wir ebenso erlernen wie das Ablesen einer Uhr oder den Aufbau des Bundestags. Sie bildet vielmehr einen klar umrissenen Teil der biologischen Ausstattung unseres Gehirns. Sprache ist eine komplexe, hoch entwickelte Fertigkeit, die sich ohne bewusste Anstrengung oder formale Unterweisung beim Kind ganz spontan entwickelt und sich entfaltet, ohne dass das Kind sich der ihr zugrunde liegenden Logik bewusstwird.

Ein dreijähriges Kind ist ein grammatisches Genie, begegnet jedoch einer "Babysprache", einer Sprachverniedlichung, einer Sprachverunstaltung. In jedem Kind lebt das Bedürfnis nach Identifikation und Imitation und so hat es manchmal keine Chance seine Muttersprache richtig zu erlernen. Das so Erlernte muss es dann später in der Schule "verlernen" und das, was es eigentlich immer schon konnte, mühselig wieder erlernen. Welch' eine Not?!

Sprache ist qualitativ bei allen Menschen gleich und von allgemeineren Fähigkeiten wie dem Verarbeiten von Informationen oder intellektuellem Verhalten zu trennen. Sprache ist weitgehend erforscht. Mehr als je zuvor ist man sich heute in der Öffentlichkeit über die Bedeutung der Kommunikation im menschlichen Bereich klar.

Viel Aufmerksamkeit wurde und wird der Erklärung, Vermittlung und Verbesserung der technischen Beredsamkeit, Informationsvermittlung und Verhaltensbeeinflussung gewidmet: Sprache als Kunst der Überzeugung. Sprache als Mittel von Überredung, Propaganda, Agitation, Demagogie. Sprache als Mittel der Manipulation. Sprache als Mittel der Dichtung und Fantasie. Sprache als Mittel von Gewalt und Ausdruck von Macht.

Es scheint Angst davor zu bestehen. sich mit den gebräuchlichsten Formen der Alltagssprache zu beschäftigen oder mit einer menschlichen Sprache, in der die Probleme der Moral, Ethik, Religion, Philosophie, des Zusammenlebens gedacht werden. Jedenfalls sind sie vernachlässigt worden. Alle Sprachkunst endet an der Grenze des Willens eines anderen Menschen. Überzeugung definiere ich als die freiwillige Zustimmung eines Menschen zu einem inhaltlichen und/oder formalen Identifikationsangebot.

"Wann immer in menschlichen Angelegenheiten ein Übereinkommen oder eine Zustimmung erreicht wird ..., dann wird diese durch sprachliche Prozesse erreicht oder es wird nicht erreicht" (Benjamin Lee Whorf)

So ist sinnvollerweise das Beschäftigen mit Sprache immer zuerst das Beschäftigen mit der Alltagssprache und dem Erkennen der Wahrheit, der Angemessenheit und dem Grad der Zuverlässigkeit - viel später dann erst mit der Grammatik, Aussprache und Stil.

Wenn Sprache entmystifiziert wird, nicht mehr als erhabener Ausdruck menschlicher Einzigartigkeit begriffen wird, sondern als Resultat eines biologischen Anpassungsprozesses zur Vermittlung von Informationen, dann erliegt man nicht länger der Versuchung, die Sprache als heimtückischen Gedankenverdreher zu betrachten, der sie ja auch nicht ist - lediglich durch kulturelle "Verklappungen" dazu gemacht worden. Das menschliche Leben hat es nicht gerade erleichtert, wie wir im Alltag, manchmal schmerzlich, erfahren.

Das Beschäftigen mit dem Wunder der menschlichen Fertigkeit Sprache dient dem Verstehen. Verstehen wir, wie Sprache wirkt, welche Gefahren des Irrtums sie in sich birgt, welche Möglichkeiten sie hat, so begreifen wir: Die Hauptsache der Sprache und des Sprechens ist es ein Menschenleben zu führen. Sich Sprache und Sprechen sowohl in intelligenter, als auch intellektueller, als auch sittlicher Disziplin zu widmen heißt, sich mit den Beziehungen zwischen Menschen und der Wirklichkeit zu befassen, mit den Beziehungen von Worten zu dem, wofür sie in den Gedanken und Gefühlen des Menschen stehen.

Sprachgebrauch ist immer gegenwartsbezogen. "Bloße Worte" und "Das habe ich bloß so gesagt" gibt es nicht.

Es sei denn es dient der Verwirrung. Sprache und Sprachgebrauch dienen dem Verstehen und dem Zusammenfassen von Kenntnissen. Kulturelle und intelligente Kooperation ist das große Prinzip des menschlichen Lebens.

Wenn hier über Sprechen und Sprache geschrieben wird, denn geschieht das auch eingedenk dessen, dass es Menschen gibt, für die das alles nicht so selbstverständlich ist, Taubstumme zum Beispiel oder andere Menschen, die aufgrund einer individuellen menschlichen Veränderung andere Formen der Mitteilungen verwenden müssen oder wollen. Hier geht es um die Sache an sich.

Kapitel 4.2:

Erinnerung: Der Redner - Wirkung und Wirkungsmittel der kommunikativen Persönlichkeit!

Person kommt von dem lateinischen Wort *persona* was so viel bedeutet wie Maske. Person kann also jeder sein. Jeder der geboren ist, ins Geburtsregister eingetragen worden ist, einen Personalausweis besitzt, der irgendein Label hat.

Wann immer der Begriff Persönlichkeit als Attribut mit einem Menschen in Verbindung gebracht wird, meint sowohl der Verwender als auch der damit Verbundene, er sei etwas Besonderes, ein Ideal. Aber was ist das? Und was hat das mit der Wirklichkeit zu tun?

Ideale, Idole entstehen aufgrund einseitiger Betrachtungen, Akzentuierungen. Woher will aber jemand (selbst oder fremd) in welchem Grad die gemeinte Persönlichkeit eine wahre "Landkarte" des SELBST ist? Woher wollen wir es selbst wissen?

Persönlichkeit ist jedoch das HABEN und SEIN eines Menschen, also so wie er eben ist und nicht nur so, wie er idealerweise sein möchte. Die Persönlichkeit ist als Individuum unersetzlich und nicht vertauschbar, nur begrenzt für andere verstehbar, gegenüber von Welt, Geschichte, Gesellschaft, Grenzen, immer in Wandlung und Entwicklung begriffen und vor allem autonom seine Handlungen begründet und dafür auch verantwortlich zu sein. Sie ist sich selbst bewusst.

Wissenschaftlich wird der Begriff Persönlichkeit definiert als der Strukturaspekt von Wandlung und Entwicklung, der ihn als Ganzes (Körper, Geist, Seele) zu einer einzigartigen, schöpferischen Anpassung im Leben befähigt, situativ wie generell, und vor allem von sich aus.

Für den normalen Alltag bedeutet das, dass Persönlichkeit des Sprechenden die Summe seiner körperlichen und geistig-seelischen Merkmale ist, die unter den Bedingungen des jeweiligen kommunikativen Vorganges - verbal wie nonverbal

- als typisch und eigenartig für ihn selbst spürbar und für sein Gegenüber erlebbar wird. Das ist die kommunikative Persönlichkeit.

Die kommunikative Persönlichkeit ist also der Mensch (Mann wie Frau) der unabhängig von der Bewertung, der Beurteilung (durch sich selbst und andere) seiner körperlichen und geistigen Merkmale die alltäglichen wie besonderen Aufgaben - in Familie und Beruf, Politik und Gesellschaft, Wirtschaft und Verwaltung - erledigen kann, vor sich selbst und auf andere positiv wirkt und sich und andere physisch und psychisch gesund und glücklich erhält.

Es ist der Mensch (Mann wie Frau), der kommt, manchmal auftritt, steht oder sitzt und sagt, was er zu sagen hat. Der in jeder Situation seine Gedanken und Meinungen zu einem bestimmten Thema so darlegt, dass der andere versteht, um was es geht, Lust zum Zuhören empfindet, emotional wie rational bewegt ist und die Bereitschaft zur Zustimmung entwickelt, ohne die Kritikfähigkeit des anderen zu beeinträchtigen.

Diese Persönlichkeit wollen die meisten Menschen sein.

Aber warum sind sie es nicht oder fühlen sich nicht als solche?

Mehr als das SEIN - seine Persönlichkeit fördern unsere Erziehungs- und Bildungssysteme die Nützlichkeit eines Menschen. Wissensbildung (Schule, Lehre, Studium, Beruf, Theorien, Glaubenswissen) und die Handlungsbildung (Techniken, Methoden, Verhaltenstraining) stehen im Vordergrund, bestimmen eher sein Ansehen als seine Wesentlichkeit. Der Wunsch nach Perfektion und Dominanz wird unerschöpflich. Daraus entstehen egozentrisches Verhalten und die Überbetonung der Rolle und der Funktionalität. Fähigkeiten und Fertigkeiten werden eher manipulativ und zum "Rechthaben" eingesetzt. Die fachliche Kompetenz wird eher geschätzt, manchmal auch belohnt, als eine soziale Kompetenz. Herzensbildung (Lebensregeln, Ethik, Religion, persönliches Gewissen, Liebe, Erkenntnis, Weisheit) und Sprachbildung (Umgang mit Menschen und Worten, Wahrheit, Angemessenheit, Zuverlässigkeit) werden kaum oder gar nicht vermittelt. Sobald man aus irgendeinem Grund die durch einseitige Akzentuierung definierte "Mitte" - "Zugehörigkeit" verlässt, verlässt viele Sicherheit und Vertrauen.

So ist es gar nicht verwunderlich, dass die meisten Menschen, bei ihren unterschiedlichen rednerischen Auftritten, kaum zu einer realistischen Selbst-Darstellung ihrer Persönlichkeit (und damit auch des Inhalts) fähig sind.

Wie denn auch, sie haben es ja nicht gelernt. Anderes war wichtiger.

Es fehlt Ihnen das Selbstwertgefühl.

Die Einheit von Denken-Sprechen-Handeln kann nicht realisiert werden.

Sie sind weniger glaubwürdig, weniger überzeugend.

Viele spüren dieses Ungleichgewicht. Erleben es als Mindergefühle. Diese werden "sorgsam" geschürt durch Eltern, Freunde, Lehrer, Vorgesetzte, Kollegen. Man nennt es "Feedback-geben" und meint: " Hach, hab' ich Dich erwischt!" Mindergefühle sind Unlustgefühle. Die psychische Dynamik eines Menschen ist darauf ausgerichtet, Unlust zu vermeiden. Ist das nicht möglich, wird abgewehrt. Abwehrmechanismen vielfältigster Art entstehen. Sie helfen die Mindergefühle nicht zu erleben.

Gefühle, die entstanden sind, können nicht abgewehrt, sondern nur erlebt werden. So schaffen Sie sich dennoch Bahn, meist durch unteroptimale Handlungen gegen sich selbst und andere. Das führt zu Störungen der Beziehungsfähigkeit. Zusammenleben und Zusammenarbeit sind gefährdet. Auffälligkeiten mag kein Mensch gern und so versucht er sich zu ändern. Verhaltensänderungen sind meistens Verbesserungen der Wissens- und Handlungsbildung. Der Teufelskreis setzt sich fort.

Persönlichkeitsbildung ist immer zuerst Gewissensbildung, nicht aber die Förderung von Angst-, Scham-, Schuld- und Mindergefühlen. Stabil erlebt ein Mensch seine Persönlichkeit dann, wenn er sich geschützt fühlt durch den festen Rahmen einer gleichwertigen Wissens-, Handlungs-, Sprach- und Herzensbildung. Ganz beruhigt kann er in jeder Situation SELBST-SEIN.

Die Fähigkeit zu Staunen ist der Anfang aller Weisheit. Der erste Schritt ist das Staunen über sich selbst. Etwas anschauen und Staunen ist die große Zauberformel auf dem Weg der Selbsterkenntnis. Alles anschauen und erkennen, dass alles so wie es ist, gut ist. Vertrauen zu uns selbst und unseren Fähigkeiten wird für uns spürbar und für andere erkennbar.

Diese Vertrauensfähigkeit, die der Sprechende im privaten wie beruflichen Alltag, die kommunikative Persönlichkeit, ausstrahlt, ist nur die Vertrauensfähigkeit, die in ihm als Heranwachsenden angelegt wurde. Vertrauen entsteht aufgrund der Fähigkeit zu sich uneingeschränkt Ja sagen zu können, der SELBST-Bejahung. Selbst-Bejahung, Selbstakzeptanz bedeutet nichts anderes, als in sich selbst heimisch geworden zu sein. Sie trägt alle unsere Handlungen und gibt uns Geborgenheit in uns selbst.

Wir brauchen uns nicht durch alle unsere Handlungen in anderen oder im anderen zu suchen. Die Selbstbejahung aufgrund eines gesunden Selbstwertgefühls entsteht in den frühen Jahren der Kindheit. Sie entsteht aufgrund der erlebten Entwicklungsprozesse der ersten Lebensjahre eines Menschen. Im ersten Lebensjahr wird das Vertrauen erfahren, erlebt und erlernt, besonders durch das sich verlassen dürfen auf eine Bezugsperson. Im zweiten und dritten Lebensjahr wird die Autonomie (Selbst-Bestimmtheit) gefördert und entwickelt. Im vierten und fünften Lebensjahr wird die Eigeninitiative gebildet. Die ersten beiden Schuljahre dienen der Bildung des richtigen Eigenwertgefühls. Die Pubertät leitet dann die Entscheidung zu Mann oder Frau ein - unwiderruflich. In ihr spiegeln sich die Erlebnisse der ersten sieben Lebensjahre wider.

So wie das Kind seine Welt erleben durfte, so wird es auch als Erwachsener mit sich selbst, dem Leben und dem Leben anderer umgehen. Das Besitzstreben des Kindes, seine ganz narzisstische Ausrichtung auf das Leben bildet die elementare Grundlage, körperlich wie geistig, aus eigenem Antrieb auf Menschen und auf Lebensaufgaben zugehen zu können.

Selbstwertgefühl für einen Erwachsenen ist die positive Grundeinstellung zu sich selbst und seinem Handeln. Es ist die Grundlage für sicheres Auftreten in den verschiedensten kommunikativen Begegnungen des Alltags. Das Wertbewusstsein um die eigene Persönlichkeit trägt ihn. Alle seine Handlungen, sein Sprechen sind eine Möglichkeit des SEINS.

Nur woher wissen wir wer wir sind?

Ist die gelebte Persönlichkeit tatsächlich unsere Persönlichkeit?

Sind wir es oder leben wir ein Ideal?

Nun, wer wir sind, sagen uns immer die anderen.

Selbsterkenntnis, ein realistisches Selbstbild und Informationen über das Fremdbild sind für das Begreifen der eigenen Persönlichkeit elementar. Das Wissen des Menschen, wie er auf andere wirkt, gibt ihm die Sicherheit im Umgang mit sich und anderen Menschen.

Selbsterkenntnis ist nicht nur für das Begreifen des eigenen normalen Lebens notwendig, sondern gerade, wenn der Mensch sich in einer konstruierten, abstrakten Welt, z.B. dem System Firma behaupten muss oder will, in der bei fast allen Überzeugungsvorgängen des betrieblichen Umfeldes gegen 3 "Mauern" ansprechen muss:

Der Mauer der Hierarchie

Der Mauer der Vorurteile

Der Mauer des Verstehens.

Im wahren, wirklichen (realen) Leben geht es beim Zusammenleben und Zusammenarbeiten von Menschen immer um die Fähigkeit, das Wesentliche zu bestimmen und auch ausdrücken zu können.

Die kommunikative Persönlichkeit kann das!

Der Redner auch!

Der Redner, der Rhetoriker ist immer und zuerst eine kommunikative Persönlichkeit.

Der größte Teil des menschlichen Verhaltens ist erlernt, erworben. Bedeutende Einflüsse auf den Persönlichkeitskern - er besteht aus Leib, Geist und Seele - nimmt das soziale Feld, zunächst das engere (Familie) und dann das weitere (alle anderen Bezüge und Beziehungen). Aufgrund dessen gestalten sich die rednerischen Kriterien völlig unterschiedlich.

Erstrebenswert für die besondere Sprechleistung - hier die freie Rede - sind
- Selbstbejahung,
- Natürliches Verhalten,
- Identifikation mit Thema/Aufgabe und Zuhörer
- Engagement und Emotionalität,
- Spontaneität und Kreativität.

Ausstrahlung und Überzeugungskraft hängen sehr davon ab, wie stark der Redner diese Merkmale realisiert. Entscheidend dafür, wie eben generell für eine erfolgreiche Kommunikation, ist die Individuation (ICH-Bildung) und Sozialisation (Gemeinschafts-fähigkeit) des Kindes: Ich-Zuwendung - Selbstwertgefühl - Selbstvertrauen - Selbstsicherheit - Selbstbewusstsein - Selbstbejahung = PERSÖNLICHKEIT

Neben dem fachlichen Eindruck (gründliches Wissen, Sach- und Fachkenntnis, der fachlichen Kompetenz) hinterlässt der Redner auch einen sogenannten rede-technischen und einen persönlichen Eindruck. Dieser Eindruck bildet sich vorwiegend ausfolgenden Gesichtspunkten:

Gesamteindruck:

- Sprechgewandtheit
- Persönlicher Sprechstil
- Gestaltungs- und Reifegrad
- Sprechdynamik/Elastizitätsgrad
- Gesamtsprechniveau
- Gesten- und Mienenspiel (Finger, Arme, Hände, Augen)

Habituelle Stimmqualitäten:

- Tonhöhe (Stimmlage)
- Lautstärke
- Stimmfülle (Volumen, Resonanz)

Individuelle Verlaufsqualitäten:

- Sprechtempo
  (Sprechfluss, Phasenablauf, Atmung, Pausentechnik)
- Akzentuierung (Sprechmelodie, Dynamik)
- Artikulation (Deutlichkeit)

Sprachliches Verhalten:

- Aktiver Wortschatz (Qualität, Stilebene, Sinnerfassung)
- Satzgestaltung (Syntax)
- Sinnvermittlung,
- Geistige Überschau
- Gesamtgefühl, Sprach-Gefühl

Jeder Redner vollbringt eine bestimmte Sprechleistung. Diese kann sehr unterschiedlich aufgenommen werden. Bei einer Rede wird etwa die Hälfte der Botschaft über den verbalen (sprachlichen) Ausdruck mitgeteilt, die andere Hälfte über den somatischen (körperlichen) Ausdruck. Es gibt Inhalte, die emotionale, während andere, semantische Bedeutung vermitteln.

So eindeutig ist es nicht. Oft wird die semantische Bedeutung der Inhalte als auch die der Ausdrucksmittel überschätzt. Meist ist es so, dass der Zuhörer eher visuelle Merkmale registriert, auch dann, wenn er sich dessen nicht bewusst ist oder dieses direkt zum Ausdruck bringen kann.

Unentbehrlich ist deshalb für den Sprechenden, neben der Beherrschung der rhetorischen Technik und Regeln, der geschickten Handhabung audiovisueller Hilfsmittel, dem ständigen Üben und Analysieren rhetorischer Darbietungen unter den unterschiedlichsten Bedingungen, die SELBST-ER-KENNTNIS. Selbsterkenntnis ist das Wissen über sich selbst, sein Verhalten und seine rhetorischen Wirkungsmittel.

Bei der freien Rede vermittelt alles dem Zuhörer Informationen über die Glaubwürdigkeit des Redners. Wahr ist, wie der Zuhörer es empfindet - unabhängig von der Wahrheit. Also auch die Ausstrahlung der geistigen Kraft des Redners durch seine Körpersprache.

Kapitel 4.3:

Reden halten – Menschen gewinnen!
Rhetorik ist ein Weg!

Die Rede ist eine geschlossene sprachliche Mitteilung über ein bestimmtes Thema. Zweck einer Rede ist es, auf unterhaltsame, geistig--humorvolle und kommunikative Weise Verständnis und Zustimmung für den Inhalt zu fördern. Die Rede ist ein rhetorischer, kommunikativer Sprechvorgang.

Die höchste Form ist die freie Rede. Der Sprechende spricht frei an exponierter Stelle zu einer kleineren oder größeren (relativ unbekannten) Gruppe von Menschen. Aus dieser Sprechsituation ergibt sich, dass die freie Rede, der wohl schwierigste Sprechakt des menschlichen Individuums ist. Für den betrieblichen Umgang ist die Rede allein zu wenig. Eine Rede ist einmalig und nicht wiederholbar. Für eine sinnvolle betriebliche Zusammenarbeit brauchen wir erkennbares, wiederholbares und nicht einmaliges.

Für die einmalige, außergewöhnliche Rede ist die Rhetorik hilfreich. **Rhetorik** ist die Lehre vom geschickten Umgang mit Menschen und Worten in der Form der Rede in der Öffentlichkeit. Sie ist die Lehre gut reden zu können als eine hohe sittliche Leistung.

1. **Denken - Suchen - Fragen**
   Wieso ist eine Spinne hier nicht anzutreffen?
   Was macht unsere Auslieferung kostengünstiger? Wie produziere ich differenzierter?
   Was wird mein Unternehmen in den nächsten 15 Jahren tun? Was werde ich tun???

2. **Gedanken - Ideen - Aussagen anderen zugänglich,**
   verständlich zu machen.

Rhetorik, will sie den Anspruch der Brauchbarkeit innerhalb der gegenwärtigen Lebenswelt haben, ist der Weg zum gemeinsamen Leben und Arbeiten. Praktisches Können ohne Reflexion ist ohne Widerhall. Die Rhetorik ist verlässlicher Leitfaden sowohl dafür, anders denken zu können, als auch dafür, dass „Anders sein können" zu denken. Reden und Schreiben (d.h. die verbale und die literarische Rhetorik) gehören in den Bereich der Technik.

Das griechische Wort *technè* ist gemeint als praktische Vernunft, als Unterscheidung von Wissen und Meinung, Ursache und Wirkung, Gelehrigkeit der Seele, rasche und prompte Auffassungsgabe, Augenmaß und Differenziertheit im Umgang mit Menschen und Worten, Intuition und Sinn für Ästhetik. Es ist das Können, immer alles im Kontext und immer von verschiedenen Seiten betrachten zu können.

Erst dieser Bildungsprozess spiegelt die Vielfalt des Einzelnen, die Einmaligkeit der Situation, die Unvergleichbarkeit zeitlicher Umstände wider. Technik allein, ist Einfalt. Bei der Rhetorik geht es um die Verbindung, ja die Versöhnung von Innen und Außen, Wissen und Können, Fähigkeiten und Fertigkeiten.

Durch kein anderes Merkmal unterscheidet sich das menschliche Wesen eindeutig von allen anderen Lebewesen dieser Erde mehr als durch sein Denken und Sprechen. Benutzt er diese natürlichen Fähigkeiten, dann werden auch seine Talente und Begabungen, sein Wissen und Können real und konkret. Er kommt schneller auf den Kern einer Sache, erkennt das Wesentliche und ist kritischer allen manipulativen Versuchen der Sprache gegenüber. Er kann sich, immer auf die Kraft seines Geistes verlassen - er ist fantasievoller und kreativer.

Rhetorik ist die Lehre vom geschickten Umgang mit Menschen und Sprache in der Form der Rede in der Öffentlichkeit. Sie ist die Lehre gut reden zu können als eine hohe sittliche Leistung. Rhetorik ist zu unterscheiden nach literarischer Rhetorik, hier steht der Text im Mittelpunkt, und der angewandten Rhetorik, hier ist der Mensch im Vordergrund.

Angewandte Rhetorik, die dem Wesen und Zweck der Rhetorik und damit der menschlichen Kommunikation entspricht, erlernt man durch die Beherrschung der rhetorischen Technik **(ars)**, Nachahmung exemplarischer Beispiele **(imitatio)**, Übung unter unterschiedlichen Bedingungen **(exercitatio)** und vor allem durch Arbeit an sich selbst **(SELBST-ER-Kenntnis)**

Zweck der Rhetorik ist es, gut eine freie Rede in der Öffentlichkeit halten zu können. Die Rede ist je eine geschlossene sprachliche Mitteilung über ein bestimmtes Thema.

Dabei geht es um Wirkung und Überzeugung
(freiwillige Zustimmung). Eine wirkungsvolle Rede erfüllt sich durch Begabung,
Wissen, Können und Übung. Sie soll anregen, informieren und unterhalten. Dabei
muss der Zuhörer klar erkennen können, worauf sich die Rede bezieht, was Sache
ist oder Vermutung.

Eine Rede besteht aus den Teilen:

Ankündigung, Hinführung,
Erzählung, Meinung/Aussage,
Begründung/Beweis,
Folgerung/Schluss.

Allein die Erarbeitung einer solchen Rede erzieht zur geistigen Disziplin, die
Lüge und Schwätzerei ausschließt, und verbessert auf diesem Wege auch unsere
alltägliche Gesprächsfähigkeit. Rhetorik richtet sich auf die Möglichkeit, die geistige Kraft des Sprechenden zu fördern und zu entwickeln, um so seine fachliche
wie soziale Kompetenz für andere erkennbar werden zu lassen.

Zweck der Rhetorik ist es, gut zu reden.
Überredung ist völlig ausgeschlossen.

Rhetorik ist immer zuerst Persönlichkeitsbildung und dann die Lehre von der
freien mündlichen Rede eines Menschen zu einer unbekannten Gruppe von Menschen unter ganz bestimmten kommunikativen Bedingungen, bei der es um Wirkung und Überzeugung geht.

Alle Redegegenstände sind möglich. Es gibt nichts, was nicht Redegegenstand
sein könnte. Es ist die Universalität der Rhetorik. Der einzelne Redner benutzt
diese Universalität nicht. Der Redner muss das Wissen und die Kenntnis - gar die
Erkenntnis - über die Sache, über die er reden will, besitzen. Wenn nicht, dann
muss er sich diese aneignen. Dabei ist nicht verlangt, dass er alles über jede Ein-
zelheit wissen muss. Für spezielle Fragen holt er sich den Rat des Fachmannes,
Wissenschaftlers, Gelehrten. Unterschiedliche Auffassungen und Wissensstände
können seine eigene Erkenntnis vertiefen. Für die Rede selbst kann es tragend
sein, wenn er vor, nach oder gar innerhalb seiner Rede in einem "Experten-Dia-
log" den Fachmann sein Wissen darlegen lässt.

Neben dem elementarsten Teil des rhetorischen Könnens - dem Erkennen des
Wesentlichen (den Punkt, auf den es bei der Sache, dem Vorgang, den Umständen
wirklich ankommt) gehört dazu auch SELBST-ER-KENNTNIS.

Unabhängig davon besteht jedes sprachliche Werk (mündlich wie schriftlich) aus dem Gedankeninhalt und der sprachlichen Formulierung. Bei der Rede macht der Gedankeninhalt bis zur fertigen Rede meistens mehrere Bearbeitungsphasen durch.

Die Bearbeitungsphasen einer Rede sind:

Erfindung (Idee, Stoffsammlung ...),
Anordnung (Gliederung, Disposition, Dramaturgie ...)
Darstellung (Ausdruck, Stil, Redefiguren...)
Gedächtnis (Lernen, behalten, assoziieren ...)
Entscheidung (Urteil und Einstufung)
Vortrag (Durchführung)

Die Teile einer Rede sind:

Redeanfang - bei dem es um die Ankündigung, Einleitung, Definition wesentlicher Begriffe und die Darlegung der Gliederung des Stoffes geht. Der Zuhörer soll zum Thema geführt werden. Aufmerksamkeit, Wohlwollen und Interesse sollen geweckt werden.

Erzählung (Meinung/Aussage) - es ist die klare, prägnante und verständliche parteiliche Schilderung des Sachverhaltes, die Darlegung des Themas in der gebührenden Angemessenheit.

Beweisführung (Argumentation) - es ist der wichtigste Teil einer Rede, denn einerseits will der Zuhörer wissen, warum etwas so ist und zum anderen zeigt es die Kompetenz des Redners. Die Wahl der Begründung entspricht der Angemessenheit des Themas und des Ziels.

Redeschluss- als Folgerung aus dem Gesagten als Zusammenfassung und Aufforderung

An der Rede beteiligt sind
Redner - Redegegenstand - Zuhörer.
Zwischen ihnen bestehen Beziehungen.

Die der antiken Rhetorik zugrundeliegenden Gattungen der Redegegenstände sind die Gerichtsrede, die politische Rede und die Lobes-Rede. Gegenwärtig bezieht sich die Rhetorik eher auf die Redeformen:

Die Gesellschaftsrede dient der Erzeugung einer "gesellschaftlichen Gestimmtheit", also der Unterhaltung im weitesten Sinne. Es gibt **heitere** Gesellschaftsreden (Damenreden, Reden zur Ehrung, humoristische Reden, Büttenreden ...), **besinnliche** Reden (Nachrufe, Jubiläumsreden, Eröffnungsreden, Laudationes ...) und **Trauer**reden. Meist mit folgender Struktur:

1. Anrede und Darlegung der Beziehung des Redners zur Person/zum Thema
2. Einleitung
3. Was ist? Was war? - das Gedankenmosaik wird entwickelt
4. Schluss durch eine Handlung (Urkunden-, Ordensverleihung, Kranzniederlegung, Prost)

Die meisten **Stegreif-Reden** des beruflichen wie privaten Alltags gehören dazu. Sie sind die schwierigste Form der Gesellschaftsrede, weil sie immer eine Rede in Eile ist und dadurch viel Vertrauen bei den Zuhörern voraussetzt. Um dieses nicht aufs Spiel zu setzen, gehört neben einer exzellenten rhetorischen Fertigkeit, Gewandtheit im Umgang mit Menschen dazu.

Die Überzeugungs-/Meinungsrede ist eine agitatorische Rede. Sie hat das Ziel, eine Tatbereitschaft zu erreichen. Sie hat deshalb immer auffordernden Charakter. Sie soll ein bestimmtes Publikum für eine Tat, ein Ziel, eine Meinungsänderung bewegen. Verwendet wird sie für politische Reden, Ansprachen mit motivierender Absicht, Vortrag, Kommentar, Verteidigungsrede. Hier werden meist Redefiguren und Ausschmückungen angewandt.

Sie hat meist folgende Struktur:

1. Warum spreche ich hier? Worum geht es bei diesem Thema?
2. Auf die herrschenden Zustände eingehen.
3. Auf das, was sein sollte, eingehen.
4. Auf die Methoden eingehen, durch die das Ziel erreicht werden kann.
5. Der Schluss fordert zur Aktivität auf, den vorgeschlagenen Weg zu gehen.

Das Fachreferat ist eine Informationsrede und dient der Wissensübermittlung in allen Fachbereichen. Die Aufmerksamkeit der Zuhörer wird dabei durch konzentriert gegebene Informationen beansprucht. Weitere Formen sind die Vorlesung, die Präsentation und der Rechenschaftsbericht. Interessensrichtungen können das praktisch-technische, wirtschaftliche, theoretisch-wissenschaftliche, ästhetische, sozial-ethische, politische und das theologische Interesse sein. Durch

die Einleitung sollten die Zuhörer mit einer dieser Interessenslagen angesprochen
werden. Das Fachreferat baut auf folgender Struktur auf:

1. Formulierung einer Aufgabe als interessierendes Anwendungsgebiet
2. Darlegung der Voraussetzungen oder der Experimente
3. Entwicklung des Stoffes
4. Anwendung auf das eingangs genannte Aufgabengebiet
5. Knappe Zusammenfassung der Hauptgedanken

Kapitel 4.4.:

Jede Präsentation ist ein Dialog.

In meiner Rolle als Führungskraft erlebte ich gerade meine 5te Präsentation an diesem Tag, ich stand auf, nahm meine Sachen und ging – leise. Später berichteten mir meine Kollegen, dass nach meinem Weggang (schließlich war ich ja der Chef) Stille eintrat, Verlegenheit, Verwirrung – irgendwie gingen dann alle anderen auch. Warum ich gegangen war?

Nun es war mir einfach zu viel des Gleichen, gleiche Lösungen, gleiche Over-Head Darstellungen (Power Point gab es damals noch nicht), gleiche Argumente. Mir war es einfach schlicht weg zu langweilig. Habe ich das gewollt? Habe ich die Kämpfer um die Sache nicht entsprechend gewürdigt? Habe ich oft Meinungen anderer unterdrückt? Habe ich zu viel Gemeinschaftssinn gefordert? Wollte ich Konformes? Damals konnte ich noch gegensteuern. Übrigens gegen sehr viel Kritik, denn das Allgemeine ist ja leichter zu ertragen als persönliche Verantwortung. Inzwischen habe ich noch viele Präsentationen, unterschiedlichster Art und Themen, erlebt und überlebt: Zahlen, Daten, Fakten, Meinungen im Nebel der bildlichen Darstellungen und sprachlichen Darlegungen.

Oft fragte ich mich: Gibt es überhaupt Fakten? Wenn ja, welche sind relevant? Oder – was wollen die wirklich?

Es wird unendlich viel „präsentiert" in Deutschland. Ganz gleich, ob es sich um Ergebnisse, Planungen, Verkäufe oder um die Erledigung von Projekten oder Dienstleistungen handelt. Irgendwas wird immer „präsentiert".

Ist das aber auch gut, exzellent, großartig, einmalig?

Es wird geschafft, gerafft, getan - doch meist nur Mittelmäßiges! Welchen Sinn hat eigentlich dieses emsige, unermüdliche Schaffen, wenn eben nur Mittelmäßiges daraus wird? Ehrlich: Wo bleibt der Sinn für Qualität?

Wo die Freude am Nonkonformismus?

Wo bleibt der ehrliche Willen zu Überzeugung?

In einer Präsentation, ganz gleich was, wo, warum, wie, geht es nicht nur um Zahlen, Fakten, Meinungen sondern – und dass zuerst – um das gemeinsame Finden des Wesentlichen durch Erkenntnis. Das gelingt nur im dialektischen Dialog. Dialektischer Dialog ist der Austausch von Argumenten – sprachlich, bildlich.

Die Präsentation ist eine Veranstaltung, in der Ideen, Vorschläge, Absichten, Produkte, Gegenstände einem Publikum vorgestellt wird - und zwar mit der Absicht, dieses Publikum zu gewinnen und zu überzeugen. Sie ist keine Rede, obwohl selbstverständlich viel geredet wird (manchmal viel zu viel). Sie ist aber auch keine Lehrveranstaltung, obwohl man dabei durchaus auch etwas lernen kann. Sie ist aber auch keineswegs eine reine Information, obwohl manche Präsentation durchaus recht informativ sein kann. Sie ist aber auch keine Show, obwohl oft auch das Publikum unterhalten wird. Die Präsentation ist eine unmittelbare Begegnung zwischen Persönlichkeiten, bei der durch kombinierten Einsatz menschlicher, wie technischer Kommunikationsmittel eine freiwillige Zustimmung versucht wird. **Sie ist ein dialektischer Dialog**.

Dialektik ist die Lehre der Kunst des „Dazwischenblickens" und des Durchdringens von Phänomenen durch Erkennen und Verstehen. Das menschliche Miteinander - nicht das Gegeneinander - kennzeichnet die dialogische Beziehung der Dialektik. Es ist das Bemühen durch die Unterscheidung der Begriffe das Verstehen zu fördern. Dialektik setzt immer These und Antithese voraus. Sie bewegt sich zwischen Suchen und Finden. Das nennt man Argumentation.

Beim Argumentieren nimmt der Sprechende zunächst alle Voraussetzungen, so wie sie sind, also das, was ist, an und bewertet diese weder positiv noch negativ.

Diese Denkweise führt dazu, so seine Gedanken zu verbalisieren, dass ein gemeinsamer Erkenntniszuwachs möglich wird. Nur durch den gemeinsamen Erkenntniszuwachs ist Überzeugung möglich.

Überzeugung definiere ich als die freiwillige Zustimmung eines Menschen zu einem inhaltlichen und /oder formalen Identifikationsangebotes.

Am Beispiel des Präsentierens drückt sich dieses Überzeugen durch die Fähigkeit des bewussten Führens aus, das Maß der persönlichen Bedürfnisse der Hörenden und die Zielsetzung des Präsentierenden zu einem harmonischen miteinander verschmelzen zu können. Aus dieser Harmonie entstehen Identifikation und Leistungsbereitschaft, denn das Überzeugenkönnen eines Menschen ist Begegnung mit seiner Wesentlichkeit, die das ICH-hafte übersteigt und zum Vertrauen einlädt. So – und nur so – gelingen Präsentationen. Präsentationen die zum Handeln einladen. Alles andere sind „plumpe", „billige" Manipulationsversuche mit dem Ziel, einseitige Vorteile zu erreichen.

Jede Präsentation ist ein Dialog, jedoch nicht jeder Dialog ist eine Präsentation.

Kapitel 4.5

Kein Gespräch ist sinnlos – aber Sinnloses ist kein Gespräch!

Das Wichtigste an einem Gespräch ist das Zuhören.

Das Zweit-Wichtigste ist das Erzählen.

Beides wird in unserem Gesprächsalltag nicht gepflegt oder besser gesagt: Kommt kaum vor! Selbst Selbstgespräche sind oft keine Gespräche, eher Forderungen, Beschimpfungen, Bitten, Anklagen, Vermutungen, Behauptungen. Nun gut, es ist eben ein Monolog. Aber warum monologisieren wir lieber als wirklich miteinander zu sprechen – Gespräche zu führen?

Die meisten Teilnehmer waren überrascht und auch ein wenig irritiert, wenn ich zum Beginn meiner persönlichkeitsbildenden Rhetorik und Dialektik Seminare zu ihnen sagte: „Das ist eher ein Seminar über das Zuhören als ein Seminar über das Sprechen."

Die zweite Überraschung ergab sich dann während der weiteren Arbeit mit welcher Selbstverständlichkeit sie voraussetzen, dass ein Gespräch (welcher Art auch immer) sich von selbst ergeben würde. Es war eine Illusion.

Denn jeder der sprach war nur daran interessiert, monologisierend seine eigenen Gedanken, Meinungen, Thesen, Behauptungen, fragwürdigen Argumente (ob nun wissenschaftlich oder allgemeingültig) vorzutragen, sich selbst irgendwie ausklammernd, d.h. dem anderen nicht zuhörend. Aneinandergereihte Monologe sind aber kein Gespräch.

Das gilt nicht nur für ein Seminar, hier fällt es nur bewusst auf, sondern für alle vermeintlichen Gespräche im Alltag, ganz gleich aus welchem Anlass oder Grund, ob nun privat oder beruflich, ob ergebnisbezogen oder nur plaudernd, sinnvoll oder sinnlos. Der Alltag ist voller Irrtümer hinsichtlich dessen, was ein Gespräch ist.

Zuhören ist das Können das, was ein anderer sagt, auch zu verstehen, und zwar in seinem Kontext.

Erzählen ist das Können, dem anderen Bilder zu vermitteln. Innerhalb jeder Gemeinschaft ist das Bildhafte im Unterschied zur rationalen Formulierung unmittelbar wirkend. (Ist das möglicherweise der Erfolg der „BILD"?)

Wenn wir vom Zuhören sprechen, dann gehen wir davon aus, dass wir jemanden anderem zuhören. Das ist richtig. Doch wir müssen auch uns selbst zuhören, dem verwundeten Kind, das wir mal waren, unseren inneren Bildern, Visionen, Vorstellungen, die uns geprägt haben oder uns noch immer prägen. Diese Energie der Achtsamkeit lässt ein Gespräch entstehen, löst Bewegung aus, lässt Beziehungen entstehen. Jedes Gespräch ist nicht nur das Sprechen an sich, sondern vor allem Beziehung zu einem anderen Menschen. Gespräch ist teilen – mitteilen. Wir teilen auch die Luft, die wir atmen. Ganz selbstverständlich. Gespräch heißt: Teilen – Teilnahme – Gemeinsamkeit.

Jedes Gespräch, unberücksichtigt von Form, Art, Ziel - also vom einfachen Grunzen, über Slang zur Plauderei oder einem sogenannten themenzentrierten oder zielorientierten Gespräch - hat für uns Menschen einen Nutzen. Dieser Nutzen wird sowohl von der Absicht wie auch vom Verstehen individuell unterschiedlich empfunden - unabhängig von der Realität des Nutzens. Daraus ergibt sich der Sinn eines Gespräches, das wegen der Lösung kommunikativer Probleme, der Klärung von Konflikten sowie der überzeugenden Darlegung von Gedanken, Ideen, Vorschlägen, Meinungen ... geführt wird.

Diese Gesprächsführung, gemeint als das Teilen mit anderen, kann unabhängig von der Persönlichkeitsstruktur eines Menschen erlernt werden. Die Wirkung jedoch ist eng mit der Persönlichkeit eines Menschen verbunden. Schweigen kann vernichten, sprechen aber auch! Grundsätzlich gilt, dass, wann immer eine sprachliche Technik angewendet wird, sie nur dann dauerhaft erfolgreich ist (erfolgreich ist hier gemeint im Sinne von konstruktiv, lebenserhaltend), wenn sie als ein Beitrag innerhalb menschlicher Kommunikation aufgefasst wird.

Dazu gehört nicht nur das Wissen, dass bestimmte Verhaltensweisen eher überzeugend sind, sondern auch das Wissen, warum sie überzeugen und wo die Grenzen der Überzeugung und der menschlichen Kommunikation überhaupt sind, d.h. wo das sprachliche Handeln eher stört, gar zerstört - und daher eben besser andere Verhaltensweisen angebracht sind.

Denn die menschliche Kommunikation und eben auch alle Lehren, die sich darum ernsthaft bemühen, wie z.B. Rhetorik und Dialektik, kennen nun einmal keine Patentrezepte, noch den Erfolg durch ausschließliche Regelbefolgung, sondern eher das zähe Bemühen um den Menschen, die Wahrheit, den Erkenntniszuwachs und die persönliche Überzeugungsfähigkeit. Das ist aber harte und konsequente Arbeit, es ist nicht leicht, nicht bequem - nur menschlich.

In der Begegnung mit anderen Menschen müssen wir uns deshalb immer gewahr sein, dass gegenwärtig immer noch einzel-egoistisches Verhalten belohnt, einseitig akzentuierter Nutzen gefördert und fast ausschließlich die leistungsbezogene Funktionalität "dressiert" wird, dass sowohl im privaten wie betrieblichen Alltag kämpferische Sprachmuster mit Tendenz zu Kompromissen eher beherrscht werden als Verhaltensmuster des Zuhörens und des Erzählens.

Bei den meisten gegenwärtig erlebten Sprachmustern kommt es darauf an, zu siegen, Recht zu behalten, seine Meinung durchzusetzen. Hier ist der Gegner die Person oder mehrere Personen (z.B. eine Gruppe, eine Abteilung ...). Praktische Dialektik, also das faire dialektische Gespräch, vollzieht sich innerhalb der menschlichen Kommunikation, also ebenso sprachlich wie nicht sprachlich.
Das Ziel ist die Überzeugung. Überzeugung ist die freiwillige Zustimmung zu einem emotionalen (manchmal auch formalen) Identifikationsangebot.

Es entstehen Emotionen. Emotionen sind Energie in Bewegung. Gedanken sind reine Energie. Kein Gedanke stirbt, wenn er ausgesprochen wird, wenn er mit anderen geteilt wird. Die Form des Gespräches ist unerheblich

Im alltäglichen Gebrauch können Gespräche nicht eindeutig unterschieden werden, dennoch wäre es sinnvoll, dass sich die Beteiligten über den hauptsächlichen Charakter des Gesprächs einig sind. Manchmal ergibt sich die Unterscheidung schon aus der Formalität. Jedes faire dialektische Gespräch wird grundsätzlich getragen von den Grundregeln der Menschlichkeit und dann von den für den jeweiligen Gesprächstyp bedingten Besonderheiten und schließlich von den ganz individuellen Möglichkeiten des Sprechenden. Es sei hier noch einmal dringend darauf hingewiesen, dass menschliches Sprechen nicht regelbar oder fixierbar ist - im Sinne von Standard oder Einheitlichkeit -, denn Sprechen ist ein immer neues Arrangement von Worten, Stimmungen, Einstellungen, das nur dann sinnvoll ist, wenn es die unterschiedliche kommunikative Situation und die Individualität der Beteiligten akzeptiert.

Fast jeder Mensch muss heute Gespräche führen, sei es, um private oder berufliche Ziele zu erreichen, die Position oder den Arbeitsplatz zu erhalten, sein Einkommen, Kredite, Investitionen zu sichern, berufliche und/oder gesellschaftliche

Zusammenkünfte sinnvoller zu erleben und manchmal auch "des lieben Friedens willen", so werden diese um so eher gelingen, je mehr sich der Sprechende in der Kunst des Zuhörens und des Erzählens übt. Real bei allen Gesprächen des Alltags. Seminare oder andere Trainingsformen sind da weniger geeignet. Diese können allenfalls das Bewusstsein für die eigenen kommunikativen Fähigkeiten und Fertigkeiten schärfen.

Teil 5:

Dessert, Dolce, Nachtisch:

Nachhaltigkeit des Sprechens

Kapitel 5.1.:

...und was kommt dann?

Verständlichkeit und Nachprüfbarkeit von Aussagen

Woher wissen wir eigentlich, dass das, was jemand sagt oder schreibt, wahr ist, richtig ist? Woher wissen wir, was wir sagen, schreiben, wahr ist, richtig ist?

In gewissem Sinne leben wir in einer "Quadratur des Kreises", denn wir leben in unserer Welt, in der Welt anderer, in der Welt, die allgemein bekannt ist, über die wir etwas "wissen" und in der Welt, wie sie wirklich ist, wir aber nichts wissen.

Unsere Welt ist eine außerordentlich kleine Welt.

Wenn wir uns fragen, wie viel wir aus erster Hand wissen, dann entdecken wir, dass wir sehr wenig wissen. Das meiste, dass wir wissen, wissen wir von anderen. Wir glauben ihnen. Das meiste Wissen ist Glauben Wissen. Wissen aus zweiter Hand. Das gibt es auch nur solange es verbal vermittelbar ist.

Was ist mit der Welt, die wir nicht verbalisieren können?

Mit unserem Wissen, Erfahrungen, der verbalen Welt verhält es sich wie eine Landkarte zu einem Gelände, die sie darstellen soll. Inwieweit die verbale Welt, in der wir aufgewachsen sind, der wirklichen Welt entspricht, insoweit haben wir eine Chance aufs wirkliche Leben vorbereitet zu sein. Entspricht die Landkarte in etwa dem Gelände, dann können wir uns zurechtfinden.

Aber, die Landkarte ist nicht das Gelände und es gibt falsche Landkarten und Gelände verändern sich und manche Torheiten, die aufgrund von falschen Landkarten entstehen, wie z.B. Aberglaube, kollektive Annahmen, sind so selbstverständlich und alltäglich, dass wir sie fast gar nicht mehr als Torheit ausmachen können.

Aus diesem Grunde und weil die menschliche Kommunikation eine unendliche Möglichkeit der Begegnungen mit Menschen ist, ist die Verständlichkeit und Nachprüfbarkeit von Aussagen in menschlichen Begegnungen äußerst schwierig. Gegenwärtig fördern egozentrierte (einzel-egoistisch orientierte) Erziehungs- und Bildungs-Systeme diese Missverständnisse, weil durch sie eher der Wunsch Recht zu behalten im Vordergrund steht, als sich dem anderen verständlich zu machen. Den Wunsch, Recht zu behalten, erfüllen sich die meisten Menschen (bewusst wie unterbewusst) in der Alltagssprache, durch Beschreibungen und Behauptungen. So sind die weitaus meisten Thesen, Ansichten, Behauptungen, unabhängig von wem sie gesprochen werden oder wie wichtig sie sind, entweder gar nicht oder nur unvollständig begründet. Soll aber deren tatsächliche Brauchbarkeit geprüft werden können, dann ist die vollständige Begründung zwingend notwendig.

Wer etwas behauptet, trägt prinzipiell die Beweislast.

Wer verstanden werden will, tut gut daran, zu begründen und zu beweisen. Für eine sinnvolle Kommunikation im Sinne von Informationsverarbeitung ist die Erkenntnis der Tragfähigkeit einer Begründung unverzichtbar. Da die weitaus meisten Thesen, Ansichten, Behauptungen ... im Alltag entweder gar nicht oder nur unvollständig begründet werden, ist die Darstellung einer vollständigen Begründung zwingend notwendig, wenn die tatsächliche Brauchbarkeit einer Ansicht geprüft werden soll. Die eigene Gewissheit, Erfahrung oder Meinung ist sehr oft ein schlechter Ratgeber. Auch ist die Verschmelzung von Denker und Gedanke (ich kann nur das sagen, womit ich mich identifiziere...???) mindestens fragwürdig, denn ist das, was jemand sagt, deshalb gültiger, weil er es gesagt hat???

Der Gebrauch von Argumenten, das heißt: Zu Argumentieren und Argumente zu analysieren ist für den konstruktiven Umgang mit Menschen und Sprache elementar. In jeder Begründung einer Annahme, Behauptung, Vermutung gibt es etwas, was zu begründen ist, nämlich die betreffende Annahme, Behauptung, Vermutung und etwas, womit sie begründet wird, nämlich die Argumente, auf die man sie stützt. Begründen heißt stets, eine kausale Beziehung darzulegen und sie schließlich zu legitimieren. Die Beweisführung, das Argumentieren in allen kommunikativen Begegnungen dient der Glaubwürdigkeit. Um gut zu argumentieren, bedarf es eines tiefen und breiten Wissens (auch Fachwissens).

Ein gutes Argument ist nicht absolut, unumstößlich, unantastbar, unwiderlegbar, apodiktisch, sondern immer widerlegbar, denn jeder Standpunkt, den der Verstand einnimmt, erschafft mit mechanischer Zuverlässigkeit sein Gegenteil - und das, was empirisch beweisbar ist, braucht keine Sprachkunst, nicht die Rhetorik und nicht die Dialektik.
Beim Argumentieren geht es um die sprachliche Darstellung der Wahrheit, nicht um Gewissheit. Argumente können keine Gewissheit verschaffen, auch lässt sich gegen Gewissheiten nicht argumentieren. Der Gebrauch von Argumenten muss ständig geübt werden. Grundsätzlich jedoch verhilft die Argumentation dem leichteren Verstehen. Bewiesen kann nur das werden, was ist. Alles, was ist hängt immer mit irgendeiner anderen Sache dieser Welt zusammen. Betrachtungen können zwar isoliert sein, Beweisführungen jedoch nur im Zusammenhang erfolgen. Dabei sind die Gesetzmäßigkeiten von Ursache und Wirkung, Folgerichtigkeit und Widerspruch zu beachten, denn Wirkungen haben Ursachen, und Ursachen haben Wirkungen, und es gibt immer etwas, was zuerst da war (Folgerichtigkeit), und wenn etwas ist, dann kann nicht auch sein, was im Widerspruch dazu steht.

Die Logik hilft beim Gebrauch von Argumenten.

Wesentlich ist, dass überhaupt für jede Behauptung auch eine Begründung genannt wird, diese sprachlich so vorgetragen wird, dass der andere, das, was man sagt, verstehen und selbständig nachvollziehen kann - ohne weitere Hilfe und ohne seine Denk- und Kritikfähigkeit zu beeinträchtigen. Es ist die liebevollste Form der menschlichen Kommunikation.

Kapitel 5.2.:

Ein Kuss von Mutti?

Zu guter Letzt, zuerst und immer wieder: Sich selbst begreifen.

Selbst in den magersten Zeiten gab es bei uns fast immer ein „3 Gang Menü". Etwas zur Vorspeise, einen Hauptgang, eine Nachspeise. Eben nur fast. Einmal entstand nach dem so genannten Hauptgang eine etwas längere Pause.

Mein Cousin stand auf und fragte: „Gibt's noch Nachtisch?". Seine Mutter schaute ihn an, lächelte und sagte: „Nein, heute nicht, aber ein Küsschen von Mami". Seitdem war es eine ständige Redewendung in unserer Familie. Bis heute.

Richtig, ganz gleich was wir tun, es muss einen Abschluss geben.

Alle Wege der menschlichen Kommunikation beginnen und enden bei mir selbst. Sie sind eine Garantie dafür, nie mehr eine Einschränkung seiner individuellen Fähigkeiten und Fertigkeiten zuzulassen - weder durch sich selbst noch durch andere. Sie machen das Zusammenleben mit allen anderen Menschen leichter.

Die meisten Erwachsenen haben schon einiges an Leben hinter sich gebracht und so auch einiges an Inhalten und Verknüpfungen in ihrem Verstand verankert, dass oft dem normalen und/oder natürlichen Leben oder eigenem Erleben widerspricht, manchmal nicht mal erkennbar ist, was es mit dem menschlichen Überleben zu tun hat.

Was unser Verhalten bestimmt, Verstand oder Denken, ist den meisten gar nicht oder nur schemenhaft bewusst. Selbsterkenntnis hilft. Selbsterkenntnis ist Reflexion und Akzeptanz. Sich selbst begreifen wird möglich.

Ermuntern Sie sich zur regelmäßigen Reflexion über sich selbst und Ihr Handeln (z.B. täglich 20-30 Minuten ungestörte Selbstbetrachtung, Tagebuch, Yoga):

Was habe ich heute gemacht, was hat mir gefallen, was nicht? Wie habe ich mich gefühlt? Was habe ich gefühlt? Wer bin ich? (nicht was bin ich?) Wohin gehe ich? Welches ist mein Weg? Wozu brauche ich eigentlich Freizeit? Was war, ist mein Beitrag zum Gesamtwerk der Familie, der Firma, der Gemeinde, der Welt? Wozu dient eigentlich eine Katze? Was bedeutet Gewöhnung? Was ist der Mensch? Wozu lebe ich? Ist lachen gesund? Was bedeutet Krankheit für mich? Wo ist meine Seele? Was kann ich von meinen Kindern lernen? Wenn ich in den Spiegel schaue, ist auf der anderen Seite auch jemand? - solche und ähnliche Fragen werden die Reflexion einleiten. Die Suche nach Antworten ist der Weg zur Weisheit, Antworten nicht immer.

Diese Gedanken haben meine Gedankenwelt, die Grenzen meines Bewusstseins ein Stück erweitert. Oft haben die Gedanken meiner „Lehrer" meine Gedankenwelt bereichert. Sehr oft. Dabei mache ich keinen Unterschied, ob es die meiner Putzfrau, meines Bank-Filialleiters, oder die anderer über alles geschätzten wie geliebten Menschen in meinen Leben, von denen ich einigen ganz nahe sein durfte, andere nur durch ein Medium oder von Ferne erleben und erfahren konnte. Sie alle sind in mir. So scheint mir „Lehrer" zu haben elementar im Leben zu sein. Oder anders ausgedrückt: Die Qualität des eigenen Lebens wächst direkt proportional zur Anzahl der „Lehrerinnen" und „Lehrer", die wir im Leben haben. Welch ein wundervolles Potential nicht immer alles allein machen zu müssen. Welch ein wundervolles Potential fürs Leben. Wie ist es real?

Sind wir bereit und Willens „Lehrer" zu haben?

Nein in Wirklichkeit ist es doch so, lieber keinen „Lehrer" haben.

Gibt man das zu, dann werden die Leute denken, es stimmt etwas nicht mit einem. Und wenn es schon erforderlich ist, beim Führerschein, einen PC zu bedienen..., dann aber schnell wieder weg, klamm heimlich, verniedlichend darüber sprechen. Kaum jemand von den Erwachsenen hat Kontakt mit „Lehrern". Es sei denn, sie haben gerade schulpflichtige Kinder. Woher stammt dieses Tabu gegen Lehrer? Ich selbst ermuntere viele, viele Suchende dazu, erlebe jedoch allzu oft, die Angst vor dem „Lehrer". Einen Hausarzt, einen Zahnarzt, einen Lebensmittelhändler, gar einen Therapeuten, einen Anwalt oder einen Berater zu haben, das ist in unserer Welt noch völlig in Ordnung, aber „Lehrer" zu haben, das erscheint vielen als absonderlich.

Dabei weiß ich aus eigener Erfahrung, dass es mir immer dann ganz gut geht, je mehr „Lehrer" ich in mein Leben gebracht habe, ich für mich akzeptiert habe, - und ich habe viele „Lehrer". Andere wissen, das auch und ich weiß, dass die Lebensqualität anderer ebenso proportional zur Anzahl ihrer „Lehrer" wächst.

Warum also dieses Tabu gegen „Lehrer"?

Ich will es Ihnen sagen, es ist eine „Verschwörung".

Es ist die übliche Verachtung der Schwäche. Die Verschwörung, (über die selbstverständlich keiner spricht, sogar wenn man jemanden darauf anspricht, würde es dieser entschieden verneinen) die darin besteht, die Qualität der Lebenserfahrung auf einem möglichst niedrigen Niveau zu halten. Niedrig zu halten, damit es immer etwas geben wird, was gerade jenseits liegt und zu dem man aufsteigen kann. Niedrig zu halten, dass man vor allem nicht merkt, dass die Horizonte des Menschen grenzenlos sind. Niedrig gehalten, dass wir nicht merken, dass wir vollkommen sind.

Lassen wir nun „Lehrer" zu, dann geben wir allen anderen an dieser Verschwörung beteiligten Unrecht. Unrecht, das ist das allerwenigste, was wir Menschen haben möchten. Lassen Sie mich hier eines versichern, „Lehrer" in Ihrem Leben zu haben, ist kein Zeichen von Unvollkommenheit, „Lehrer" in seinem Leben zu haben ist kein Zeichen von Schwäche und Kleinheit, nein, denn „Lehrer" im Leben zu haben, dass belebt. Es gibt einfach keine Grenze bis zu der Sie die Qualität Ihres Erlebens des Lebens erhöhen können. Es gibt da kein Ende der Wahrnehmung. Kein Ende des Wissens. Der Raum in Ihrem Leben für all das muss größer, statt kleiner sein. Der Raum muss vielen „Lehrern „Platz bieten.

„Lehrer" bedeuten, erleuchtet sein, groß sein, stark sein. „Lehrer" zu haben bedeutet Meister zu sein, auch dann, wenn man übt (lernt). Es macht einfach einen Unterschied, ob man übt, um Meister zu werden oder ob man als Meister, übt.

In dieser Hinsicht sind wir Menschen alle Meister - nur dann nicht mehr, wenn wir „Lehrer" aus unserem Leben verbannen. Nicht-Bewusstes ermöglicht mehr und leichtere Manipulation. Leicht zu manipulierende Menschen sind ein willkommener Beitrag für die Mächtigen in Wirtschaft, Verwaltung und Politik.

Sich-selbst-bewusste Menschen wollen direkt und jetzt leben und erleben, die kann man nicht mit Versprechungen auf die Zukunft abspeisen. Leben wir also jetzt, sprechen wir mit allen anderen Menschen. Kommunizieren wir miteinander, und zwar so, dass wir wirklich hier und jetzt sinnvoll und lebenserhaltend miteinander leben und arbeiten können. Ich glaube, dass ich nur dann einen Menschen wirklich verstehen kann, wenn ich hören und fühlen kann, was er mir sagt, und das gelten lasse, was er sagt, ohne es zu verneinen, ohne mich hinter Theorien zu verschanzen oder mich gegen ihn abzusichern und auch ohne meine eigene Meinung und mein eigenes Sein dafür aufzugeben.

Das Leben ist eine einzige lebendige Form von Begegnungen. Die meisten Begegnungen können wir uns nicht aussuchen, sie werden uns geschickt - sie sind unser Ge-SCHICK; unser SCHICK-sal. Das Einzige, was wir tun können, ist, die Gelegenheiten für Begegnungen zu mehren. Das können wir dadurch, indem wir mit anderen wahrhaft kommunizieren. Wahrhaft kommunizieren heißt, so mit anderen Menschen zu sprechen, dass wir sie so wie sie sind, akzeptieren und nicht verneinen oder gar ablehnen oder das, was sie sagen - und dass das, was wir sagen, einzig und allein die Wahrheit reflektieret, unabhängig von dem, mit wem wir sprechen. Wahrheit ist hier nicht philosophisch gemeint, sondern in dem Sinne, dass nur das gesagt wird, was stimmt, was wahr ist - und nicht die Masse der Worte und anderen Symbolen und Zeichen, mit denen versucht wird, die Wahrheit aus dem herzustellen, was nicht wahr ist.

Die einzige Art, wirklich zu kommunizieren, ist, die Wahrheit zu sagen.

Wir sollten das immer tun, denn jede Lüge, Halbwahrheit, Notlüge und wie die Unwahrheit auch immer heißen mag, kommt wieder auf uns selbst zurück, denn das, was in uns ist, das geben wir ja auch an andere weiter. Bei jeder Form der Kommunikation - der wahrhaften wie allen anderen - begegnen wir Menschen. Manchmal nur für einen Augenblick, manchmal für Stunden, dann wieder für einige Tage, Wochen, Monate - Wenn wir Glück haben, dann begegnen wir einem Menschen, mit dem wir Jahre unseres Lebens gemeinsam gehen können. Immer aber ist die entscheidende und letzte Wahrnehmung eines Menschen: Die Einsamkeit. Jeder Mensch muss seinen Weg allein gehen, trotz jeder noch so beglückenden oder noch so belastenden Begleitung für ein Stück seines Lebens.

Zunächst ist jede Begegnung mit anderen, mit denen wir ein Stück gemeinsam gehen, eine Minderung der Einsamkeit für eine bestimmte Zeit. Generell ist aber jede Begegnung darüber hinaus mehr, sie verändert uns selbst und auch den anderen Menschen. In jeder Begegnung mehrt oder mindert sich unser physisches, psychisches, emotionales, rationales und soziales Leben - unsere Lebensfähigkeit gar. Manche Begegnungen engen uns ein, lassen uns tagtäglich ein Stück verkümmern, lassen uns mehr und mehr sterben, sind gar tödlich. Manche wiederum befreien uns, fördern und, entwickeln uns, schenken uns Leben - altes wie neues -, lösen alle Fesseln, bereichern uns in unserer Lebens- und Liebesfähigkeit. Manche schenken uns Orientierung, manche Desorientierung. Manche Orientierung führt uns in leere Wüsten. Manche Desorientierung führt uns auf wunderbare Wege des Lebens, auf Auen des Friedens.

Alles ist, wie es ist, wunderbar, wenn wir kommunizieren.

Also sprechen wir zu Menschen, zu möglichst vielen - und möglichst, ohne etwas von ihnen dafür zu erwarten.

Und sprechen wir so zu ihnen, wie wir wollen, dass sie zu uns sprechen können, ohne dass sie uns dabei verletzen oder herabsetzen. Sprechen wir so zu ihnen, damit wir alle Begegnungen auch wieder zurückgehen können, ohne Angst haben zu müssen. Wenn wir nicht die Intention haben wirklich kommunizieren zu wollen, dann sind wir nicht Kontext, dann wirkt unser SELBST nicht. Der Verstand spielt Spiele, Spiele des Recht-habens. Laufen diese Spiele erst einmal, dann ist direktes Erleben kaum mehr möglich. Um aber das zu können und auch und vor allem im Erleben der Liebe zu jemanden zu bleiben, halten Sie deshalb niemals irgendeine Kommunikation zurück.

Kontext sein ist geistige und körperliche Gesundheit. Kontext sein mit sich selbst, seinem Leben und dem Leben ermöglicht uns das direkte Erleben des Lebens, indem er all das aufnimmt, was man selbst im Leben verleugnet hat. (Fantastisch) Kontext schafft die Möglichkeit mit allem Kontext zu sein, auch und gerade mit dem Vergangenen, mit dem was sich ereignet hat, wir aber noch nicht erlebt haben, sondern zurückgestellt, gelagert, eingekellert - aber was noch erlebt werden, muss. Kontext ermöglicht die Wahrheit herauszufinden, ohne dass wir wieder Recht haben müssen, ermöglicht uns zu entdecken, dass wir selbst der Kontext sind, aus dem alle anderen Kontexte fließen. Wir sind der Ursprung von all unserem Erleben.

Im Laufe unseres Lebens wählt der Verstand, mehr und mehr bestimmte Haltungen aus, mit denen er recht-zu-haben glaubt. Dieser Vorgang nimmt notwendigerweise einen Teil unseres direkten Erlebens weg. Wir beginnen das Leben zu leugnen - und zwar ganz konkret in all den Dingen, denen wir unrecht geben. Damit aber verkleinern wir die Welt, ohne die Welt wirklich zu verkleinern. Um diese Haltungen, die ja eigentlich widersinnig sind, aufrechterhalten zu können, benötigen wir eine Unmenge von Energie. Diese fehlt uns schließlich für das direkte Erleben unseres Lebens. Der unheilvolle, schmerzhafte Kreislauf beginnt von vorn. Kontext sein, kehrt aber diesen Prozess um, das heißt, wir erkennen, dass unsere Haltungen, Haltungen sind, erkennen den Unterschied zwischen uns und dem Verstand, erkennen die Verantwortung.

Wir erkennen den Unterschied zwischen dem was wahr ist und dem, was unser Verstand daraus gemacht hat. Wir werden frei, erleben direkt, verbrauchen keine Energie nutzlos, nein es fließt uns Energie zu - durch die wunderbare Kraft der Akzeptanz. Der Prozess ist nichts anderes, als dass wir durch das Akzeptieren Kontext schaffen. Kontext schafft das Miteinanderringen der einzelnen oft auch widersprüchlichen Haltungen in unserem Verstand ab, es fließt uns geistige Gesundheit zu. Ist unser Geist gesund, dann auch unser Körper, denn der erkrankte Geist (da er ja eigentlich nicht erkranken kann) muss sich ja nicht den Körper wählen, um so zu zeigen, wie er erkrankt ist. Kontext sein heißt nicht, dass nun in unserem Verstand keine Widersprüche mehr vorhanden sind. Oh nein, es wird, gerade wenn wir uns und alles, was sonst auch ist, akzeptieren, immer auch widersprüchliche Haltungen geben, denn wir leben ja in diesem Leben und nicht in einem idealen Leben.

Aber es wird etwas ganz Wundervolles passieren: Durch das Erschaffen des Kontextes und der sich daraus ergebenden geistigen und körperlichen Gesundheit, werden die widersprüchlichen Haltungen so gehalten, dass sie uns nähren und unterstützen, statt uns herunterzureißen. Alles wird ganz - wir kommen zu dem zurück, was wir sind: IDIVIDUUM. Individuum bedeutet unteilbar zwei - oder das Unteilbare im Menschen. Verstand und Selbst sind Kontext in uns, zu unserem Leben und dem Leben. Wir sind ganz - unteilbar zwei -, wir sind heil. Wir haben Kraft und Macht, wir können uns und dass uns umgebende Leben ganz allgemein lenken.

Alles, was ich habe, habe ich selbst erschaffen.

Akzeptanz bedeutet nicht, sich in die "Watte der Akzeptanz" fallen zu lassen, sondern nichts anders, als alles zu akzeptieren. Akzeptanz bedeutet auch nicht, konfliktlos zu sein, sondern sich vor allem ganz und gar in menschliche Konflikte einzulassen. Wer Konflikte nicht annimmt (sie also nicht akzeptiert), z.B. indem er sie verleugnet, nicht sieht oder sehen will, harmonisiert oder gar bagatellisiert, der verliert seine Lebendigkeit. Erfahrenes und Erlerntes aus einer sich-selbst-verleugnenden Kindheit gewinnt wieder Oberhand.

Der Verstand regiert, nicht der Mensch.

Erst die Annahme des Konfliktes und die Akzeptanz beider Seiten des Geschehens lässt die Kraft des SELBST erkennen. Weder Ideologisierungen noch Dämonisierungen noch einseitige Wahrheiten oder gesellschaftliche Leitbilder können das, denn sie verstellen uns den Blick für die Wahrnehmungen, wie etwas ist und binden damit alle unsere Kräfte.

Warum muss ich Recht haben? Recht haben bedeutet, nicht zu akzeptieren. Nicht zu akzeptieren, bedeutet das, was ist, nicht anzunehmen, also auch sich selbst nicht oder andere. Sich selbst begreifen heißt zu wissen, immer auch der andere, das andere zu sein. Ohne das andere, ohne den anderen können wir nicht wissen, dass es uns gibt.

Sprache ist ein Mittel der menschlichen Kommunikation.

Sprechen ist eine Möglichkeit des Menschen.

Menschliche Kommunikation unterliegt der Wandlung und Entwicklung der Menschen, nicht von den Modellen oder Vorstellungen von einer menschlichen Kommunikation.

Sprache ist ein konkretes Ausdrucksmittel der Fähigkeit eines Menschen zu denken und zu sprechen - in allen Schattierungen.

Sprache ist immer auf Gemeinsamkeit ausgerichtet.

Gebrauchssprache ist nicht Kosmetik, sondern Körperpflege. Eine "gepflegte" Sprache, d.h.; eine natürliche, richtige, gebrauchsfähige Sprache kennt den genauen und speziellen Ausdruck für das, was konkret gemeint ist. Sie ist nie ideal, kunstvoll, verrenkt, abstrakt.

Der Sinn ist oft buchstäblicher als die „Buchstäblichkeit" des Gesagten.

Sinnvolles Sprechen ist, wenn wir unsere jeweilige Sprache so verwenden, dass alle Aussagen nachprüfbar sind. Und wenn es nicht funktioniert, dann bleibt immer noch „ein Küsschen von Mami".

Kapitel 5.3:

Jedes Ende ist ein Anfang.

Stimmt das? Fast jeder hat schon einmal das lähmende, entsetzlich schale Gefühl „Ende" erlebt, einer Freundschaft, einer Ehe, einer Liebschaft, einer Anstellung, einer Arbeit, eines Sommers, eines Kusses … Und wo sollte da der Anfang sein? Meist war er da weit, weit weg. Also ist es nur ein Spruch, eine Liedzeile eines Singers, Songwriters, ein Gedanke der Reinkarnation, ein Aphorismus. Auch. Und auch nichts von alledem. Denn wenn es um die menschliche Kommunikation geht, ganz gleich welche Form, welcher Anlass, dann gibt es kein Ende ohne das Bewusstsein für einen Anfang. Beide bedingen einander. Dazwischen kann es sehr viele Höhen und Tiefen geben. Leben eben. Jedes Gespräch, jede Rede, jede Diskussion, jede Präsentation ist ein Teil unseres Zusammenlebens.

„Dem habe ich aber Bescheid gesagt" oder „Hast Du mich verstanden" am Ende einer menschlichen Beziehung, denn das ist jedes Gespräch, eine Beziehung zum Menschen, ist kein Ende im Bewusstsein für einen Anfang, sondern nur eine Drohung.

Das Ende eines Gespräches ist nur ein Abschied für den Augenblick – und der sollte offen und fröhlich wie die Begrüßung sein, eher noch freundlicher. Kein Theater. Keine Floskeln.

Es genügt einfach DANKE zu sagen. Es genügt ein liebevolles Lächeln.

Die zuvor erlebte aufrichtige Zuwendung und das aufmerksame Zuhören, das liebevolle erweiternde Fragen verschwimmt so nicht im Nebel des Vergessens. Es spiegelt die Qualität der gegenseitigen Wertschätzung wider und erhöht die Lust auf das nächste Gespräch, die nächste Begegnung einer menschlichen Beziehung. In der wir dann wieder alles tun, was sie so einzigartig lebensbejahend macht: Wahrnehmen – Zuhören – Neugierig bleiben – klar miteinander sprechen – nicht lügen – ermuntern – aufbauen – gestalten - den Lebensraum vergrößern!

Das gilt auch für unser Alter, ganz gleich welches, denn dann bleibt alles „ewig" und jeder neue Anfang gelingt.

Kapitel 5.4:
Feedback – immer wieder.

Wer spricht, redet, diskutiert, debattiert, interviewt spricht immer auch über sich selbst. Alle Sprechereignisse sind stets durch die Persönlichkeit des Sprechenden bestimmt. Es ist die Persönlichkeit, die sicher hinter dem steht, was sie sagt. Sage was und wie du willst, nur stehe dazu.

Gut da stehst Du nun. Welches Bild gibst Du ab? Was sehen die anderen in und von Dir? Wäre es nicht eher „erhellend" wenn wir bei allen unseren Gesprächen, allen menschlichen Begegnungen ein Spiegel gegenübergestellt bekommen? Wie lange würden wir uns selbst aushalten? Wann würden wir uns narzisstisch in das eigene Spiegelbild „verlieben" und gar nicht mehr wirklich mit dem anderen sprechen? Wann würde uns selbst auffallen, dass unsere Aussagen kaum oder gar nicht zu unserer Mimik und Gestik passen – und wann würden wir uns dann über uns selbst befreiend „kaputt" lachen? So – und nun alles noch mal von vorn?

Ich weiß es nicht. Lustig wäre es alle Mal.

Es gibt so viele Menschenbilder wie es Menschen auf dieser Erde gibt. Viele Wissenschaftler haben sich bemüht verschiedene „Menschenbilder" zu katalogisieren, die zu den unterschiedlichsten Zeiten und für den unterschiedlichsten Nutzen Bedeutung hatten und manchmal auch heute noch haben. Sie alle sind sinnig wie genauso unsinnig. Was aber gilt? Und wie erkennen wir „das Menschenbild"?

Wir strahlen das aus, was wir tief in uns tragen.

Stimmt das? - JA und NEIN.

Befreunden Sie sich allmählich mit dem Gedanken, dass Sie fast ausschließlich danach beurteilt werden, wie Sie auf andere wirken, dem FREMD-BILD oder SPIEGELBILD, selten danach, wie Sie sich selbst sehen oder fühlen, dem SELBST-BILD. Sie sind nicht der der Sie meinen, der Sie sind oder glauben, dass die anderen Sie so sehen. Wer Sie sind, sagen Ihnen immer die anderen.

Sie werden jedoch nicht nur nach Ihrem Äußeren und dem gesamten Erscheinungsbild eingestuft, sondern viel stärker nach Ihrem sozialen Verhalten. Bei den meisten Menschen besteht eine erhebliche Diskrepanz zwischen dem SELBST-BILD und dem FREMD-BILD. So erhält die Beschäftigung mit der eigenen Persönlichkeit einen neuen Impuls, eine neue Intension.

Was für andere nicht erkennbar ist, das ist nicht.

Es gibt aber eine Möglichkeit diese Diskrepanz zu verringern: **FEEDBACK.**

Anscheinend, denn „Feedback" ist üblich, modisch, findet sich in den unterschiedlichsten Methoden und Bezeichnungen wieder. Nur, können wir wirklich etwas damit anfangen? Und wenn ja, was?

„Feedback" hat einen festen Platz in unserer Lebenswelt gefunden zur Erklärung sozialer Beziehungen. Es soll den Wert des Verständnisses innerhalb eines bestimmten sozialen Status erklären können und dadurch helfen erwünschte Kommunikationsformen zu verwenden und sprachliche Änderungsprozesse leichter umsetzen. Besonders in konfliktbesetzten Interaktionen.

Ist das aber wirklich möglich?

Nun eher nicht, denn solange es Menschen auf dieser Erde gibt, gibt es auch Vorstellungen von *dem Menschen.* Menschenbilder eben. Das heißt: Ich kann meist nur das in und an einem Menschen sehen, was meiner „Welt" entspricht. Feedback sagt also nur etwas über mich selbst aus und (fast) niemals über den, dem ich ein Feedback gebe. Bin ich der, der ich glaube, der ich bin?

Antworten zu finden ist deshalb so schwer, weil die meisten Menschen noch nicht einmal ihr ICH verwirklicht haben. Sie mussten vor sich selbst und anderen ein anderer sein. Die meisten Menschen leben aus ihrem Ego heraus. So klaffen Selbstbild und Fremdbild bei den meisten Menschen ziemlich auseinander. Und das Spiegelbild?

Videoanalysen können dabei hilfreich sein. Das Anschauen bringt Licht in das Dunkel des ICH, in die Verwirrung des Änderns. Anschauen und Erkennen können, dass es gut ist, wie es ist, ist ein Weg zum eigenen Bewusstsein.

Der Mensch kann nur in seinem Bewusstsein lernen, reifen, erleben und erfahren. Jeder Wahrnehmung- und Verarbeitungsprozess geschieht innerhalb dessen.

Wir strahlen das aus, was tief in uns tragen.

Wenn eine Erkenntnis zutrifft, macht sie betroffen. Da jedoch bei allen Menschen
die Kritikfähigkeit und die Kritikmöglichkeit unterschiedlich ausgeprägt sind,
sollte jede Kritik sich selbst, als auch anderen gegenüber immer relativ formuliert
sein, nie absolut. Wenn Feedback, wenn diese Rückmeldungen wirklichen Sinn
haben soll, dann allenfalls als Mosaiksteine zum Fremdbild. Das Bild des Menschen wird klarer. Also, nur Mut zum Feedback geben, als auch empfangen.

Es lohnt sich.

Teil 6:

Zauberhalt und farbenfroh:

Reden und Gespräche zu allen Anlässen

Gespräche – Bewegung ins Spiel bringen!

Ein Gespräch ist ein mündlicher Gedankenaustausch zweier oder mehrerer Personen zu einem bestimmten Thema. Weitere Bezeichnungen für Gespräch sind: Verhandlung, Dialog, Kontroverse, Disput, Interview (eher zu zweit), Diskussion, Debatte, Besprechung, Konferenz, Tagung, Meeting, Symposion, Jour fixe (eher mehrere). Jedes Gespräch, unberücksichtigt von Form, Art, Ziel - also vom einfachen Grunzen, über Slang zur Plauderei oder einem sogenannten themenzentrierten oder zielorientierten Gespräch - hat für uns Menschen einen Nutzen. Dieser Nutzen wird sowohl von der Absicht wie auch vom Verstehen individuell unterschiedlich empfunden - unabhängig von der Realität des Nutzens.

Als Gespräch ist hier jedes Gespräch gemeint, das wegen der Lösung kommunikativer Probleme, der Klärung von Konflikten sowie der überzeugenden Darlegung von Gedanken, Ideen, Vorschlägen, Meinungen ... geführt wird, zu zweit oder mit mehreren.

Bei jeder kommunikativen Begegnung mit anderen Menschen müssen wir uns bewusst sein, dass gegenwärtig immer noch einzel-egoistisches Verhalten belohnt, einseitig akzentuierter Nutzen gefördert und fast ausschließlich die leistungsbezogene Funktionalität "dressiert" wird, dass sowohl im privaten wie betrieblichen Alltag kämpferische Sprachmuster mit Tendenz zu Kompromissen eher beherrscht werden als Verhaltensmuster der Dialektik, der friedlichen Kommunikation und Konsensbildung.

Bei den kämpferischen Sprachmustern kommt es darauf an, zu siegen, Recht zu behalten, seine Meinung durchzusetzen. Hier ist der Gegner die Person oder mehrere Personen (z.B. eine Gruppe, eine Abteilung ...). Diese Sprachmuster werden häufig eingesetzt in der Debatte, dem Interview, beim unfairen Angriff und seiner Abwehr und bei den Formen der demagogischen, agitatorischen, persuasiven Rede.

In der Dialektik, der friedlichen Kommunikation ist der Gegner nur das Problem, das optimal gelöst werden soll. Ist es gelöst, so haben alle gewonnen, sowohl im menschlichen wie auch im wirtschaftlichen Sinne.
Es geht also um Konsensbildung oder die Problemlösung durch gemeinsamen Erkenntnisfortschritt. Wichtigste Muster sind das faire dialektische Gespräch und die Diskussion (Besprechung, Sitzung, Konferenz).

Gespräche gibt es als …

Sachorientierte Gespräche (Verhandlungen, Kontroverse, Disput, Dialog)
Sie dienen dem Informationsaustausch, dem Geben und Nehmen von Weisungen; dem Erfragen von Daten, Meinungen, Erfahrungen, Erlaubnissen; dem Verhandeln.

Personenorientierte Gespräche (Plaudereien, Interviews, Mitarbeitergespräche) Es sind meist zwanglose, manchmal zielstrebig geführte Gespräche, die dem Kennenlernen, der Kontaktaufnahme und Kontaktvergewisserung dienen.

Konfliktgespräche - Es sind Gespräche, die Konflikte zwischen Personen erkennen, ihre objektivierbaren Gründe ausmachen und so weit als möglich, den Konflikt beheben sollen.

Wenn auch im alltäglichen Gebrauch die Gespräche nicht eindeutig unterschieden werden können, wäre es dennoch sinnvoll, dass sich die Beteiligten über den hauptsächlichen Charakter des Gesprächs einig sind. Manchmal ergibt sich die Unterscheidung schon aus der Formalität, dem Anlass oder der organisatorischen Ausrichtung.

Grundregeln für Gespräche die wirkliche Bewegung ins Spiel bringen können:

1.   Exorbitante Vorbereitung

2.   Eine positive Atmosphäre schaffen

3.   Anschaulich sprechen und sagen,
     was man zu sagen hat

4.   Vermeiden, den oder die Gesprächspartner unter den kommunikativen
      Handlungen leiden zu lassen

5.   Fragen, Fragen, Fragen

6.   Wenn es nichts zu sagen gibt, dann lieber schweigen

7.   Immer die für die Kommunikation gültigen handlungsleitenden Werte
      überprüfen

Kapitel 6.2.:

Gesellschaftsrede

Sie ist die „Mutter" aller Reden. An wen richtet sich eine Rede, denn sonst als an die Gesellschaft, welcher Form auch immer. Die Rhetorik definiert die Rede als die freie mündliche Rede eines Menschen zu einer unbekannten Gruppe von Menschen unter ganz bestimmen kommunikativen Bedingungen, bei der es um Wirkung und Überzeugung geht. Der Sprechende spricht frei an exponierter Stelle zu einer kleineren oder größeren Gruppe (relativ unbekannt, also heterogen) von Menschen. Es ist der wohl schwierigste Sprechakt eines menschlichen Individuums. Die rhetorische Rede ist Ausdruck und Verwirklichung individueller kommunikativer Kompetenz und damit auch sozialer Kompetenz des Sprechenden.

Rhetorik ist die Lehre vom geschickten Umgang mit Menschen und Worten in der Form der Rede in der Öffentlichkeit. Sie ist die Lehre gut reden zu können als eine hohe sittliche Leistung.

Die rhetorische Redekunst, Kunst im Sinne von Können, hat immer heterogenen Bezug. Sie richtet sich an mehrere Zuhörer. Ganz gleich zu welchem Anlass. Jede Rede in der Öffentlichkeit dient der Erzeugung einer „gesellschaftlichen Gestimmtheit", also der Unterhaltung im weitesten Sinne.

Es gibt **heitere Gesellschaftsreden** (Damenreden, Reden zur Ehrung, humoristische Reden, Büttenreden ...),

besinnliche Reden (Nachrufe, Jubiläumsreden,

Eröffnungsreden, Laudationes...) und **Trauerreden.**

Meistens sind es so genannte Stegreifreden. Sie sind die meisten Reden des beruflichen wie privaten Alltags, unter (relativ) spontanen Bedingungen. Sie sind die schwierigste Form, weil sie immer eine Rede in Eile ist und dadurch bei den Zuhörern viel Vertrauen voraussetzt. Um das Vertrauen nicht aufs Spiel zu setzen sind exzellente rhetorische Fertigkeit und Gewandtheit im Umgang mit Menschen von Nöten.

Aber Vorsicht: Viele dieser Gesellschaftsreden sind Meinungsreden, Überzeugungsreden, gemeint eher im Sinne der Überredung, denn sie sind agitatorische Reden mit dem Ziel mindestens eine Teilbereitschaft zu erzielen. Der auffordernde Charakter ist ihr immanent. Sie soll ein bestimmtes Publikum für eine Tat, ein Ziel, eine Meinungsänderung bewegen. Meist als politische Rede, Ansprachen mit motivierender Absicht, Vortrag, Kommentar, Verteidigungsrede – hier werden üblicherweise Redefiguren und Ausschmückungen angewendet.

Gedanken zur Gestaltung einer Gesellschaftsrede:

1. Warum spreche ich hier?

2. Worum geht es bei diesem Thema?

3. Auf die herrschenden Zustände eingehen.

4. Auf das, was sein sollte eingehen.

5. Auf die Methoden eingehen, durch die das Ziel erreicht werden kann.

6. Der Schluss fordert zur Aktivität auf den vorgeschlagenen Weg zu gehen.

Im Allgemeinen hat jede Gesellschaftsrede folgende Struktur:

1. Anrede und Darlegung der Beziehung des Redners zur Person/zum Thema

2. Einleitung

3. Was ist? Was war? – das Gedankenmosaik wird entwickelt

4. Abschluss durch eine Handlung
    (Urkunde, Orden, Kranz – Prost)

Die rhetorische Rede hat in der Gegenwart nur noch populistische und manipulative Bedeutung. Unabhängig davon ist sie die Lehre gut reden zu können als eine hohe sittliche Leistung. Der rhetorische Umgang schärft den Blick dafür, ob fachspezifische Aussagen relevant, einschlägig und eingängig seien; erarbeitet Kriterien und Strategien zur Akzeptanz von Forderungen, Vorstellungen, Informationen zu an sich objektiven Sachverhalten, konstituiert die Zuhörer als implizierte Beteiligte, als Betroffene, als legitime Teilhaber an Entscheidungen.

Die Rede ist Praxis und Aktuell.
Bei ihr gibt es kein „Mittleres" – entweder erzielt sie Wirkung oder nicht.

Kapitel 6.3:

Fachvortrag

Mit einem Fachvortrag stellt eine Person (Wissenschaftler, Student, Dozent, Manager …) die Ergebnisse seiner Arbeit einen (Fach-) Publikum vor. Es geht um Wissensvermittlung. Generell gilt hierfür auch alles, was für das Gelingen einer rhetorischen Rede (Gesellschaftsrede) gilt. Die Besonderheiten sind:

Der Vortragende benötigt Wissen, Kenntnis, gar Erkenntnis und das Können, diese auch anderen verständlich zu machen und/oder eine Diskussion einzuleiten. Ebenso auch die Verwendung von korrekten Zitaten und seriösen nachweisbaren Quellenangaben. Information, Profilierung, Reputation sind gleichbedeutend.

Der Fachvortrag, das Fachreferat ist eine Informationsrede mit dem Ziel der Wissensübermittlung. Die Aufmerksamkeit der Zuhörer wird dabei durch konzentriert gegebene Informationen beansprucht. Weitere Formen sind: Vorlesung, Präsentation, Rechenschaftsbericht. Interessenrichtungen sind praktisch-technische, wirtschaftliche, wissenschaftliche, soziale, ethische, politische, theologische Themen/Aussagen. Struktur:

1. Einleitung – Interessensrichtung deutlich ansprechen
2. Formulierung einer Aufgabe im interessierenden Anwendungsgebiet
3. Entwicklung des Stoffes
4. Anwendung im angesprochenen Aufgabe-/Interessensgebiet
5. Knappe Zusammenfassung der Hauptgedanken

Bei jedem Fachvortrag, ganz gleich welcher Art und zu welchem Zweck, ist alles gleichbedeutend: Inhalt, Bilder, Grafiken, Stichpunkte, Gliederung, Quelle, Art und Weise der verbalen persönlichen Darstellung. Es gibt kein Mittleres. Wer den Inhalt in den Köpfen seiner Zuhörer verankern oder zu einer lebhaften Diskussion anregen will, sollte eine zusammenhänge Erzählung vortragen.

Das Erzählen ist eines der Grundmuster aller Kommunikation. Es ist das Bindeglied zwischen der Argumentation und der Glaubwürdigkeit des Inhalts wie des

Sprechenden. Ausschmückungen, bildhafte Darstellungen, Scherze sind möglich und dienen der Entspannung von der Anstrengung des Zuhörens.

Das Erzählen ist so eine Art des Abschweifens. Abschweifungen ergänzen und verstärken das bereits Gesprochene, machen Tatsachen, Ideen, Vorschläge transparenter und auch klarer. Abschweifungen wie auch grundsätzlich das Erzählen darf niemals eine narzisstische Spielwiese des Sprechenden sein. Erzählen ist Führen.

Die Erzählung soll unterstützend zum Thema führen, belehren, bereichern, unterweisen, emotional bewegen – damit Bewegung (Zustimmung) entsteht. Wie ausführlich die Erzählung gestaltet wird, hängt davon ab, wie gut das Publikum über das Faktische informiert ist. Vor einem Fachpublikum (wissenschaftlicher, politischer, wirtschaftlicher, gesellschaftlicher Art) kann man ein gewisses Wissen voraussetzen, hier kann sie kürzer ausfallen oder auch eine andere sinngebende Situation beschreiben. Ein heterogenes Publikum dagegen will durch die Erzählung informiert und geführt werden, hier können mehr emotionale Überzeugungsmittel verwendet werden.

Kürze, Klarheit, Deutlichkeit und Glaubhaftigkeit sind die handlungsleitenden Tugenden der Erzählung, als Nachweis für die fachliche und soziale Kompetenz des Sprechenden.

Der Vortragende will er denn als solcher ernst genommen und respektiert werden übt sich, wo immer er dazu Gelegenheit hat (Praxis, Seminar) darin

- **Wissen aufzunehmen**

- **Kenntnis über seine Ausdrucksfähigkeit zu erhalten**
  (immer wieder und überhaupt spätestens so alle 3 -5 Jahre sich wieder einmal zur Disposition stellen, denn wir verändern uns ständig dank der großen Plastizität unseres Gehirns. Im Alltag geschieht es unmerklich, es anzuschauen ist wesentlich)

- **Vertrautheit mit dem visuellen und audiovisuellen Hilfsmittel** (nicht alles Modische beherrschen, aber auch nicht daran vorbeisehen)

- **Herzens – Bewusstheit** (Warum spreche ich? Was habe ich zu sagen?)

Ohne Herzens-Bewusstheit, ohne Selbst-Er-Kenntnis, ohne Liebe, ohne Selbst-Abhängigkeit geht eigentlich nichts. Worte werden zu leeren Hülsen, Aussagen rauschen am Ohr vorbei. „Freiheit" ist entscheidend. Frei zu sein vom Stoff, der

Hierarchie, der Form, des Ziels ist für den Fachvortrag sinnvoll, weil der Inhalt auch frei ist von der Enge bestimmter Bedingungen.

Aus diesem Grund funktionieren rhetorische Vorgänge vor Kollegen, Mitarbeitern (und auch ganz allgemein vor homogenen Gruppen) eher seltener erfolgreich oder anders als man es sich wünscht, weil der sprechende Mensch sich nicht von dem Zweck seiner Rolle oder dem vorgeschrieben Sinn der Rede befreien kann (oder auch nicht darf?).

Das genau kann man durch Üben verbessern:

- **Redetechnik**
- **Anschauliches Denken und Sprechen**
- **Logik**
- **Lungenkraft**
- **Stimmführung (Artikulation)**
- **Gesundheit**
- **Ausdauer**
- **Haltung, Köper-Bewusstheit**
- **Zuhören**
- **Gewandtheit (Anmut)**
- **Schreiben, Texten**
- **Lesen**
- **Gedächtnis**

Kapitel 6.4:

Juristische Rhetorik – Gerichtsrede

Was passiert eigentlich vor Gericht? Grundsätzlich, so meint man, man bekomme Recht. Tatsächlich aber geht es darum, ein Urteil zu bekommen, das dann als möglichst gerecht empfunden wird und vielleicht auch ist.

Vor Gericht bestehen nicht nur Kontingenzen gesellschaftlicher Aktionsräume, sondern auch fachspezifische Fragen, Dilemmata, Imponderabilien, Unklarheiten, Ambiguitäten, die rein juristisch oder formallogisch nicht zu lösen sind. Mit anderen Worten: Es ist nicht alles klar und eindeutig!

Das Geschehene, das Beklagte ist nicht ad hoc erkennbar.

Es fehlen Zeugen, Beweise, Geständnisse, …

Das Geschehene muss aus verschiedenen Anhaltspunkten plausibel rekonstruiert werden. Die Parteien betrachten ein- und dieselbe Tat unterschiedlich, gar widersprüchlich. Der Richter muss verstehen, prüfen, vergleichen.

Glaubwürdigkeit der jeweils Vortragenden könnte helfen.

Das alles wie auch das generelle Problem der Begründbarkeit von Urteilen im Bereich des gesellschaftlichen Handelns, sowie ethischer Normen, strenge wissenschaftlich-logische Beweise nicht zu haben sind, machen also Argumente über Fragen der praktischen Vernunft notwendig, die sich im semiotischen Dreieck von **Sache** (Rechtsfall, Tat), **Redner** (Ankläger, Verteidiger) und **Auditorium** (Richter, Geschworene, Beisitzer) als plausibel und glaubwürdig erweisen müssen. Dazu benötigt man, neben der Eloquenz und Strategie, Rhetorik und Dialektik.

Nach heutigem Verständnis ist also die juristische Rhetorik, die Gerichtsrede, überwiegend eine Argumentationsrede, die juristischen Diskurse eindeutig von politischen, wirtschaftlichen, gesellschaftlichen (insbesondere der des Alltags) Diskursen unterscheidet.

Die juristische Rhetorik in der praktischen Anwendung als Gerichtsrede verwendet also vornehmlich Argumente, welche die fachgerechte Interpretation und Anwendung von rechtlichen Normen zum Gegenstand haben.

Auch dann, wenn es hauptsächlich und durchaus subjektiv, allen Beteiligten, darum geht „den Richter zu überzeugen und sein Urteil zu der dem Willen des Redners gemäßen Entscheidung hinzuführen". Dennoch bleibt sie als Orientierung am rechtlich systemleitenden und rhetorisch redegattungsbestimmenden (die Ethik der Rhetorik und des Redners) Wert der Gerechtigkeit argumentativ unverzichtbar. Recht und Rhetorik sind untrennbar miteinander verbunden damit Rechts-, Handlungs-, Entscheidungs- und Orientierungssicherheit erreicht werden können. Es ist der Sieg der Vorläufigkeit der Vernunft und der Kontextkompetenz. Im Mittelpunkt der Gerichtsrede steht die Argumentation, in der es um die rechtliche Beurteilung des relevanten Sachverhaltes geht.

Dazu bedarf es neben allen juristischen Kenntnissen unbedingt auch rhetorische Fertigkeiten der Argumentation. Stets gebraucht, jedoch wird sie in der juristischen Bildung kaum gelehrt. Wenn, dann in bestimmten Zusatzqualifikationen. Es gibt nirgend in Deutschland verpflichtende Rhetorikkurse für Jura-Studenten. Vermutlich, weil es in Deutschland mehr um die Bedeutung der schriftlichen Darstellung des juristischen Sachverhalts geht. Gut so, sie ist auch erforderlich.

Dennoch ist die mündliche Darstellung nicht minder bedeutsam, allein deshalb, um einen bestimmten Sachverhalt argumentativ zu erhellen. Nicht juristische Erwiderungen sind relevant, sondern das Konkrete, Korrekte in der Gegenwart – die findet im Gerichtsaal statt. In diesem, also dem juristischen Alltag vor Gericht, sobald es ans freie Reden geht, merken viele, meist hervorragend gebildete, Juristen, dass sie mit dem im Studium und im alltäglichen Gebrauch erlernten „Juristen-Deutsch" nicht weit kommen. Es versteht sie schlicht weg keiner. Fast allen Beteiligten in manchen Gerichtssälen graut es ein wenig beim Zuhören.

Gerade weil man vor „Gleichgesinnten" spricht, ist es für alle Beteiligten leichter das Gesagte zu verstehen und nicht erst interpretieren zu müssen (und schon gar nicht vor dem eigenen Erfahrungshorizont), wenn es möglichst einfach formuliert ist. Lange, verschachtelte Sätze, Substantivierungen, Passivkonstruktionen, „Schlagfertigkeit", Eitelkeit, komplizierter Sprachstil der Kompetenz darstellen soll sind nicht gemeint.

Eher ist es enorm wichtig, gerade weil man als Jurist vor „Gleichgesinnten" (im Sinne von gleich geschulten) spricht, glasklar zu argumentieren. Vor Gericht zählt alles, was der Erhellung dient. So gilt für die juristische Rhetorik, die Gerichtsrede, auch alles das, was für die rhetorische Rede gilt.

Kap. 6.5:

Konfliktlösungsgespräche

Wann immer wir in eine Krise kommen, ganz gleich ob persönlich oder gesellschaftlich, dann merken wir sehr schnell, dass wir mit den dazu notwendigen wie weniger notwendigen Informationen in Konflikt geraten.

Diese werden individuell unterschiedlich empfunden:

- als einen Zustand der Ohnmacht,
- der Zerstrittenheit,
- der Auseinandersetzung,
- des Streits!

Gern würden wir keine haben.

Jedoch, Konflikte sind nicht außergewöhnlich oder gar lebensbedrohlich, Krisen können es manchmal sein, sondern vielmehr gibt es kein Leben ohne Konflikte. Sie sind immer und überall gegenwärtig. Sie sind eine Art Lebenszeichen.

Konflikt definiere ich als ein Vorübergehendes Aufeinanderprallen von Zielen, Meinungen, Urteilen.

Wir leben gegenwärtig in einer Zeit der familiären, betrieblichen, gesellschaftlichen Mitbestimmung. Diese wird am ehesten dadurch verwirklicht, in dem wir miteinander sprechen. Dabei prallen Meinungen, Ideen, Aussagen, Einstellungen aufeinander. Sieg oder Niederlage, Recht oder Unrecht, Wahrheit oder Lüge sind nicht unbedingt klar. Die so genannten „sozialen Medien" tragen einiges dazu bei oder erleichtern zumindest das Verbreiten sinnvoller wie sinnloser Informationen. Um Verwirrung zu vermeiden, muss Einigung erzielt werden. Es fehlen aber häufig wirksame Fertigkeiten oder Möglichkeiten, die es den Beteiligten erlauben, sich zu einigen.

Menschen können sich nicht einigen, weil sie eben die Dinge unterschiedlich sehen, weil sie verschiedene Ziele haben, weil sie verschiedene persönliche Einstellungen haben – und weil es manchmal von ihnen erwartet wird.

Art, Anzahl, Umfang und Lösungstechnik spiegeln immer das gegenwärtige menschliche Zusammenleben wider – individuell wie gesellschaftlich. Nicht gelöste Konflikte verbrauchen Lebensenergie.

Jeder Konflikt kann aber konstruktiv aufgelöst werden.

Wie lösen wir sie? Mit welchen Mitteln?

Eigentlich kann man Konflikte gar nicht lösen. Man hat sie nun mal, wenn man lebt. Also gilt es, sie anzunehmen. Das ist schon der erste, wenn auch gewaltige Schritt zu Konfliktfähigkeit, der Fähigkeit eines erwachsenen Menschen seine persönlichen Konflikte anzunehmen und diese aktiv und ohne Kompromisse zu einem Konsens zu führen. Dialektik kann helfen.

Wenn es so ist, dann wäre hier Schluss, doch, Ursachen für Konflikte gibt es reichlich. Einige kennen Sie aus Ihrem eigenen Erfahrungsschatz. Leidlich. Schmerzlich, lustig. Alles zusammen mag Sie dazu veranlassen, noch mehr als bisher das Leben zu beobachten, ohne dass, was geschieht sofort zu bewerten, zu beurteilen, zu verstehen. Konfliktlösungen sind nur durch konkretes Tun oder manchmal auch Nicht-Tun möglich. Aber allein meine Betrachtungen und Analysen hier, werden Sie schon konfliktfähiger machen.

Dialektik - konsequent angewandt - kann sogar helfen, Konflikte zu lösen und damit gar Krisen zu vermeiden.

Realisiert wird die Dialektik durch die Bereitschaft zur Selbsterkenntnis und Akzeptanz. Akzeptanz ist das „Gelten lassen" anderer Menschen, anderer Anschauungen, Sitten und Verhaltensweisen. Selbsterkenntnis ist das Wissen um die eigene Persönlichkeit. Beides ist unbedingt notwendig für einen konstruktiven Umgang mit jedem Kommunikationspartner.

Verstärkt wird es durch die konsequente Beachtung dieser „Haltungsregeln":

1.   **Sei altero-orientiert**
2.   **Sprich fremde Emotionen an**
3.   **Beachte die kommunikative Intention**
4.   **Analysiere und argumentiere logisch**

Altero-Orientiertheit ist die Fähigkeit eines Menschen, die es ihm erlaubt, sich selbst, seine Interessen, Bedürfnissen, Erwartungen, zurückzustellen und sich auf das Ziel, das er verfolgt und auf den oder die Menschen, mit denen er das Ziel erreichen will, so umfassend einzustellen, dass er auch wirklich das Ziel erreicht. Gehe auf den anderen zu und erfülle seine Bedürfnisse. Wird in unsere Kultur wenig gelehrt.

Sprich fremde Emotionen an meint nichts anderes, als dass man gegen emotionale, rationale oder Sympathie-Widerstände eines Menschen nicht überzeugen kann.

Beachte die kommunikative Intension besagt, dass jede Nachricht vier verschiedene, für das psychische und sozial gesunde menschliche Leben notwendige kommunikative Schichten anspricht:
1. Information/Sache/Tatsachen
2. Selbstoffenbarung
3. Lenkung, Einfluss, Appell
4. Kontakt

Jede Beschränkung auf nur eine Schicht oder eine Ansprache einer nicht gemeinten Schicht (hört sich an wie Information, meint aber Kontakt), reduziert in katastrophaler Weise die menschliche Kommunikation.

Analysiere und argumentiere logisch - gemeint ist mit dieser Regel, dass alles, was gesagt wird, vollständig zu begründen ist, und das Gesagte so darzustellen, dass der andere die Folgerichtigkeit während des Sprechens erkennen kann und ihm das Verstehen erleichtert wird.
Der Sprechende selbst die Aussagen des anderen analysieren und dadurch besser verstehen kann.
Analyse und wertfreie Reflexion.

Und auch das hilft in besonderer Weise:

- Entwickeln Sie die innere Bereitschaft mit Ihrem Partner sprechen zu wollen: Selbsterkenntnis - Vorurteile – Feind – Gegner - Partner, - Absicht - Würde - … Der andere bin auch ich!

- Deutliches Interesse an dem Dialogpartner durch die nonverbale Kommunikation zeigen: Aufrechte Sitzhaltung - Wesenshaltung - Entspannung - Zuwendung - Wertschätzung

- Sprechen Sie so verständlich, dass der Partner Sie auch artikulatorisch versteht: Wertbeziehung - Wortentwertungen - Mühe

- Eine emotional positive Gesprächsatmosphäre schaffen: Gefühle führen zum Handeln

- Vermeiden Sie es, vorwiegend in Behauptungen zu sprechen.

- Vermeiden Sie Suggestiv-Aussagen

- Das kommunikative Handeln so gestalten, dass Sie zu Ihrem Gesprächspartner keine Distanz aufbauen - nur durch Nähe ist Verstehen möglich

- Das kommunikative Handeln so gestalten, dass nach oder durch die Konfliktlösung kein Besiegter hinterlassen wird oder ein neuer Konflikt entsteht. Bestrafung-Bedrohung

- So die Interaktionen gestalten, dass Ihr Gewissen die handlungsleitende Instanz bleibt (nicht der Verstand). Rezepte für die Konfliktlösung kann es allein daher schon nicht geben.

Es geht um wahrhafte Kommunikation. Sie ist nicht die Masse der Worte und andere Zeichen und Symbole, die versuchen, die Wahrheit aus dem zu machen, was nicht wahr ist, sondern nur das, was Wahrheit reflektiert. Die einzige Art, in der Sie wahrhaftig kommunizieren können, ist die Wahrheit zu sagen.

Diese Kommunikation bewegt Menschen, löst Konflikte, befreit aus Krisen und schafft einen Zustand der Einheit des SEINS, der LIEBE und der ZUFRIEDEN-HEIT. Kommunikation ist immer Bereicherung. Diese Intention ist das Wesentliche einer erfolgreichen Kommunikation (Rhetorik und Dialektik eingeschlossen). Sie geht von dem aus, der Sie sind. Halten Sie deshalb niemals irgendeine Kommunikation zurück. Es ist Liebesentzug.

Gründe, Urteile, Glaubenssysteme, Schuld, Rechtfertigungen sind das, was sie sind, nämlich Mittel des Recht-habens. Recht-haben heißt den anderen ins UN-RECHT setzen, heißt aber nicht Konflikte zu lösen. Wenn wir Recht-haben wollen, wenn wir siegen wollen, dann muss ein anderer verlieren.

So werden dann die geschäftlichen, persönlichen, ehelichen Beziehungen zu einem Wettkampf. Konfliktlösungen sind nicht mehr möglich. Im Wettkampf geht es ums Siegen, manchmal ums Überleben. Für das Überleben ist das Organsystem Verstand zuständig. Der Verstand wird alles tun diesen Zweck zu erreichen. Sie werden entmachtet. Können nicht mehr denken. Denken und Verstand sind zweierlei.

Nur so eine Idee:

Warum sollen Sie nicht anderen Recht geben?

Was würde es an der Wahrheit ändern?

Was würde es an Ihnen und Ihrem SELBST ändern?

Und noch eine Idee:

Bedenken Sie, Sie sind immer auch der andere.

Ohne den anderen können Sie nicht wissen, dass es Sie gibt.

Also lassen Sie, lassen Sie zu - akzeptieren Sie!

"Es ist kein Tag so streng und heiß,

dass sich der Abend nicht erbarmt,

und den nicht gütig, lind und leis'

die mütterliche Nacht umarmt." **(Hermann Hesse)**

Grundsätzlich gilt es, wenn es sich um ein Gespräch geht das einen Konflikt lösen soll, immer und zuerst die Regeln der fairen Dialektik und die des dialektischen Gespräches zu befolgen. Wesentlich aber ist:

Es muss einen Konflikt geben.
Die Lösung muss gewollt sein.
Es wird von der Gleichursprünglichkeit ausgegangen.

Dann:

1. Rahmenbedingungen schaffen und Gesprächsbereitschaft herstellen

Konflikte wahrzunehmen, an denen man selbst beteiligt ist, gehört zur Konfliktfähigkeit. Je früher, desto besser sind die Chancen, Energie zu sparen.

Niemals eine Konfliktgespräch spontan führen oder sich innerhalb eines Gespräches in ein solches hineinziehen lassen, unter spontanen Bedingungen ist keine optimale Leistung im Sinne einer Konfliktlösung möglich.

Das Ziel der eigenen Interessen bewusst machen.

Den Einsatz der eigenen Energie planen um eher selbstbestimmt reagieren zu agieren zu können.

Riskiere Offenheit, andere werden sich anstecken lassen und so kann gemeinsam eine fruchtbare Arbeitsatmosphäre geschaffen werden.

Derjenige der ein Konfliktgespräch anbietet, kann von dem Konfliktpartner als dominant empfunden werden (hierarchisch, persönlich, Verantwortung abschiebend). Dominanz im Gespräch distanziert. Lösungen werden schwierig oder unmöglich. In diesen Fällen ist ein *Schlichter* sinnvoll. Vorgesetzte sollten niemals die Rolle eines Schlichters übernehmen, weil sie oft selbst in den Konflikt hineingezogen werden und ihnen andere Möglichkeiten zur Verfügung stehen (macht- und rollen-orientierte Handlungen).

2. Sachliche Darstellung der Störung des Problems, des Sachverhalts

Bei allen Konflikten ist zu prüfen, ob der Konflikt auf einer Situation beruht, die durch langwährende Frustration, Angst-, Scham-, Schuld-, Mindergefühle entstanden ist oder bei der sich einer der Konfliktpartner als Unperson fühlt.
In diesen Fällen muss zuerst die Konfliktursache ausgeräumt werden.

Die sachliche Darstellung ist erforderlich, weil es in einem Konfliktgespräch nicht darum geht, herauszufinden wer der Schuldige ist oder „schmutzige Wäsche zu waschen" oder „Altes aufzuarbeiten", sondern um die konkrete Konfliktsituation, schon gar nicht um einen allgemeinen Konflikt.

Konflikt erkennen, beschreiben und gegen andere Probleme abgrenzen, klar beim Namen nennen (nicht um den heißen Brei herumreden). Sachlich und ruhig sprechen.

Zuhören, zuhören, zuhören!

3. Problemanalyse - Verantwortung klären

Worin genau besteht der Konflikt?

Herausarbeiten der unterschiedlichen Standpunkte,

Ziele und Hintergrundbedürfnisse.

Gibt es unterschwellige Gründe?

Umformulieren wenn erforderlich.

Jeder Konflikt hat einen Nutzen.

Irgendjemand profitiert von ihm.

Verantwortung klären heißt nicht, Schuldige zu definieren, sondern Fragen zu beantworten, wie:

„Wer hat etwas von der Konfliktsituation?" „Welche Interessen stecken, dahinter?" „Wer arbeitet daran mit, dass der Konflikt bestehen bleibt?" – „Welchen Beitrag leiste ich dazu?"

Ist der Grund des Konfliktes offenbar und handelt es sich dabei um einen primären Sozialkonflikt (Leben in der Gemeinschaft - häufigste Art) dann ist es hilfreich, mit den zur Verfügung stehenden Mitteln seine eigene Konflikthaftigkeit zu verbalisieren und so zu ermöglichen, dass sein Verhalten, seine Einstellungen, Emotionen gedeutet werden können.

Eine Lösung ist dann dadurch möglich, dass die Konfliktpartner die Möglichkeit haben, die Handlungen und Einstellungen des anderen zutreffender zu interpretieren.

4. Vergegenwärtige Dir Deine Ziele und wie Du zum Gelingen des Gespräches betragen kannst.

Genau prüfen: Wer im Umfeld profitiert vom Konflikt?
Wer würde etwas verlieren oder wäre einem Risiko ausgesetzt, wenn es den Konflikt nicht gäbe? Welche Themen kann man mit einbeziehen?
Was ist tabu – und wie stehe ich dazu?

Sprich andere direkt an und suche dabei Blickkontakt mit Wärme. Halte Dich mit Interpretationen von Aussagen anderer zurück, erzähle lieber davon, was der Beitrag des anderen bei Dir ausgelöst hat.

Nicht die Konflikte anderer austragen, wenn sie nicht ausdrücklich darum gebeten werden. Viele Menschen „hängen" an ihren Konflikten.

**5. Übernehme Verantwortung für Deine Beiträge.
    Nur „Ich"- statt „Man" – Formulierungen.**

Die anderen verstehen Dich besser, wenn Du so konkret wie möglich redest und Verallgemeinerungen vermeidest.

Von sich selbst reden und: Fragen, Fragen, Fragen!

Immer steht die konkrete Situation, der konkrete Konflikt im Vordergrund, niemals ein allgemeiner Konflikt.

Du darfst selbst bestimmen, wann und was Du zu sagen hast und worauf Du Dich einlassen möchtest. Du darfst jederzeit, ohne zu begründen warum, sagen „Nein, das möchte ich nicht…" Vermeide Seitengespräche und bringe Deinen Beitrag direkt in die Gruppe ein. Niemand soll sich ausgeschlossen fühlen.

6. Unterbrich das Gespräch, wenn Du nicht mehr folgen kannst

Es gibt viele Gründe dafür: Verärgerung, Konzentrationsmangel, Langeweile, atmosphärische und körperliche Störungen.

Abstand und Rückzug sind völlig legitime Alternativen.
Pausen erwirken manchmal „Wunder".

Teile allen Deine Störung mit. Drücke aus, was die Dinge jetzt für Dich bedeuten. Deine Gefühle sind ebenso wichtig, wie die Gefühle anderer. Gefühle sind ebenso wichtig wie Meinungen, Gedanken, Tatsachen. Sie sind das Gewürz aller Gespräche.

Achte auf die Signale Deines Körpers.
Was regt sich in Dir bei bestimmten Aussagen, Menschen.

**6.   Wenn sich Lösungen anbiete, lieber klein und konkret
        als groß und k.o.**

Lösungen kann man nicht erdenken, sie ergeben sich aus der Problemanalyse. Verschiedene Lösungen können oft wieder Ursache für einen Konflikt sein. Lösungen liegen nahe.

Kleine, aber konkrete und wahrgenommene Schritte, die von allen mitgegangen werden, bringen viel mehr als der anstrengende und zeitraubende „große Wurf".

Das Gespräch an sich über den Konflikt, das Problem bringt
die Lösung, nicht das Einbringen von Lösungsmöglichkeiten.

Vorgetragene Lösungsmöglichkeiten erscheinen eher als Fremdbestimmt und undemokratisch, außerdem zielt jedes dialektische Gespräch ohnehin auf den gemeinsamen Erkenntniszuwachs ab.

Kapitel 6.6.:

Mitarbeitergespräch

Meinungsumfragen können einem „ganz schön auf den Keks gehen", nicht wahr?! Besonders dann, wenn sie unverhofft kommen, z.B. am Telefon. So oder ähnlich geht es mir mit dem Thema „Mitarbeitergespräch", denn für mich ist das Mitarbeitergespräch – institutionalisierte Einwegkommunikation?

Schlicht weg: Ich mag sie einfach nicht. Lieber ist mir eine gelichberechtigte menschliche Kommunikation im Betrieb, der Institution, der Firma, der Unternehmung, der Organisation, der Verbände. Die Realität ist anders.

Sie gibt sie, die institutionalisierten „Mitarbeitergespräche."

Schön in der Form, frisst viel Zeit, kostet manchmal Geld, der Betriebsrat hat's genehmigt. Chef und Mitarbeiter „sprechen" miteinander. Können sie das nicht ohne die formalisierten „Mitarbeitergespräche"?

Aber im Ernst. Meist befassen sich Mitarbeitergespräche mit vier unterschiedlichen Bereichen:

Erstens: Zunächst wird besprochen, ob denn der Mitarbeiter überhaupt die Mission des Unternehmens und seine wichtigsten Ziele verinnerlicht hat. Ganz ohne Rücksicht darauf, ob überhaupt das Board des Unternehmens weiß, was es will oder der Vorgesetzte gar Mission und Ziele verinnerlicht hat.

„Gut, dass wir mal darüber gesprochen haben."

Kann man die Akzeptanz von betrieblichen Werten, Normen, Regeln, Zielen, Visionen wirklich messen?

Zweitens: Meistens wird dann darüber „gesprochen", ob der Mitarbeiter seinen Worten Taten folgen lässt. Der Vorgesetzte ist da nicht gefragt. Eigentlich schon, aber lieber nicht wirklich. Also unterhält man sich lieber über reservierte Parkplätze, Kantinenessen oder andere Nebenschauplätze, die nicht unbedingt einen Hinweis auf das Vorleben und Umsetzen von Unternehmensziele durch den Vorgesetzten geben müssen.

Drittens: Marktgerecht Produkte, Leistungen kommen auch mal zur Sprache. Meistens jedoch als Mangel – Feedback. Selbst dabei wird dann noch „um den heißen Brei" geredet, statt zu sagen, was Sache ist. Denn wenn man das macht, dann müsste man auch die Frage zulassen: „Sind unsere Produkte und Dienstleistungen punktgenau auf die Wünsche unserer Kunden zugeschnitten?"

Fragen geht noch, aber eine unerwartete Antwort eher nicht.

Viertens: Über die effektive Personalführung der Unternehmung wird auch lieber nicht gesprochen. Dafür dann lieber über das Procedere der „erstklassigen", der jeweiligen individuellen Karriere dienenden Programme der Personal- und Mitarbeiterentwicklung. Ohnehin werden nur die fähigsten Leute befördert – oder?

Der Mitarbeiter macht mit, folgt brav den Dingen, die keine Probleme bringen, feilscht um die Verbesserung bestimmter Punkte dubioser Beurteilungskriterien, freut sich über eine mögliche Gehaltserhöhung und am meisten darüber das nun wirklich nichts passiert.

Gut, aber dennoch werden sie durchgeführt. Vielleicht eher abgewickelt? Nicht hat schon wieder emotional. Deshalb folgende Definition und die daraus folgenden Hinweise:

„Mitarbeitergespräche" sind dienstliche, formalisierte, nach zuvor vereinbarten Regeln stattfindende Gespräche zwischen Mitarbeiter und Vorgesetzten. Diese Art und die betriebliche, dienstliche oder institutionelle Hierarchie verhindert Gleichursprünglichkeit. In diesem Fall ist es schwer dialektisches Verhalten in einem Gespräch zu realisieren, denn Formalismus, Hierarchie und Rolle kommen vor natürlichem menschlichem Verhalten.

Mitarbeitergespräche sind jene Gespräche die innerhalb von Organisationen in den Rollen als Vorgesetzte und Unterstellte geführt werden. Das Charakteristikum ist die hierarchische Distanz. Sinn dieser Gespräche ist es, Klarheit zu schaffen, Ziele und Leistungen zu vereinbaren, ein „Feedback" zu geben.

Eigentlich gibt es keinen sinnreichen Grund für solche Gespräche, denn so oder so sollten Menschen in einem Arbeitsprozess miteinander sprechen – unabhängig ob es sich durch eine größere betriebliche Veränderung ergibt oder aufgrund der Arbeitsroutine.

Miteinander sprechen ist das Natürlichste auf der Welt.
Sobald man darüber nachzudenken beginnt, es formalisiert oder nach zuvor vereinbarten Regeln (schriftlich wie mündlich) führt, zerfällt die Selbstverständlichkeit der in einem Gespräch notwendigen menschlichen Begegnung:
Das Geschehen wird zerlegt, verfremdet, isoliert, übertrieben

Außerdem ist zu bedenken, dass, erreichen zu wollen, dass andere in unserem Sinn denken und handeln oder gar erreichen zu wollen, dass andere das tun, was wir wollen, hat nichts mit Dialektik zu tun.

Führt man in betrieblichen, dienstlichen, institutionellen Bereichen jedoch ein dialektisches Gespräch (Mitarbeitergespräch ohne hierarchischen Bezug), dann gelten wieder die Hinweise und Empfehlungen für das dialektische Gespräch, die Verhandlung, die Kontroverse. Für alle anderen Mitarbeitergespräche sind die folgenden Hinweise und Empfehlungen gedacht, um auch in solchen Gesprächen eine persönliche Bereicherung zu erfahren.

Auf jedes Gespräch sehr gut vorbereiten

Das gilt auch dann, wenn es ein wiederholtes Mal ist, wenn eine gewisse Routine vorherrscht, denn in jedem Gespräch begegnen zwei Menschen, Sie selbst und der andere.

Überprüfen Sie Ihre Bedingungen: Formalismus, vereinbarte Regeln, informelle Informationen, Gleichbehandlungsgrundsatz, Macht, Rolle, Status, Normen, Ort, Raum, Zeit, situative Einflüsse.

Erinnern Sie sich an Ihre letzten 3 Gespräche dieser Art: Was war gut? Was war eher schiefgelaufen? Erforschen Sie die Gründe für sich. Suchen Sie so viel wie möglich reale Beispiele für Ihre Leistung. Überprüfen Sie die Zielerreichung, und dessen Beurteilung durch Sie und andere.

Welche Ziele wollen Sie neu vereinbaren?

Trennen Sie diese Daten vom Urteil bloßer Meinung.

Sorgen Sie dafür, dass mögliche Störungen vermieden werden können.

Standortbestimmung gemeinsam vornehmen

Schaffen Sie eine positive Atmosphäre dadurch, dass es Ihnen Freude macht das Gespräch zu führen, lassen Sie Floskeln und andere Mätzchen der antrainierten Gesprächseröffnungen.

Legen Sie Ihre Gedanken und/oder Daten dar damit sie gemeinsam erkennen können, was Sache ist. Diese Standortbestimmung ist die Grundlage für Klarheit und die Bereitschaft gemeinsam beurteilen zu wollen. Es geht um die Überprüfung der Zielerreichung.

Beurteilen Sie dann die Daten und Fakten (nicht die Person) nach zu vor vereinbarten Beurteilungskriterien. Der Beurteilungsmaßstab sollte nur von der Effizienz und der Effektivität ausgehen. Vermeiden Sie dabei alles als mangelhaft zu sehen, eine einseitige, statische Betrachtungsweise, Etikettierungen, Polarisierungen, Personalisierungen, und sozialen Druck.

Sagen was es zu sagen gibt.
Fragen, was es zu fragen gibt.
Wenn möglich, anschaulich sprechen.

Im Gespräch über die Beurteilung einigen

Besser wäre es, wenn es im Gespräch zu einem gemeinsamen Erkenntniszuwachs kommen würde. Kommt es zu keiner Einigung, dann die Beurteilungskriterien ggf. überprüfen auf Rationalität, Objektivität, Transparenz, Nachprüfbarkeit.

Ist das nicht möglich, dann die Beurteilung im Sinne eines Feedbacks werten, d.h. Das Gesagte ist als Meinung hinzunehmen und es dient im Weiteren dazu, sich mit den Kriterien vertraut zu machen und hat so eine Ahnung davon, woran man künftig gemessen werden kann.

Alle Personalisierungen vermeiden. Die unterschiedliche Auffassung schriftlich festhalten. (ohne weitere Kommentare)

Sinnreich wäre, sich hier auf die Kriterien zu einigen nach denen die Zielerreichung künftig geprüft wird.

Nicht über Karriereambitionen sprechen und auch kein Führungs-Feedback geben/verlangen

Dieses Thema ist nur dann anzusprechen, wenn es zum Thema des jeweiligen Mitarbeitergespräches gemacht worden ist, am besten auch gemeinsam so vereinbart. Das Thema Karriere muss also aktuell und konkret sein.

Ansonsten hat es wenig Sinn bei der Prüfung der Erreichbarkeit der Zielvereinbarung über Karriereerwartungen zu reden, denn es könnte als sogenanntes Motivationsmittel zur Zielerreichung verstanden werden – und verpufft eher.

Im ersten Moment scheint es effizient zu sein (vielleicht auch logisch), „gleich in einem Rutsch" dem Vorgesetzten ein Führungsfeedback zu geben, doch erstens ist es ein ganz anderes Thema und zweitens müssen „Geschäfte auf Gegenseitigkeit " innerhalb eines Mitarbeitergespräches unbedingt vermieden werden.

Ergebnis- und Handlungsziele vereinbaren Gemeinsamkeit steht im Vordergrund

Beschränkt man sich nur auf Ergebnisziele, könnte wesentliche Entwicklungschancen verschenkt werden. Es ist besser immer auch quantitative (Ergebnisziele) als auch qualitative Ziele (Maßnahmen- und Entwicklungsziele) zu vereinbaren.

Alle Ziele müssen konkret nachprüfbar, exakt terminiert, herausfordernd und erreichbar sein. Unbedingt darauf achten, dass die Ziele nicht ungenau formuliert sind, sonst ist nicht entscheidbar (beim nächsten Mitarbeitergespräch) ob diese nun erreicht wurden oder nicht.

Vereinbart werden muss dabei auch wie und wer informiert werden muss, wenn erkannt wird, dass ein Ziel nicht erreicht werden kann. Ebenso die Maßnahmen des Eingreifens und Gegensteuerung und die Konsequenzen, wenn ein Ziel nicht erreicht wird.

Nach dem Gespräch ist vor dem Gespräch.

Ein Mitarbeitergespräch hat nichts mit Machtdemonstration zu tun

Kapitel. 6.7.:

Kritikgespräch: Vorgesetzter-Mitarbeiter und umgekehrt.

Das Kritikgespräch ist ein Mitarbeitergespräch (Vorgesetzter – Mitarbeiter) besonderer Art. Es kommt dabei darauf an, die Leistung, das Verhalten, die Vorgehensweise des Mitarbeiters zu kritisieren.

Ein solches Gespräch kann es auch in umgekehrter Richtung geben: Kritik am Vorgesetzten.

Kritikgespräche sind immer und zuerst beruflich bedingt, denn im privaten Alltag sind Kritikgespräche weniger sinnvoll, weil es dabei sehr schwer möglich ist, Person und Sache zu trennen.

Ein Kritikgespräch kann nur dann erfolgreich geführt werden, wenn nicht die Person gemeint ist, sondern nur die Sache (Leistung, Vereinbarung, Vorgehen, Verhalten …) und wenn die Aspekte des Lernens, der Motivation, der Rolle sowie deren Einbindung in das jeweilige soziale Netzwerk beachtet werden.

Für ein Kritikgespräch gelten die gleichen Anmerkungen wie generell für das Mitarbeitergespräch. Die folgenden Hinweise und Empfehlungen sollen helfen, ein Kritikgespräch als persönliche Bereicherung zu erfahren.

Exzellente Vorbereitung

Niemals einen Mitarbeiter „vor versammelter Mannschaft" oder mal so „im Vor-
rübergehen" kritisieren.

Schriftlich vorzubereiten ist sehr viel effizienter als das Gespräch nur im Kopf
durchzuspielen. Vergleichbar ist ein solches Gespräch mit einer Prüfung: Je besser vorbereitet, desto souveräner!

Das Spiel von Nähe und Distanz beachten.

Nur von Tatsachen ausgehen.

Das Problem, den Kritikanlass möglichst real beschreiben.

Die Beziehung zu dem Mitarbeiter überprüfen.

Die Daten vom Urteil bloßer Meinung trennen.

Dafür sorgen, dass mögliche Störungen vermieden werden können.

Positive Atmosphäre schaffen

Ehrlich sein hinsichtlich der eigenen Gefühle im Gespräch (heucheln Sie keine
Freude, wenn sie nicht da ist, vermeiden Sie Floskeln und andere Mätzchen der
antrainierten Gesprächseröffnungen).

Auf den Punkt kommen, nicht um den heißen Brei herumreden. Sprechen Sie ruhig und freundlich das Ziel des Gespräches an.

Beachten Sie die Intension des Mitarbeiters.

Beobachten Sie sich hinsichtlich Ihrer Körpersprache.
Sie sollte nicht etwas anderes ausdrücken, als Sie verbalisieren.

Nur von „Tatsachen" ausgehen

Keine Beschuldigungen, Vorwürfe, Schuldzuweisungen. Lediglich die Daten und
Fakten klar, ruhig und sachlich schildern. Provozierende Worte und absolutistische Formulierungen vermeiden. Keinen Monolog halten.

Schonend und konstruktiv kritisieren

Eine klare Sprache sprechen. Den Mitarbeiter zu Wort kommen lassen. Auch bei
Ausreden, Rechtfertigungen
und langatmigen Erläuterungen den Mitarbeiter ausreden lassen, nicht unterbrechen.
Anschauen, aber nicht insistieren.
Immer beim Thema bleiben. Nur die mangelhafte Leistung, das Verhalten, die
Vorgehensweise, das Problem meinen,
niemals die Person kritisieren. Trotzdem immer auch den Mitarbeiter „sein Gesicht wahren lassen".

Einen positiven Abschluss finden

Damit ist keineswegs eine Beschwichtigungstaktik gemeint, sondern dem Mitarbeiter soll deutlich werden, dass trotz der notwendigen Kritik die gemeinsame
Arbeit weitergehen muss.

Gemeinsam versuchen zu einem Lösungsweg zu kommen und Maßnahmen für
die Vermeidung zu kritisierende Vorfälle erarbeiten. Sagen Sie aber auch deutlich, dass und wie sie die gemeinsam erarbeiteten Maßnahmen kontrollieren werden.

Lassen Sie den Mitarbeiter die Ergebnisse zusammenfassen und danken Sie ihm
für seine Kooperationsbereitschaft.

Nun zum Kritikgespräch Mitarbeiter-Vorgesetzter.

Ein Gespräch, das die Kritik am Chef (Vorgesetzten) durch einen Mitarbeiter zum
Anlass hat, ist äußerst selten und auch sehr heikel. Doch Trotz Hemmungen,
Ängsten und gewissen Zweifeln, gibt es Gründe für ein solches Kritikgespräch.
Kritik am eigenen Vorgesetzten ist notwendig, wenn

-    ein objektiver Grund vorliegt,

- die Zusammenarbeit behindert,
- es dem Chef selbst oder dem Unternehmen schadet,
- den laufenden Arbeitsprozess erheblich stört,
- man etwas bewegen will oder gar muss,
- der Vorgesetzte es selbst wünscht
  (Vorsicht: Kann eine Falle sein)

Die folgenden Hinweise und Empfehlungen sollen helfen, ein solches Gespräch überhaupt führen zu können.

Prüfen, ob man das Gespräch selbst führen will oder auch führen kann

Grundsatz: Sich der Kritik am Vorgesetzten zu enthalten, schadet mehr als es nützt. Auch Chefs haben ein emotionales Bedürfnis nach Feedback. Für ein professionelles Management ist es sogar absolut nötig. Dennoch muss man selbstkritisch mit der Frage umgehen.

Gegebenenfalls muss man einen Dritten dieses Gespräch führen lassen.

In manchen Unternehmen gibt es gar schon entsprechende Mediatoren.

Wenn ja, dann exorbitant vorbereiten

Schriftlich vorzubereiten ist sehr viel effizienter als das Gespräch nur im Kopf durchzuspielen. Vergleichbar ist ein solches Gespräch mit einer Prüfung: Je besser vorbereitet, desto souveräner! Das Spiel von Nähe und Distanz beachten. Nur von Tatsachen ausgehen.

Beschreiben Sie das Problem, den Kritikanlass möglichst real.

Überprüfen Sie die Beziehung zu dem Vorgesetzten, Ihr Netzwerk.

Trennen Sie diese Daten vom Urteil bloßer Meinung.

Sorgen Sie für einen „besten Zeitpunkt".

Konstruktiv kritisieren und nur von „Tatsachen" ausgehen

Seien Sie ehrlich hinsichtlich Ihrer eigenen Gefühle hinsichtlich dieses Gespräches (verdrängen Sie nicht Ihre Angst, Sorge oder Zweifel).

Auf den Punkt kommen, nicht um den „heißen Brei herumreden".

Sprechen Sie ruhig, freundlich und sachlich den Kritikpunkt an.

Beachten Sie Ihre Intension und die des Vorgesetzten.
Die nonverbale und verbale Ausdrucksweise muss identisch sein.

Keine Beschuldigungen, Vorwürfe, Schuldzuweisungen.
Provozierende Worte und absolutistische Formulierungen vermeiden. Beachten
Sie aber auch den hierarchischen Unterschied.

Dem Vorgesetzten gegenüber selbstbewusst und souverän auftreten

Eine klare Sprache sprechen. Den Vorgesetzten schnell zu Wort kommen lassen.
Auch bei Ausreden, Rechtfertigungen und langatmigen Erläuterungen ausreden
lassen, nicht unterbrechen aber auch nicht das Gesagte kommentieren. Immer
beim Thema bleiben. Lassen Sie sich niemals von Ihren Gefühlen leiten.

Zeigen Sie Folgerungen und Konsequenzen auf, aber gewinnen Sie bei jeder Kritik ausreichend inneren Abstand (Probates Mittel: Atmen Sie einmal tief durch
oder zählen Sie leise bis 9).

Einen positiven Abschluss finden

Damit ist keineswegs eine „Anpassung-Taktik" aufgrund der Hierarchie gemeint,
sondern dem Vorgesetzten soll deutlich werden, dass trotz der notwendigen Kritik
die gemeinsame Arbeit und auch das Unterstellungsverhältnis wichtig sind.

Danken Sie ihm für die Möglichkeit den Kritikpunkt angesprochen zu haben und
für sein Zuhören.

Zeigen Sie ihm seinen Nutzen auf.

Erwarten Sie jedoch nichts.

Kapitel 6.8.:

Debatte – das öffentliche Streitgespräch

Ganz allgemein versteht man unter einer Debatte (französ. débattre: nieder-schla-
gen) ein Streitgespräch auf gehobenem Niveau. In diesem Gespräch werden die
Für- und Wider-Argumente zu einer These in kurzen Reden vorgetragen. Das
Ziel des Sprechenden ist es, die Zuhörer von den eigenen Argumenten zu überzeugen. Demnach ist eine Debatte, eine zu einem Sachthema oder zu Personal-
fragen geführte Aussprache unter den Mitgliedern eines politischen Gremiums.
Die Geschäftsordnung der entsprechenden Körperschaft regelt die Richtlinien
und den Verlauf einer Debatte.

Der Begriff DEBATTE wird heute meist im Zusammenhang mit Aussprachen in
einem Parlament verwendet, z. B. als Haushaltsdebatte. Im Unterschied zur Diskussion folgt nach einer Debatte in der Regel eine Abstimmung

Die Debatte ist ein nichtdialektisches Muster der menschlichen Kommunikation.
Sie ist in diesem Sinne eine Auseinandersetzung zwischen Personen oder Gruppen (meist Gruppen/Parteien). Praktisch wird sie immer dann, wenn sich zwei
(möglichst gleichstarke) Parteien gegenüberstehen, denen es darum geht, Dritte
zu überzeugen.

Es ist eine Form der parteilichen Selbstdarstellung, Konfliktaustragung, Meinungsfixierung in aller Öffentlichkeit. Ziel der Debatte ist der Sieg der eigenen Partei. Sieger ist, wer das Publikum überzeugt. Das wird der Partei am ehesten Gelingen, die Sympathie gewinnt, Meinungen geschickt argumentiert, diese Argumente verständlich darlegt und mit der anderen Partei sachlich und fair umgeht.

Es wird nicht die eigene Meinung vertreten. So ist auch der Einsatz unfairer sprachlicher Mittel erlaubt, nicht jedoch der Angriff gegen eine Person einer Partei. Der Leiter einer Debatte ist auch Partei. Insofern nehmen an einer Debatte immer 3 Parteien teil.

Darüber hinaus können Debatten im innerbetrieblichen Bereich auch innerhalb einer Sitzung, Tagung, Konferenz oder als Vorbereitung für eine Präsentation vor Dritten entstehen, um die Tragfähigkeit der eigenen Argumente zu prüfen.

Um in Debatten erfolgreich zu sein, sind von allen Parteien folgende grundsätzliche Empfehlungen zu beachten:

- Die Debatte ist Teamwork einer Partei.

- Nie einem Mitglied der eigenen Partei "in den Rücken fallen"

- Den "Gegner" (die andere Partei) emotional stimulieren

- Selbst immer ruhig und gelassen bleiben.

- Sicherheit und Kompetenz ausstrahlen

- Niemals den stärksten Gegner der anderen Partei unmittelbar oder gar persönlich angreifen

- Die eigene Partei mit allen verbalen und nonverbalen Handlungen zur Dominanz führen

- Ständig das eigene Verhalten beobachten

- Eher improvisierend-kontrolliert reagieren, jedoch nicht formalistisch erscheinen

- Nach jeder Debatte Verhalten, Inhalt, Rituale analysieren (ohne Schuldzuweisung).

Um diese grundsätzlichen in Debatten erfolgreich werden zu lassen können folgende Hinweise hilfreich sein:

Exorbitante Vorbereitung

Die optimale Anzahl eines Teams sind 4 - 6 Personen.
Jede Partei (auch der Leiter ist Partei) erarbeitet einen Katalog von Gründen PRO:
Vorhandenes Wissen wird überprüft, fehlendes Wissen ergänzt.

Liste mit CONTRA - Gründen wird erstellt.
Gründe argumentativ entkräftet.

Prioritäten der eigenen Gründe erstellen, die Wichtigsten, Wesentlichen, Plakativsten. Das Wesentliche wird als Eröffnungs-Statement ausgewählt

Strategien für das eigene Verhalten, die Abwehr der gegnerischen Gründe erarbeiten. Festlegen, wer das
Eröffnungs-Statement und wer das Schluss-Statement hält.

Den Einsatz optischer Hilfsmittel planen.
Anschauungs-, Beleg-, und Beweismaterial beschaffen und bereitstellen.

Alle Regelungen und Absprachen für alle Team-Mitglieder verbindlich machen.

Der Leiter muss sich auch alternativ vorbereiten und das Thema zureichend beherrschen und sich Informationen auch über die Beteiligten beschaffen.

Jeder Teilnehmer an einer Debatte (jeder Angehörige einer Partei) hat grundsätzlich alle vereinbarten Formen, Rituale, Konventionen strikt einzuhalten.

Die Dauer der Beträge zur Eröffnung und dann zur Diskussion der Punkte festlegen, zum Beispiel:
Eröffnungs-Statement= 90-120 sec.
Diskussionsbeiträge= 60 sec.
Frischluft- und Entspannungspausen.
Zeitverantwortlichen. Protokollanten.
Zeichen für Interventionen des Leiters.

Der Leiter eröffnet die Debatte. Eröffnungs-Statement nennen

Diese müssen nicht gemeinsam festgelegt werden, sondern können vom Leiter und/oder Veranstalter der Debatte festgelegt und als solche verkündet werden. Der Leiter muss das Thema nennen und eingrenzen, die Teilnehmer namentlich vorstellen.

Er legt die Konventionen, Regeln, Beschränkungen, Zeiten dar (Dauer der De-batte 45-60 Min, ist die Zeit nicht einzuhalten, dann jedoch eine Pause von 15 - 20 Min - Eröffnungs-/Schluss-Statement je 3-5 Min., Sprechzeit für die einzelnen Beiträge 2 Min.)

Der Leiter bittet die Parteien um ihr Eröffnungs-Statement.
Das Eröffnungs-Statement hat die Form: *"Wir sind der Ansicht, dass ... und nennen dafür folgende Gründe (max. 2-3) ..."*

Haben beide Parteien das Eröffnungs-Statement genannt,
dann nennt der Leiter das zentrale Argument jeder Partei
und dann das Argument, das zuerst debattiert werden soll
und bittet mit den Worten: *"Liegt dazu eine Wortmeldung vor?"* die zu diesem Argument befindliche CONTRA - Partei zu sprechen.

**Wortmeldungen in der Reihenfolge des Eingangs,
jedoch von Partei zu Partei wechselnd.**

Ist alles zureichend debattiert, zusammenfassen und zum nächsten Argument ge-hen

Sympathiepunkte gewinnen

Bedürfnisse und Emotionen ansprechen
(Was will das Publikum hören?)
Erwartungen erfüllen, Vorurteile bestätigen,
Interessen ansprechen.

Die gegnerische Partei emotional stimulieren,
zu "unüberlegten" Aussagen reizen (Jemand der verärgert, gereizt ist, wird oft etwas ganz anderes sagen als er
ursprünglich sagen wollte, diese emotional unangepasste Aussage wird ganz ernst genommen, deren Wichtigkeit und Bedeutung betont und dann kurz und knapp widerlegt).

Immer ruhig und sicher sein und bleiben.
Ist es hitzig, dann tief und ruhig atmen und bildhaft etwas Besinnliches vorstellen.

Der Leiter muss über den Parteien stehen, keine eigenen Beiträge oder Bewertungen – doch genau der Debatte folgen, nie abschalten und immer den Debattierstand kennen.

Gründe und Entscheidungen überzeugend darlegen

Sehr verständlich und eher plakativ sprechen: Frisch behauptet ist halb bewiesen!

Was gesagt wird, muss leicht wiederholbar und gut merkbar sein, Redundanzen vermeiden

Nie der eigenen Partei "in den Rücken fallen".
Die Partei ist eine geschlossene Einheit.
Persönliche Differenzen innerhalb einer Partei
sind in einer Debatte zu unterdrücken

Argumentativ sein im Sinne der Rhetorik. (dass, was jetzt "ins Auge springt")

Zwischenfragen zur Förderung der Aktivität

Der Leiter muss das Thema zureichend beherrschen, damit er weiterführende oder animierende Fragen, Anregungen, Impulse, Aspekte einbringen kann und vor allem, damit Abweichungen vom Thema erkannt werden können und zum Thema zurückgeführt werden kann.

Beim Zurückführen, jedoch keine eigenen Beiträge liefern, aber darauf achten, dass das Publikum sein Recht bekommt (Der Köder muss dem Fisch, nicht dem Angler schmecken).

Immer das eigene Verhalten kontrollieren: Was war gut, was nicht, was schwach?

Den Gegner hart, aber fair zurückweisen

"Vernichtungsanalyse" mit Fakten und mit Logik, Unglaubwürdig machen, Kompetenz bezweifeln (innerhalb der Grenzen "Lüge bis juristische Feststellung" ist alles erlaubt, was nicht die Sympathie verlieren lässt).
Nie den stärksten Gegner unmittelbar angreifen.

Der Leiter verhindert Zwiegespräche unter den Teilnehmern. Greift ein, wenn jemand die Redezeit überschreitet oder jemand jemanden beleidigt.

Angriffe gegen seine eigene Art der Führung werden kurz, knapp und sicher abgewehrt (den Angreifer ruhig unterbrechen und das Wort einem anderen erteilen). Proteste überhören, stets ruhig und freundlich gelassen bleiben - keine Ungeduld.

Optisches Material/ Hilfs-, Beleg-, Beweis-, Anschauungsmittel einbringen,

Zum Beispiel: Skizzen, Charts, Grafiken, Bilder, Poster, Dokumente - jedoch nie in der Verteidigungs-Position und /oder Situation.

Aussprache über die Argumente der Gegenpartei

Der Leiter fasst den objektiven Stand der Debatte zusammen und klärt, was noch zu klären ist. Die eigene Partei soll dominieren.

Schluss-Statement abgeben - jede Partei

So etwa 10 Minuten vor dem Ende der Debatte wird jede Partei vom Leiter zu einem Schlussstatement aufgefordert. Die "stärkste" Partei beginnt.

Das Schluss-Statement ist eine Zusammenfassung aus parteilicher Sicht und hat die Struktur:
- Parteiliche Zusammenfassung
- Würdigung der Leistung der Gegenpartei
- Würdigung der Leistung der eigenen Partei

Dieses Schluss-Statement kann vom dafür vorher bestimmten Teilnehmer einer Partei während der Debatte vorbereitet, angepasst und ergänzt werden. Wichtig: Es ist oftmals, dass entscheidend letzte Wort, der entscheidende Eindruck für das Publikum.

Nach den Schluss-Statements der Parteien gibt der Leiter dann ein kurzes, positiv gestimmtes, wertfreies Schlusswort ab, jedoch keine Begünstigungen, Urteile, Ansichten über Sieg oder Niederlage einer Partei.

Kapitel 6.9.:

Diskussion – dialektisches Gruppengespräch

Die Diskussion ist ein wesentliches Element lebendiger, praktizierter Demokratie. Über den allgemeinen Begriff *"Volksherrschaft"* hinaus ist Demokratie für mich das Prinzip der freien und gleichberechtigten Willensbildung und Mitbestimmung in gesellschaftlichen Gruppen.

Dieses Prinzip zu realisieren, bedarf es sinnvollerweise der Diskussion.

Eine dialektische Diskussion ist ein Wechselgespräch mehrerer gleichberechtigter Personen über ein Thema, Problem oder Sache, bei dem es um die Konsensbildung oder die Problemlösung durch gemeinsamen Erkenntnis-Fortschritt geht.

Im Allgemeinen wird unter einer Diskussion (Erörterung, Zwiegespräch, von lat. discutio, -cussi (quatio = 1. zerschlagen, zertrümmern, 2. abschütteln, 3. (gerichtlich) prüfen, untersuchen, verhören) ein Gespräch zwischen zwei oder mehreren Diskutanten verstanden, in dem meist über ein oder mehrere bestimmte Themen gesprochen (diskutiert) wird, wobei jede Seite ihre Argumente vorträgt.

Diskussionen finden statt

- **zum Meinungsaustausch,** bei dem es darum geht,
  die Fremdmeinung zu erfahren und um einen
  Meinungsbildungsprozess in Gang zu setzen,
  jedoch nicht, um einander überzeugen/überreden zu
  wollen. Auch als Kombination von Vortrag und
  Diskussion bei technischen oder wissenschaftlichen
  Präsentationen

- **zur Aussprache,** bei denen Missverständnisse geklärt,
  unterschiedliche Meinungen angenähert und eine
  gemeinsame Stellungnahme erarbeitet wird

- **zur Erörterung,** bei der die Gründe von PRO und
  CONTRA zu einem bestimmten Thema oder Problem
  bekannt gemacht, gegenübergestellt, kritisch anhand
  prüfbarer Kriterien geprüft werden sollen,
  die günstigste Alternative gewählt und eine
  gemeinsame Strategie erarbeitet werden

- **zur Beratung,** bei der es um sachliche und faktische
  Entschlüsse eines Meinungsbildungsprozesses geht.
  Diese werden dann meist durch Abstimmung ermittelt.

Die ersten drei Formen nennt man meist **Besprechung, Tagung, Sitzung,** die vierte Form **Konferenz.**

Fälschlicherweise gehören auch sogenannte „Fernsehdiskussionen" oder Leserforen in Zeitungen und/oder im Internet dazu. Sie sind aber keine wirklichen Diskussionen, sondern eher eine Form von Aggression geprägten Debatten. Meist mit dem Ziel die Meinung anderer kennen zu lernen, im günstigsten Fall eine Lösung, ein Ergebnis, einen Kompromiss zu erzielen. Weniger geht es um den gemeinsamen Erkenntniszuwachs.

Für den Erfolg jeder Diskussion ist es wesentlich, dass alle Beteiligten - trotz unterschiedlicher, individueller Eigenarten - das Ziel haben, das Problem auch wirklich zu lösen. (Nicht weil es aufgrund der Eitelkeit, des Prestiges, des Sieges wegen so gewollt wird.)

Problemlösung durch gemeinsamen Erkenntnisfortschritt.
(Das Problem, die Sache zu lösen, ist das Ziel, nicht der/die Gesprächspartner.)

Am ehesten gelingt des teamfähigen und damit konsensfähigen Teams. Diese haben den Vorteil der vernetzten, systembezogenen Verarbeitung von Informationen bei einem Minimum an Zeitaufwand und aktueller Anwesenheit aller Betroffenen wie Beteiligten - auch der Entscheider.

Teamfähigkeit ist ein sinnvolles Bildungsziel.

Teamfähig ist ein Mensch genau dann, wenn er in einem Problem, nicht aber in einem anderen Menschen oder Bereich, einer anderen Abteilung oder Gruppe den Gegner sieht. Ein Team ist eine Gemeinschaft von Menschen die vorübergehend oder auch über einen längeren Zeitraum zusammenarbeitet, um Probleme, die durch Denken zu lösen sind, zu lösen und dabei die Gleich-Ursprünglichkeit von Individuum und Gruppe akzeptiert und entsprechend handelt.

Konsensfähig ist ein Mensch dann, wenn seine kommunikativen Identifikationsangebote immer so formuliert werden, also unberücksichtigt der Persönlichkeit, dass der andere sie verstehen, annehmen, sinngemäß wiederholen und ihnen zustimmen kann, auch dann, wenn er eine andere Meinung oder Information oder ein anderes Wissen hat (klar und präzise, syntaktisch überschaubar, logisch-analytisch nachvollziehbar).

Auch teamfähige Team müssen über die eigentliche Arbeit hinaus (also die Lösung des Problems) ständig an sich und ihren Beziehungen arbeiten, weil auch bei ihnen die Gefahr besteht, auf aggressive Muster zurückzufallen, funktionalen und/oder hierarchischen Dominanzen, gruppendynamischen Zwängen, unteroptimalen Verspieltheiten zu folgen oder Probleme zu diskutieren, die nicht vom Team zu lösen sind.

Bei der Diskussion selbst können die technischen Fertigkeiten der Konsens- oder Fahnenbildung hilfreich sein. Diese können nur praktisch erfahren werden.

Unabhängig davon sollte jedoch bei jeder Diskussion nach den von jedem Teilnehmer abgegebenen Eröffnungs-Statements (Behauptung und Beweis = Argument) zuerstder **primäre Konsens-Sockel** ausgemacht und fixiert werden.

Primärer Konsenssockel: Es werden zunächst alle Meinungen zusammengetragen, die ohne weitere Ergänzung konsensfähig (übereinstimmend) sind.

Dann werden die "kompromissfähigen" Meinungen diskutiert.

Das Diskutieren dient der Erläuterung und Ergänzung von Meinungen, um diese konsensfähig zu machen.

Der Konsens-Sockel wird aufgestockt.

Zunächst nicht konsensfähige Reste werden gesammelt, eventuell ausgeklammert oder durch andere Experten-Dialoge / Informations-Szenarien erhellt und konsensfähig gemacht.

Grundsätzlich sind die Regeln für die dialektische Gesprächsführung zu beachten, und dann die hilfreichen Ergänzungen, die Diskussionen gelingen lassen.

Die Diskussion ist eine Gesprächsform der Demokratie und der Friedenszeit. In Krisenzeiten schwindet oft die Bereitschaft zur Diskussion, und in diktatorischen Situationen und Gesellschaften ist sie entweder verpönt oder sie wird zu anderen Zwecken pervertiert (Schauprozesse).

Aber auch in Demokratien und in Friedenszeiten und oft auch ohne irgendwelche anderen erkennbaren Notwendigkeiten (um z.B. Gefahren abzuwenden) werden Diskussionen im eigentlichen Sinne von Debatten oder in degenerierter Form abgehalten, meist mit dem Ziel:

- Dominanz auszuüben (Form der "Befehlsausgabe")
- Kooperation oder Kollegialität vorzutäuschen
- Einfluss zu gewinnen oder sich abzusichern
- der Selbst-Darstellung oder Sympathie-Erheischung wegen
- Recht zu behalten, zu bekommen und/oder andere zu
  besiegen.

Besprechungen, Konferenzen, Sitzungen in diesem Sinne abzuhalten, also als vorgetäuschte oder Pseudodiskussionen (bewusst wie unterbewusst), ist nicht nur moralisch (ethisch), sondern auch und gerade in höchstem Maße (betriebs-) wirtschaftlich bedenklich, denn

- **es gibt oft kein Außenpublikum, das überzeugt werden muss** (höchster Sinn der Debatte)

- **Diskussionen sind sinnlos, wenn alle Beteiligten schon eine feste Meinung haben** (Rechthaberei, statt Erkenntnis-Zuwachs)

- **die Gründe, um andere Positionen und andere Meinungen kennen zu lernen, lohnen meist nicht den Aufwand an Zeit und Geld und/oder inneren Reibungsverlusten.**

Besprechungen, Sitzungen, Tagungen in der Form einer Pseudo-Diskussion sind nur dann berechtigt, wenn sie durch allgemeines oder spezielles Recht vorgeschrieben sind, z.B. als Aufsichtsrat-Sitzung im AG-Recht, Tarif-Kommissionen. Dann aber sollten sie gut vorbereitet und exakt ritualisiert durchgeführt werden und vor allem kurz sein. Trotzdem sollte des Öfteren einmal auch das Recht in Frage gestellt werden - der Effektivität wegen.

Diskussionen haben überall dort ihren Sinn und erfüllen ihren vornehmsten Zweck, d.h. sie ergeben für alle Beteiligten dann den größten Nutzen, wenn sie dafür verwendet werden, Probleme zu lösen, die allein durch Denken gelöst werden können.

Das gelingt am ehesten mit Diskussionspartnern

- die kommunikations- und konfliktfähig, team- und konsensfähig sind - also Persönlichkeiten sind und nicht erst durch alle kommunikativen Beiträge ihre Persönlichkeit bestätigt bekommen müssen.

- wenn die Regeln der menschlichen Kommunikation beachtet werden.

- alle Beteiligten gleichermaßen über das zu lösende Problem informiert sind

- und bei mehr als vier Teilnehmern ein Leiter vorhanden ist.

Zum Gelingen einer dialektischen Diskussion sind folgende Hinweise hilfreich:

Prüfen, ob diese Diskussion wirklich nötig ist - welche Alternative gibt es?

Thema können nur Probleme sein, die durch Denken zu lösen sind. Probleme, die durch Nichtwissen zustande kommen, haben andere, bessere Lösungsmöglichkeiten (z.B. Szenario). Empirisch entscheidbare Fragen sollten niemals Gegenstand einer Diskussion sein.

Sinnvoll sind Diskussionen auch für den Austausch von Informationen, Sammlung von Ideen und Meinungen, zur Analyse bei schwierigen und komplexen Sachverhalten, Beratungen, Aussprachen.

Geringe Teilnehmerzahl (max. 10, ideal 4-6, am besten 7)

Größere Gruppen bringen durch psychosoziale Mechanismen gruppendynamische Prozesse in Gang, die die Einhaltung von Regeln, Vereinbarungen erschweren.

Exakt ermitteln, wer ist betroffen, hat das entscheidende Wissen, die notwendige Erfahrung, das kommunikative Verhalten?

Tagesordnung und Zeitvorgaben festlegen

Ziele (nicht gewünschte Ergebnisse) und den geeigneten Zeitpunkt festlegen. Zeitdauer begrenzen (max. 60 Minuten). Rechtzeitig und vor allem persönlich einladen.

Geeigneter Raum und gute Ausstattung

Der Raum soll hell, groß, warm und möglichst störungsfrei sein. Sitzordnung am besten "Round-Table".
Materialien, Mittel und erforderliche Technik,
besonders für die Visualisierung bereitstellen.

Exorbitant gut vorbereiten.

PRO und CONTRA - Gründe zum Thema erarbeiten und gewichten. Prioritäten bilden und eine vorläufige Meinung bilden. Der Leiter einer Diskussion muss sich besonders gut vorbereiten.

**Pünktlich beginnen
(und auch pünktlich beenden)**

Wer einmal anfängt, auf verspätete Teilnehmer zu warten, welche Bedeutung sie auch immer haben, der wartet immer. Von Anfang an den Willen zur Führung bekunden.
Die Bewusstheit haben, dass diese Diskussion erfolgreich wird.

Gemeinsam die Spielregeln vereinbaren

Die Dauer der Beträge zur Eröffnung und dann zur Diskussion der Punkte festlegen, zum Beispiel:

Eröffnungs-Statement= 90-120 sec.
Diskussionsbeiträge= 60 sec.
Frischluft- und Entspannungspausen.
Zeitverantwortlichen. Protokollanten.
Zeichen für Interventionen des Leiters.

Der Leiter eröffnet die Diskussion

Nennt das Thema und grenzt es ein.
Definiert die wesentlichen Begriffe.
Schildert den Problem-Hintergrund.
Stellt die Teilnehmer vor oder bittet sie,
sich selbst vorzustellen.

Keine ausführliche Selbst-Darstellung, eher in einem gewissen Understatement, ganz freundlich, offen, locker, entspannt. Alle Beteiligten sollen von Anfang an im Feld der Sympathie bleiben.

Der Leiter bittet jeden Teilnehmer um sein Eröffnungs-Statement.

**Eröffnungs-Statements kurz,
prägnant und verständlich fassen.**

Der Reihe nach, seine Meinung vortragen und die Gründe
folgen lassen, verhalten, ruhig - nie lakonisch, aggressiv
oder provozierend.

Die Gründe nummerieren und vermeiden,
mehr als zwei Gründe auf einmal zu nennen.
Scharf Behauptung von Begründung trennen.

Folgende Formulierungen sind nützlich:
"Ich möchte zeigen, meinen, beweisen, behaupten ..."
oder
"Ich bin der Ansicht, dass ... und werde dafür 2/3 Gründe nennen..."

**Der Diskussions-Leiter wählt zunächst den primären Konsens-Sockel aus
und fixiert ihn.**

Er trägt alle Meinungen zusammen, die ohne Ergänzungen, konsensfähig sind.
Durch die folgenden Diskussionen der Punkte, die unterschiedlich sind, wird dieser Konsens-Sockel mehr und mehr aufgestockt, bis alle Punkte konsensfähig
sind. So entsteht die Konsensbildung zum Thema oder die Lösung des Problems.

Die Autorität des Leiters akzeptieren

Nie den Leiter unmittelbar angreifen. Keine Zwischenrufe.
Nur sprechen, wenn der Leiter das Wort erteilt.
Überlassen sie die Leitung dem Leiter, so bleibt viel mehr Zeit, sich auf das We-
sentliche zu konzentrieren.

Meinungen nicht personalisieren

Es werden Positionen diskutiert, unabhängig davon, wer sie vorstellt. Also keiner Person zuordnen und auch die Positionen nicht werten, sondern nur auf deren Stimmigkeit, Vollständigkeit, Brauchbarkeit untersuchen und ergänzen, erweitern, ersetzen.

Meinungen möglichst konsensfähig formulieren

Beiträge kurz und knapp formulieren. Stets das sagen, was man sagen wollte, ehe man zu sprechen begann. Angemessen häufig fragen, nie suggestiv, sondern immer mit einem Angebot, was man bisher verstanden hat.

Bei den eigenen Wortbeiträgen die Sätze syntaktisch überschaubar und das Gesagte logisch-analytisch nachvollziehbar formulieren.

Nur durch die Qualität der Beiträge auffallen, jedoch die Meinung klar zum Ausdruck bringen, den Konsens, die Lösung vorbereiten.

Versuchen, logisch und nicht assoziativ zu „ketten" und zu schließen. Vergewisserung des rechten Verstehens mit Vergewisserungsformeln einleiten; "Sie vermuten...", "Sie wandten ein ..."

Nie gegen verbreitete Urteile unmittelbar kämpfen. Widerlegungen vermeiden. Beweise der anderen Teilnehmer nie durch Gegenbehauptungen angreifen. Unterscheiden, logische Fehler entdecken und nennen, Fragen, Fragen, Fragen...

Jede Aggressivität gegen Personen ausschließen. Aggressivität richtet sich gegen die Sache, das Problem. Jeder, der autonom-aggressiv gestimmt ist, nimmt nicht mehr an der Diskussion teil.

Gegen Ende etwas zurückhalten, damit man das letzte Wort erteilt bekommt

Oft bleibt es besser im Gedächtnis haften.

Man kann so den entscheidenden Grund noch einmal plakativ und einprägsam nennen. Vorsicht vor Eitelkeit! Verhalten kontrollieren!

Der Leiter schließt die Diskussion und sorgt für die Fixierung des Ergebnisses

So ca. 10 Minuten vor dem geplanten und vereinbarten Ende der Diskussion stellt der Leiter eventuell noch eine Initial-Frage und dann unmittelbar vor dem Ende eventuell noch eine Alternativ -Frage zum Gesamt-Thema.

Haben wir auch alles bedacht?

Nicht zu voreilig einen Konsens angenommen, der nicht erreicht ist? (Form von Einigung). Dann folgt die kurze und unparteiliche Zusammenfassung dessen, was gemacht worden und was erreicht worden ist. Die Ergebnisse werden gesichert: Entscheidungen und Maßnahmen wiederholen und visualisieren, Protokoll oder Aufgaben- und Handlungsliste.

Dankeswort an alle Teilnehmer und sie mit Würde und Freundlichkeit verabschieden. Selbst bei noch so heftigen Kontroversen, denn diese sind ja in einer dialektischen. Diskussion immer konstruktiv. Pünktlich beenden.

Sinnvoll ist außerhalb der Diskussion eine Nachbetrachtung mit allen Beteiligten

In der Nachbetrachtung ist es wesentlich und wichtig,
dass alles gesagt werden kann ohne Sanktionen befürchten zu müssen und auch ohne wert- und personenbezogene Urteile.

Zusammenfassung der wichtigsten Hinweise:

- **Meinungen dürfen nicht personalisiert werden**

- **Positionen nicht gewertet, sondern nur auf Stimmigkeit, Vollständigkeit, Brauchbarkeit hin untersucht und eventuell ergänzt, erweitert, ersetzt werden.**

- **Jede personen- und/oder gruppenbezogene
  Aggressivität ist auszuschließen**

- **Jede Meinung möglichst konsensfähig formulieren**

- **Jede Form von *"Spielen"* ist verboten**

- **Beim Vergewissern zum bessern Verstehen bestimmte Formalien
  anwenden, die auch das Vergewissern ausdrücken, wie
  "Sie vermuten ..." oder "Sie wandten ein ..." oder "Könnte ich Sie
  richtig verstanden haben, dass ..."**

- **Und noch einmal und immer wieder:
  Thema der Diskussion können nur Probleme sein,
  die durch Denken zu lösen sind. Niemals jedoch
  empirisch entscheidbare Fragen oder Probleme,
  die durch Nicht - Wissen entstanden sind.**

Kap. 6.10: Problemlösungsgespräche – Ausdruck bewusster Denkprozesse.

Unabhängig ob diese Gespräche innerhalb eines Projektes oder anderen
Zusammenkünften zur Problemlösung geführt werden, es handelt sich immer um
Gespräche vor und mit Menschen, denen man den jeweiligen Denkprozess
sprachlich darstellen will. Folglich sind immer und zuerst die Regeln der fairen
Dialektik und die des dialektischen Gespräches zu befolgen.

Die Unterscheidung nach einer Art des Gespräches ist wenig sinnvoll und hilfreich, denn in jedem Gespräch zwischen Menschen geht es auch um etwas. Jedes
Gespräch mit Menschen zielt auf etwas ab, will eine Lösung und sei es auch nur
im Sinne "bitte unterhalte mich" oder „informiere mich" oder „mache es mir deutlich". Für eine saubere und folgerichtige Abgrenzung fehlt die Eindeutigkeit.

Ein Projekt ist ein zielgerichtetes, einmaliges Vorhaben, das aus einer Reihe von
abgestimmten, gesteuerten Tätigkeiten besteht, die durchgeführt werden können,
meist unter Berücksichtigung von Vorgaben (Zeit, Ressourcen, Finanzen, Ar-
beitsmittel, Kosten, Arbeitsbedingungen, Personal, Qualitätsansprüchen…) um
ein Ziel zu erreichen. Sofern das nicht durch KI geschieht, sind Menschen daran

beteiliget. Diese sprechen miteinander, um das Ziel real werden zu lassen. Methoden und Techniken sind (hoffentlich) selbsterklärend.

Problemlösung ist die Kompetenz (vielleicht gar Schlüsselkompetenz) eines Menschen die ihn befähigt durch bewusste Denkprozesse und intelligentes Handeln Probleme zu lösen.

Menschliches Zusammenleben ist die unendliche Menge menschlicher Begegnungen. Sie realisieren sich auf verschiedenen kommunikativen Ebenen. Dabei ist alles möglich und eben auch alles nicht möglich.

Standpunkte, Meinungen, Aussagen, Tatsachen sind unterschiedlicher Ausdruck des Menschseins. Sie können gegeneinanderstehen. Es gibt Probleme, Konflikte, Missverständnisse. Das ist gut und richtig so, immer und überall gegenwärtig.

Sie sind weder außergewöhnlich noch lebensbedrohend, eher sind sie eine Art Lebenszeichen. Art, Anzahl, Umfang und Lösungstechnik spiegeln immer das aktuelle Zusammenleben der Menschen wider - privat wie beruflich. Jeder Mensch muss also Gespräche führen. Um diese Gespräche optimal führen zu können ist eine konstruktive Einstellung, Denkhaltung vonnöten.

Konstruktiv ist eine Denkhaltung dann, wenn mir bewusst ist, dass ich über ein konkretes Problem rede, an einer Lösung mitarbeiten und aktiv am Gespräch beteiligt sein will, dass ich zur Lösung keine Tricks oder „eigene Waffen", wie körperliche Kraft, Schwäche, Gebrechlichkeit, Erpressungsversuche, Schauspielerei, Krankheit bis hin zur Selbstmordandrohung, verwende, wohl aber durchaus die Gedanken eines „Dritten" (eventuell völlig Unbeteiligten) zur Lösung heranziehen will.

Grundsätzlich stellt die Gesprächsführung an die Beteiligten (Problemlösung, Projekt) oft hohe technische wie menschliche Anforderungen. Signifikante Korrelationen ergeben sich zwischen der Problemlösungskompetenz und den Persönlichkeits-Merkmalen **Zentrierung, Orientierung, Integrierung.** Zumindest sind Menschen, die diese Merkmale ausgeprägt besitzen, sehr wahrscheinlich in der konstruktiven Gesprächsführung kompetenter als der Durchschnitt der Menschen.

Die orientierte Persönlichkeit ist der Mensch, der sich an seiner Realität orientiert und entsprechend handelt. Sie ist ICH - stark, konstruktiv und lebensbejahend. Lebt was ist.

Die integrierte Persönlichkeit hat bereits die Frage beantwortet: WER BIN ICH? und lebt danach. Sie definiert sich von allen wesentlichen Eigenschaften her, die sie real hat.

Die zentrierte Persönlichkeit lebt aus ihrer Wesensmitte heraus. Ihre bewussten wie unbewussten inneren Handlungsgründe (Motive) stimmen weitgehend überein. KONTEXT mit sich selbst.

Diese Merkmale werden jedoch weder durch die Erziehung noch durch die meisten Bildungssysteme vermittelt. Eher werden hierarchisch geprägte Interaktion, ausschließliche Förderung der Intellektualität, Vernebelung der ICH-Realität unterstützt.

Bei Jedem Projekt, jedem Problemlösungsprozess gibt es ein vorübergehendes Aufeinanderprallen von Zielen, Meinungen, Urteilen. Ursachen können vielfältig sein.
Ganz gleich welche Ursachen man findet oder benennt, wie auch immer man sie kategorisiert, fast immer beruhen sie auf mangelnde Glaubwürdigkeit und Vertrauen. Das wird deutlich durch die folgende Auflistung einiger Konfliktursachen des menschlichen Zusammenlebens:

- Konkurrenz
- Unklarheiten hinsichtlich bestimmter Ziele
- Subjektive Wahrnehmung von Tatsachen, Ereignissen, Problemen
- Interpretationen von Gefühlen und Emotionen
- Beziehungsunfähigkeit
- Gegenseitige Abhängigkeit
- Vorbewusste Alltagsroutine
- Misstrauen
- Unzureichende Kommunikation
- Ungerechte Behandlung
- Macht- und Einflusskämpfe
- Unklarheiten bei Positionen
- Seelische und körperliche Spannungen
- Feindseligkeiten
- Fehlende Aufstieg- und Ausweichmöglichkeiten
- Lohnverhältnisse
- Geldmangel und Geldüberfluss
- Fehlende Lebens- und Arbeitszufriedenheit
- Mangelhafte Arbeits- und Lebensbedingungen

Diese Liste ist keineswegs vollständig und kann aufgrund der unterschiedlichen Lebenssituationen des Menschen „unendlich" verlängert werden.

Wo immer es Leben gibt, also Menschen miteinander leben und arbeiten gibt es auch Ursachen für Konflikte. Im menschlichen Zusammenleben ergeben sich die meisten Konflikte deshalb, weil Menschen die Dinge unterschiedlich sehen, verschiedene Ziele haben, ihre Art zu Denken sie dazu ermuntert, es von ihnen erwartet wird. Trotz der gemeinsamen Abstimmungen und verabredeten Regeln. Hinsichtlich dessen hat jeder immer Recht, aber auch niemand jemals Recht.

Das bedeutet, dass jeder Mensch nach seiner eigenen Auffassung Recht haben kann, dies aber bei einer allgemeineren Sicht nicht so ist und bei absoluter Sicht niemals der Fall sein könnte. Genau das ist die eigentliche Konfliktursache der Gegenwart: Recht haben zu wollen, auch dann, wenn man kein Recht hat.

Um Probleme lösen und Projekte erfolgreich zum Ziel führen zu können bedarf es eben einer außergewöhnlichen und exzellenten Gesprächsführung.

Problemlösungsgespräche im menschlichen Sinne sind daher für die meisten Menschen äußerst schwierig, wenn nicht sogar unmöglich. Dennoch: Problemlösungskompetenz ist ein überprüfbares Maß der Reife einer Persönlichkeit, wie sie, sichtbar ausgedrückt durch Haltungen, Einstellungen und Handlungen im Umgang mit Konflikten in Projekten und bei Problemen ergibt. Es ist die Fähigkeit, Probleme konstruktiv aufzulösen. Auflösen meint restlos gelöst, ohne zu verdrängen oder auf andere Felder, Bereiche, Personen zu verschieben. Konstruktiv meint folgerichtig, sinnvoll aufbauend und dabei für die menschliche Beziehung in Projekten und bei Problemlösungen förderlich.

Für das jeweilige Problemlösungsgespräch kann es sinnvollerweise auch keine Patentrezepte geben, denn in Problemen, Projekten werden Menschen tätig deren Verhaltensweisen keineswegs determiniert sind - und daher auch nicht in ihren Aktionen und Reaktionen vorhersagbar. Insofern sind Regeln für das Führen von Problemlösungsgesprächen auch nicht sinnvoll, sinnvoll ist lediglich: *Beobachten und akzeptieren*.

Wenn hier dennoch einige Hinweise und Regeln genannt werden, dann deshalb, weil es zumindest als Orientierung verstanden werden kann.

Um optimal Problemlösungsgespräche führen zu können, ist daher eher vonnöten:

1. Ein gutes und gesundes Maß psychischer und sozialer Gesundheit, die es uns erlaubt, die Gegebenheiten des Lebens so anzunehmen, wie sie tatsächlich sind.

2. Gute Kenntnisse psychischer und sozialer Mechanismen, die helfen, die eigenen und fremden Reaktionen zu erkennen und zu verstehen und deren Verlauf prognostizieren zu können.

3. Ein Bild des Menschen, das ausschließlich mit den natürlichen Gegebenheiten des Lebens übereinstimmt, empirisch nachweisbar und von allen Menschen erlebbar ist. Das Sein des anderen zu wollen ist die Grundlage ethischen Handelns. Konstruktiv ist eine Problemlösungshaltung, wenn die Gesprächspartner sich bemühen, die Ursache, den Übelstand zu verändern, möglichst zu beseitigen.

4. Und letztendlich, wenn man die Hinweise und Empfehlungen für das konstruktive Führen von Konfliktgesprächen befolgt. Siehe dazu die Informationen in den Kapiteln 6.1. - 6.5. – 6.7. – 6.9.

Kap. 6.11:

Interview – Ausdruck der Kompetenz!

Das Interview ist ein nicht-dialektisches Muster der menschlichen Kommunikation. Das Ziel ist die Befragung einer Person zur Person (Personen-Interview), zur Sache oder zu einem bestimmten Thema (Sach-Interview).

Die Befragung kann durch eine Person (Einzel-Interview) oder zwei Personen (Kreuzfeuer-Interview) oder mehrere Personen (Prüfungen, Assessment-Center ...) erfolgen. Bei zwei oder mehr Personen wechselt das Fragerecht.

Interviews im privaten und betrieblichen Alltag und auch in der Öffentlichkeit (Radio, Fernsehen, Debatten) sind immer ernst zu nehmen, d.h. es ist sinnvoll, sich gut darauf vorzubereiten und gewisse Fähigkeiten auch zu üben, weil

- im betrieblichen und öffentlichen Alltag viel zu häufig interviewt wird, obwohl ein Gespräch angebrachter und auch ergiebiger wäre,

- man sich manchen Interviews nicht entziehen kann, z.B. bei Einstellungen, sogenannten Förderungs-gesprächen, Prüfungen, Sachbearbeitung ...,

- die Techniken des Interviewers als auch dem Interviewten meist mangelhaft sind,

- die Unterschiede zwischen einem Sach-Interview und einem Personen-Interview meistens nicht beachtet werden,

- die meisten Interviewer (privat, betrieblich, öffentlich) nicht an der *Wahrheit* der Information an sich interessiert sind, sondern eher an eitler Selbst-Darstellung und an der Bestätigung der eigenen Vorurteile.

Besonders deutlich wird das im Augenblick in den TV Talk-Shows, aber auch sogenannten Experten Interviews in den informativen Sendungen unterschiedlicher Art: Ist eigentlich als Interview gemeint das Erkenntnisse vermitteln soll, tarnt sich als wohlmeinende Frage, ist aber oft erst einmal eine Behauptung, z.B. weil der Interviewer „glaubt" etwas schon zu „wissen" oder meint es würde redaktionell „gewünscht" sein oder angeblich es so „recherchiert" wurde.

Diese medialen (oft halb-öffentlichen) Interviews sind eine besondere Sache des augenblicklichen medialen Geschehens, angetrieben durch die fast unkontrollierbaren Meinungsäußerungen im Internet, die kaum etwas mit der in unserem Grundrecht verbrieften Meinungsfreiheit zu tun haben, aber dennoch Trigger sind. Ethisch nicht besonders wertvoll.

Aber auch unsere privaten Alltagsgespräche haben eher den Charakter eines Interviews als eines Gespräches: „Woher kommst Du?" - „Bist Du gut durchgekommen?" „Was hast Du gemacht?". Hat man genug „gefragt" und vielleicht auch Antworten erhalten, dann ist das „Gespräch" meist auch schon beendet.

Obwohl das so ist, ist jedes Interview zunächst einmal eine Chance. Diese Chance gilt es nicht zu verspielen. Verspielt wird sie nicht, wenn man daran arbeitet, die eigenen kommunikativen (und auch dialektischen) Fähigkeiten und Fertigkeiten zu verbessern.

Mit allgemeinen, üblichen kommunikativen Fähigkeiten kommt man nicht weiter. Zusätzlich ist wieder Persönlichkeitsbildung gefragt, denn die Chance eines Interviews besteht am ehesten bei Angst-Freiheit.

Unabhängig von der jeweiligen Persönlichkeit und dem Stand der jeweiligen Bildung, können sowohl für den Interviewer als auch für den Interviewten die nachfolgenden Empfehlungen nützlich sein.

Für den Interviewer:

Das Ziel, das durch das Interview erreicht werden soll, sollte klar und deutlich formuliert sein - und auch eingehalten werden. Das ist der wichtigste Grundsatz.

Der Interviewer muss sich sorgfältig und exorbitant vorbereiten. Das Thema festlegen und eingrenzen. Kritische Punkte feststellen. Fragen entsprechend dem Interviewtyp (Person oder Sache) erarbeiten. Viele und auch alternative Fragen erarbeiten - als eine Art Dramaturgie. Rollen, Taktik, Strategie des Vorgehens vorüberlegen.

Beim Kreuzfeuer-Interview den Moderator, den Aggressor bestimmen. Das Kreuzfeuer-Interview ist ein nicht dialektisches Kommunikationsmuster. Das Ziel ist nicht der gemeinsame Erkenntniszuwachs, sondern der Sieg.

Bei einem Interview durch mehrere Personen festlegen: Wer fragt wann, was, wie?

Immer ein gutes, angenehmes Gesprächsklima schaffen.
Das ist unabhängig vom Ziel oder dem Typ des Interviews.
Auch ein Interview kann im Sinne der Dialektik (gelebte Menschlichkeit) geführt werden, wenn nicht, wird es eher ein inquisitorisches Gespräch. Der Befragte ist ein Partner. Sagen um was es geht, was man will. Mit Fragen eröffnen, auf die man gern antwortet. Auf das Fragen beschränken, keine Deutungen, keine Vermutungen, keine Unterstellungen. Der Interviewer schweigt nach einer Frage. Rückgriffe auf zurückliegende Fragen und erklärende Sätze vor der Frage sind erlaubt, wenn das für das Verstehen erforderlich ist.

Es sollten W-Fragen sein (was, wieso, warum, wann, wo ...) alle anderen Fragen (unterstellende, suggestive, Ketten-, Alternativ-, Doppel-Fragen) sind zu vermeiden. Meist bringen sie dem Interviewer nur Sympathieverlust. Auch für den Interviewer im Sinne des Erfolges gilt es sympathisch zu sein.

Immer für ein entspanntes Klima sorgen.

Das geschieht am Ehesten, indem man dem Befragten
"die Bühne" überlässt und alles tut, damit er sich dort auch wohlfühlt. Wer sich wohlfühlt, der sagt auch meist alles, was man hören soll, wenn auch nicht immer, was man hören will. Also stets freundlich, gelassen und immer an dem Befragten interessiert bleiben. Durch die Schlussfrage dem Befragten Gelegenheit geben, dass er noch einmal kurz und knapp seine Meinung darlegen kann.

Danke nicht vergessen.

Für den Interviewten:

Wenn Sie interviewt werden, dann stellen Sie sich sympathisch, sicher, fair und kompetent dar. Diese Darstellung ist gemeint als Wirkung im Sinne der *social perfomance* - fachliche und soziale Kompetenz für andere erkennbar werden lassen. Was für andere nicht erkennbar ist, das ist nicht.

Sind Sie sich dieser Wirkung nicht hinreichend sicher, dann lieber keine Interviews geben. Können Sie jedoch das Interview nicht vermeiden, dann konzentrieren Sie sich auf den Sinn des Interviews und bereiten Sie sich mit Ihren Mittel und Möglichkeiten gut vor - ohne Angst.

Seien Sie sich jederzeit bewusst, wessen Sympathien Sie gewinnen und was Sie selbst durch das Interview erreichen wollen. Bedenken Sie immer, ob ein Sieg gegen den Interviewer Ihnen Sympathie und damit Nutzen einbringt.

Antworten Sie auf alle Fragen inhaltlich präzise. Schnell auf den Punkt kommend. Was hinter dem Ziel der Frage steckt, erkennen und verstehen. Aber durchaus Zeit lassen zum Nachdenken, nicht zu vorschnell antworten.

Ihre Antworten sollten Anteile gebundener und freier Informationen enthalten. Die gebundene Information beantwortet die Frage inhaltlich. Die freie Information dient der besseren Darstellung der Person, Sache, Firma, Partei. Die gebundene und die freie Information sind geschickt miteinander zu verbinden, z.B. mit dem Wort "weil..."

Verbinden Sie die sprachliche Darstellung der eigenen Meinung immer mit positiven Auslösern. Lügen Sie nie - auch keine "Notlügen", verschleiern Sie keine Fakten und legen Sie sich nie juristisch fest, aber auch nicht schwafeln oder schwammig antworten.

Bleiben Sie ruhig und gelassen. Mindestens solange es aufgrund Ihrer Möglichkeiten geht. Achten Sie darauf sich vorher zu entspannen.

Lassen Sie denen, die Sie interviewen, alles, was diese machen, sagen, tun, so wie sie es sagen, machen, tun. Sie können sich so besser auf sich konzentrieren.
Bleiben Sie sich selbst treu. Weisen Sie jedoch Unterstellungen und falsche Behauptungen entschieden, deutlich und ganz ruhig zurück.

Danke! Nicht vergessen!

Kap. 6.12:

Moderation – eine besondere Art der Erzählkunst!

Gespräche und Informationen vor und mit Gruppen in den verschiedensten Kommunikationsformen (direkt wie indirekt) lenken, steuern, führen, gestalten durch Moderator*innen.

Moderation ist ein Schlagwort. Manchmal auch im wahrsten Sinne des Wortes. Eher wie ein Modewort, das häufig verwendet wird, ohne dass es hinterfragt wird. Warum auch, Sinn und Inhalt sind oft beliebig, manchmal auch bloße Methode und Technik.

Mir ist dieser Begriff 1965 zum ersten Mal begegnet, bei METAPLAN in Quickborn bei Hamburg. Unendliche viele Frauen (etwas weniger) und Männer die plötzlich vor der Aufgabe standen aus Betroffenen Beteiligte zumachen pilgerten nach Quickborn.

Methoden dieser moderativen Gruppenarbeit begleiteten mich, ähnlich wie Zahnschmerzen, durch mein Berufsleben. Der Moderator (hier als Funktions- nicht als Personen-bezeichnung) sollte dabei nicht aktiv Einfluss nehmen, weder auf den Inhalt noch auf das Verhalten der Beteiligten. In der Realität war es oft anders:

Mittel zum Zweck und Machtmittel.

Auch als *Anchorperson* (Anchorman, Anchorwoman) kam es eher auf das Prägen an als auf Neutralität.

Heute fallen mir bei dem Begriff Moderation vor allem Fernseh- und Radiomoderatoren ein. Diese stellen sich häufig eher selbst in den Vordergrund, wissend, süffisant, überlegen, überheblich, charmant, suggestiv, anstatt sich auf die Steuerung einer Diskussion oder Besprechung zu beschränken. So wird aus einer Diskussion eher ein Interview oder eine Debatte mit egomanischen, statt informativen Bezügen. Ganz gleich ob online, medial, live.

Moderation könnte Sinn machen, wenn, ja wenn man sich auf das wesentliche beschränkt: Lenken, steuern, führen. Anlässe dazu gibt es viele: Privat, beruflich, gesellschaftlich, parlamentarisch, institutionell. Führungsfähigkeit ist gefragt und die Fähigkeit Gespräche wirklich führen zu wollen – und dafür gelten alle Aussagen die bereits im Kapitel 6.1.:

„Gespräche – Bewegung ins Spiel bringen!" gesagt worden sind.

Methoden und Techniken können dabei helfen – sind aber meistens eben nur „Krücken".

Kap. 6.13:

Gedanken an einen Freund.

Ein Freund ist der, der mich berührt. Niemals der, den ich brauche.

Wie, wodurch, womit, er, sie, es schafft mich zu berühren – physisch wie psychisch – ist unerheblich. Ebenso die Dauer, Intensität, Länge, Zeit. Es ist nicht
das Was, Wie sondern wie ich die Berührung empfinde. Freund-sein, Freundschaft beginnt in mir. Von mir aus bereiten sich wie in sanften Wellen die Gefühle
der Freundschaft aus, hüllen alle Beteiligten (manchmal zwei, manchmal mehrere) ein und werden zu einem unerschütterlichen Band der menschlichen Beziehung. Dieses Band, diese Freundschaft ist an nichts geknüpft, zu nichts verpflich-
tend, sie ist mal fest, fester, dann wieder lose, gelassen und vor allem frei.

Es gibt andere Definitionen für den Begriff „Freund". Keine sind eindeutig. Oder
gelten für alle. Ich behaupte, dass jeder Mensch seine eigene, ganz individuelle
Definition hat. Gut so, denn wenn Freund-sein in mir beginnt, dann kann es auch
nur meine Definition geben, die dann auch nur für mich gilt.

„Freund" schließt aber alles ein, schließt aber auch alles aus. „Freund", „Freundschaft" ist realisierte Liebe im Kontext des Geschehens, der Situation, des Augenblicks. „Freund" hat weder Vergangenheit noch Zukunft. Jedes „Brauchen"
nutzt ab.

Das ist auch der Grund, warum es in diesem Kapitel nicht heißt: „Gespräche mit
einem Freund". Spreche ich, handele ich, brauche ich, schweige ich, dann steht
die Freundschaft still, das Freund-Sein setzt ein wenig (manchmal sogar ganz)
aus. „Freund" ist nicht. Gedanken kann ich aber immer an meinen Freund richten.
Sie kommen genauso, wie sie gemeint sind, an. Es gibt keine Falschheit, keine
Lüge, keine Täuschung. Alles ist wahr.

Alle Gedanken an einen Freund sollten bedacht, achtsam, sorgsam und liebevoll
sein. Das gilt ebenso dafür, wie sie vermittelt werden, ob sprachlich oder nicht

sprachlich, mit allen Konsequenzen. Der Freund bleibt immer der, der er ist. Ist er für mich da, dann ist er eben, nicht „Freund". Brauche ich ihn, dann ist er eben nicht „Freund".

Ist er „Nicht-Freund" dann kann ich ihm auch keine Gedanken senden. Auch gut so. Ich muss nur wissen, was ich will: Freundschaft oder Gebrauchsgegenstand?

Gedanken an einen Freund werden getragen von meiner Liebesfähigkeit. Und auch die ist immer individuell.

Kap. 6.14:

Gedanken über das, was noch keiner kennt, aber sollte.

Richtig gelesen. Besser als die Formulierung „Gespräche über das, was keiner kennt, aber sollte", denn ob es sinnvoll ist, darüber zu sprechen oder Gespräche zu führen ist nicht eindeutig zu beantworten. Die Gedanken sind aber da. Wohin damit? Geht es um Geheimnisse, Intimes, Verruchtes?

Keineswegs. Gedanken, die keiner kennt, aber sollte sind Gedanken eines Schriftstellers, Poeten, Satirikers, Kabarettisten, Humoristen, Gedanken über sich selbst, die am Rande der einseitig akzentuierten Arbeits- und Lebensweisen schweben und es sind Gedanken, die im ganz „normalem Alltag", dem ganz „normalen Menschen" in den Sinn kommen.

Alles Gedanken, die noch keiner kennt jedoch kennen sollte.

Gedanken sind Inhalte und Ergebnis des Denkens und somit eine Auffassung, eine Meinung, eine Idee, eine Frage oder ein Begriff. Bewusst werden Gedanken typischerweise in sprachlicher Form (Worten) oder in bildlicher Form (Vorstellung). Wir denken immer, auch dann, wenn wir meinen nicht zu denken, zum Beispiel bei der Meditation oder wenn wir ruhen, schlafen. So weit, so gut.

Es gibt auch noch andere Definitionen, Erklärungen, Meinungen. Darum geht es hier nicht. Auch nicht um die Form des Ausdruckes, also wie wir die Gedanken, die keiner kennt, aber sollte, dem anderen kenntlich machen.

Das wiederum ist ein so heikles Thema, das es eine gesonderte Betrachtung, Einstellung, Übung, Fertigkeit erfordert. Also worum geht's? Es geht um die Diskrepanz zwischen den Gedanken, die wir äußern und denen die wir haben, aber nicht äußern, unabhängig von dem jeweiligen Grund. Es geht eher um das „sollte".

Völlig aufgeregt und mit glühenden Wangen berichtet die erwachsene Tochter über ihre gegenwärtige „Eroberung". Sie schwärmt, ist hingerissen, verliebt. Wie so oft bisher.Die Eltern schweigen. Der Vater runzelt die linke Augenbraue, auch wie immer. Die Mutter atmet tief durch, versucht ein Lächeln, sucht nach Worten, findet keine, auch wie immer. Sie kennen das schon. Mitten in dem Redeschwall über die Vorzüge des Mannes, haben sie richtig gehört, er ist viel, viel älter, kommen Ihnen Gedanken, purzeln förmlich durchs Gehirn. Bei beiden. Sehen kann man es nicht. Ihre Gedanken kennt niemand, aber sie sind da. Sollte ihre Tochter sie kennen? Sind es Gedanken, oder nur Meinungen, oder nur Urteile?

Ebenso verhält es sich bei den so genannten Ideensammlungen bei Meetings und Konferenzen zu den unterschiedlichsten gesellschaftlichen, wirtschaftlichen, politischen, wissenschaftlichen Anlässen. Viel wird geredet, viele Gedanken werden nicht ausgesprochen, sollten es aber, denn meistens sind sie gehaltvoller als das ewige wiederholende, egozentrische „Gequatsche". „Vielredner" – „Schönredner" – versperren Gedanken.

Eine liebenswerte Kollegin von mir (Anabel Schröder) schrieb dazu folgendes:

Inneres Zwiegespräch - die Kunst des Nichtredens

Warum bin ich so schweigsam, so schweigsam – so still?

Auf dem Weg zum Bäcker, früh um 9:05 – ich kam schon wieder zu spät zur Arbeit - lief mir ein älteres Rentnerehepaar entgegen. Er sagte zu ihr: „Die Leute heutzutage haben kein Benehmen mehr... viele fangen erst um 10 Uhr an zu arbeiten". Ich fühlte mich persönlich betroffen, mein Magen schnürte sich zusammen, Schuld kam in mir hoch: Ich komme zu spät! Ich habe kein Benehmen! Ich wollte am liebsten etwas sagen, mich rechtfertigen, erklären, traute mich aber nicht. Ich hielt meine Klappe und ging mit Knoten im Bauch weiter.

Einfach mal die Klappe zu halten und nichts Intimes zu erzählen, klappt dafür immer öfter – jetzt sagen aber meine Mitmenschen zu mir, ich würde mich zurückziehen, nichts von mir preisgeben. Sie finden das nicht gut und werfen mir sogar vor, ich würde sie aus meinem Leben ausschließen.

Im Zeitalter des seelischen Striptease, in dem private Fernsehsender für ein Millionenpublikum das Seelenleben anderer an die Öffentlichkeit zerren, kommt es denen bestimmt merkwürdig vor, wenn jemand sein Innerstes nicht jedem zeigen möchte. Doch mir geht es gut damit, nicht so viel Intimes über mich zu sagen. Oder?

Mehr darauf zu achten, was ich sage, und kurz und konkret zu sein, schaffe ich mittlerweile – aber nur, wenn ich es vorher notiert habe oder innehalte und nachdenke bevor ich losquassel. Aber bin ich dann noch authentisch? Bin ich noch ich, wenn ich das, was ich sagen will, vorher drei Mal korrigiere, lösche, neu schreibe, nachschlage, überdenke, präzisiere? Oder bin ich ICH, wenn ich einfach losquassel, mich verspreche, den Faden verliere?

ICH bin immer. Mit all meinen ausgesprochenen und unausgesprochenen Gedanken.

„Einen Cent für Deine Gedanken"

„Ach, die sind es nicht wert und außerdem behält man diese besser für sich?"

Nein!?

Die Relativität unserer Ressourcen bestimmt unser Verhalten oder anders ausgedrückt, was wir denken, sind wir. Ist so ein Gedanke von mir. Aber, wo kommen denn alle meinen Gedanken her?

Ein Gedanke ist schnell gedacht. Ein Gedanke kommt und wird von einem neuen Gedanken abgelöst. Wir denken ständig, ohne dass wir aktiv etwas dafür tun. Das Denken macht sich selbstständig. Und ist damit mächtig. Wovon viele nichts wissen, ist die Macht und Kraft, die hinter den eigenen Gedanken stecken.

Viele denken einfach so vor sich hin. Sie lassen ihren Kopf denken, was er will, ohne zu wissen, welche Auswirkungen das auf ihr Leben hat. Denken ist die erste Anlaufstelle, wenn man das eigene Leben leben möchte.

Was aber nun ist die Macht deiner Gedanken. Eine kennen Sie bestimmt schon, die Macht der sich selbst erfüllenden Prophezeiung. Es ist eine Vorhersage, die sich einzig aufgrund ihrer Existenz erfüllt. Das gilt für Gutes wie für Schlechtes, Negatives wie Positives, Horoskope, Bestellungen ans Universum.

Gedanken sind Emotionen. Emotionen sind Energie in Bewegung. Denken wir, schaffen wir eine Auswirkung.

Kein Gedanke, den wir jemals hatten, stirbt.

Er macht sich auf ins Universum. Energie entsteht.

Gedanken existieren in alle Ewigkeit.

Gedanken nehmen Gestalt an, begegnen sich, kreuzen sich, überschneiden sich, bilden ein unglaubliches Labyrinth von Energie. Bilden fortwährend sich verändernde Muster von unaussprechlicher Schönheit, unvorstellbarer Komplexität, atemberaubender Intensität.

Gedanken sind die erste Ebene aller Schöpfung.

Dafür muss es Raum geben.

Jedes Gespräch ist ein Denk-Raum.

Ist eine Begegnung von erwachsenen Menschen, die ohne Scheu vor den Bedingungen und Begrenzungen des betrieblichen wie privaten Alltags, in einer vertrauensvollen Atmosphäre so miteinander zu sprechen, dass alle Ihre eigenen Gedanken - längst vergessen wie hoch aktuelle und auch ganz "neue" - wieder ins Bewusstsein kommen und nach Außen wirksam werden.

Bewegung wird ins Spiel gebracht.

Kap. 6.15:

Liebesgespräche

Sind diese anders als alle anderen Formen von Gesprächen? Manche meinen es. Mag sein, aber jedes Gespräch, ganz gleich welcher Art oder Zweck oder Form, dass von Liebe getragen wird, gelingt eher, bringt Bewegung ins Spiel - "l'idée vient en parlant" – (Die Idee kommt, indem sie spricht), lässt Zuwendung, Aufmerksamkeit und Wertschätzung spürbar werden. Das ist es doch, was wir auch in einem Liebesgespräch erwarten.

Erwarten?

Erwartungen sind Spiele des Verstandes.

Erwartungen lassen Liebe nicht wirksam werden.

Liebe definiere ich als die Fähigkeit eines Menschen, für einen Menschen alles zu tun, ohne dafür etwas von dem anderen zu erwarten. Das ist schwer. So schwer, dass die Gesellschaft eher die Symbole der Liebe als die Liebe selbst honoriert.

Sind dann „Liebesgespräche" eher Symbole der Liebe?

Nein! Eher sprachliche Komplimente, die zeigen, dass man Wert auf die liebevollen Dinge des Lebens legt. Vademecum des Alltags: Schau mal, ich nehme Dich wahr, respektiere Dich und Dein Tun, fühle mich wohl und entspannt. Du und nur Du allein bist gemeint. Völlig unabhängig ob es sich um eine Leistung, eine Eigenschaft, ein Merkmal handelt.

Dein Lächeln ist Danke genug.

Jedes Liebesgespräch ist Anfang und Ende zugleich. Denn wenn es um die menschliche Kommunikation geht, ganz gleich welche Form, welcher Anlass, dann gibt es kein Ende ohne das Bewusstsein für einen Anfang. Beide bedingen einander. Dazwischen kann es sehr viele Höhen und Tiefen geben. Leben eben. Jedes Liebesgespräch ist ein Teil des Zusammenlebens. Das Ende eines jeden Liebesgespräches ist nur ein Abschied für den Augenblick – und der sollte offen und fröhlich wie die Begrüßung sein, eher noch freundlicher.

Kein Theater. Keine Floskeln.

Liebesgespräche sind Wahrheitsgespräche.

Wahrheit genügt und ein DANKE und ein LÄCHELN.

Die zuvor erlebt aufrichtige Zuwendung und das aufmerksame Zuhören, das liebevolle erweiternde Fragen verschwimmt so nicht im Nebel des Vergessens. Es spiegelt die Qualität der gegenseitigen Wertschätzung wider und erhöht die Lust auf das nächste Gespräch, die nächste Begegnung einer liebevollen Beziehung. In der wir dann wieder alles tun, was sie so einzigartig lebensbejahend macht: Wahrnehmen – Zuhören – Neugierig bleiben – klar miteinander sprechen – nicht lügen – ermuntern – aufbauen – gestalten - den Lebensraum vergrößern!

Liebe leben!

Kap. 6.16:

Smalltalk – das Alltagsgespräch.

Es ist das Gespräch, ganz gleich, ob Plaudern, Schwatzen, Plauschen, Quatschen, Smalltalk genannt, das uns alle verbindet, hierarchische Beziehungsunterschiede weitgehend in den Hintergrund lässt, meist locker, spontan, zufällig im so genannten umgangssprachlichen Ton geführt wird und Themen des privaten Lebenssphäre behandelt.

Es geht also thematisch um NICHTS, aber immer um eine Beziehung zum Menschen. Es ist die natürlichste Form der gesprochenen Sprache. Unterschiedliche Niveaus, Dialekt, sprachliche „Verschrobenheit", Heiterkeit, Ironie, Wortgewandtheit und die Lust am Sprechen bereichern diese Kommunikationsform.

Es gab Zeiten, da war es eine hoch geschätzte und sehr gepflegte gesellschaftliche Konversation. Manchmal auch bis hin zum Klatsch. Aber auch: Man redet über „NICHTS" und doch entsteht Bedeutendes.

Ersetzen Worte vielleicht gar Taten?

„Am Anfang war das Wort „(die Bibel Joh. 1.1) – am Ende Chaos?

Worte stürzen auf uns ein – von Anfang bis Ende unseres Lebens. Was machen wir mit dem täglichen Niagarafall von Worten? Was machen wir mit denen, was diese mit uns? Welche fördern eher, welche behindern?

Achtsamkeit und Sorgfalt sind trotz der Zufälligkeit, Lockerheit, Spontanität elementar.

Alltagssprache, menschliche Kommunikation ist eben alles. Nichts ist geregelt, nichts ist klar und eindeutig. Generell scheinen menschliche Begegnungen subsumiert unter dem Begriff menschliche Kommunikation, hier Smalltalk (Alltagsgespräch) für Missverständnisse und Pannen vielfältigster Art anfällig zu sein. Oft gefährden diese dann sowohl die Verständlichkeit als auch das seelische Wohlergehen. Was man eigentlich gar nicht beabsichtigt hat.

Hört man so manchem Alltagsgespräch zu, dann kann man sehr leicht den Eindruck gewinnen es dient eher der Überredung als der Plauderei oder gar der Verständigung, eher einem Medium für „Dichtung" und „Phantasie", statt eine Möglichkeit zu sein, um menschliche Beziehungen herzustellen und ihnen Ausdruck zu verleihen.

Sprache und sprechen ist zuallererst auf die Gemeinschaft ausgerichtet. Inhalt, Gesprächsstoff sind zunächst zweitrangig. Wir sprechen miteinander über "Belangloses", blödeln gar und schließen Freundschaften fürs Leben.

Es kommt halt auf Situation, Zeit, Ort an, Gesprächsstoffe so sorgsam auszuwählen, über die dann eine unmittelbare Übereinstimmung möglich ist. Der Sinn jedoch ist oft entscheidender als die „Buchstäblichkeit" des Gesagten.

Die richtige, die natürliche, die gebrauchte Sprache ist nicht kunstvoll, abstrakt, verrenkt, sondern ist genau der spezielle Ausdruck für das, was gerade gemeint ist.

Gebrauchssprache ist nicht Kosmetik, sondern eher Körperpflege.

An dieser "gepflegten" Sprache kann man die Vorzüge einer Sprechleistung erkennen. Sprechleistung ist die höfliche Umschreibung für das, was man so den ganzen Tag zusammenschwätzt. Alles, auch Worte an den Freund, als Befehl, Bitte, Beratung, Lüge, Hoffnung...; auch Worte als Ergebnis konkreter Lebenserfahrung und auch Worte lediglich als Experimente mit der Wahrheit?! Wir sprechen etwas aus. Sagen etwas. Sagen, was wir denken. Äußern unsere Gedanken, unsere Ideen. Wir sprechen, können aber auch etwas entstellt wiedergeben - absichtlich oder infolge der Unfähigkeit, etwas auszudrücken. Sprache dient nicht nur der Klarheit, sie dient oftmals dem Verschleiern von Gedanken, der Lüge. Sprechen dient dem Abreagieren wie auch der Entzweiung, auch wenn es vor allem dem Vertrauen zu dienen hat.

Smalltalk, Alltagsgespräche, alle kommunikative Begegnungen sind immer und zuerst menschliche Begegnungen. Machen wir uns dabei immer klar, dass Freund, Feind, Geliebter, Geliebte, Kinder, Eltern ... die gleiche Luft wie wir selbst atmen. Es ist die gleiche Luft, die Pflanze und Tier einatmen. Der Atem verbindet uns mit allem in dieser Welt. Wir treten durch unser Sprechen, bei dem Ein- und Ausatmen am deutlichsten für uns spürbar wird, mit dem anderen in Kontakt, in Beziehung. Das genau ist Smalltalk.

Kap. 6.17:

Sind Selbstgespräche Gespräche mit Gott?

Wenn wir miteinander sprechen, was tun wir da eigentlich? Und überhaupt was wollen wir? Warum sprechen wir eigentlich?

Der größte Teil unserer Alltagskommunikation besteht darin uns und unser Wort entsprechend zu präsentieren: Wir erzählen von unseren Erfahrungen, manchmal auch von unseren Erlebnissen, manchmal Wahres, manchmal Unwahres, Ideen, Träumen. Versuchen andere für uns einzunehmen, wollen überzeugen, kooperieren, beeindrucken, behaupten, besänftigen, korrigieren. Kurz: Wir wollen gehört werden! Wie gelingt es uns, gehört zu werden?

Betrachtet man das Ergebnis, dann ist es meistens Glücksache. Kommunizieren können alle, auch die Taubstummen. Aber können wir auch reden, miteinander sprechen, unterhalten, erzählen, verhandeln, diskutieren, debattieren? Kaum, wenn ich meine Erlebnisse im privaten, wie beruflichen Alltag zu Rate ziehe.

Und wie steht es mit dem Kauderwelsch, den schriftlichen Verstümmelungen auf WhatsApp, Facebook und anderen sozialen Netzwerken (was ist da eigentlich sozial dran?) ist immer im Sinne von gehört und verstanden werden, auch nicht besser. Brabbeln wir uns deshalb in den Bart? Sprechen oder schreiben wir deshalb manche Sätze erst gar nicht zu Ende? Führen wir lieber Selbstgespräche als wirkliche Gespräche mit anderen? Und sind dann unsere Selbstgespräche Gespräche mit Gott? Wenn ja, hört er uns zu? Tut er, garantiert.

Also, auch bei Selbstgesprächen schön achtsam, liebevoll und deutlich sprechen.

Wann immer wir etwas sprachlich erreichen wollen, egal mit wem wir sprechen, dann müssen wir wirklich miteinander sprechen, wirklich kommunizieren.

Wirklich zu kommunizieren, heißt vor allem Wahrhaftig zu sein. Darum geht es immer, wenn sich Menschen begegnen oder Menschen mit Göttern oder Menschen mit sich selbst.

Teil 7:

Grenzen des Gesprächs

Abwehr unfairer sprachlicher Angriffe

So wehre ich mich gegen Manipulationstechniken

Kapitel 7.1.:

Kommunikation = Beeinflussung = Manipulation?

Das Ziel der Erfahrungswissenschaften Rhetorik

und Dialektik ist: Denken zu lehren. Der Begriff Erlebniswissenschaften ist präziser, weil es im Alltäglichen funktionieren soll und weil Denken und Fühlen identisch gemeint sind. Vereinfacht ausgedrückt sind Rhetorik und Dialektik die Lehren vom Fühlen und Sprechen einer Person die andere beeinflussen will. Klarheit im Denken, Fühlen und Wollen, damit man mehr wahrnehmen und erleben,

leichter zuhören, schneller lesen, wirkungsvoller sprechen und schreiben und geschickter mit anderen Menschen umgehen kann. So wird menschliche Kommunikation wirksam. Ist das für alle Menschen so?

Fragt man sie danach, was Ihnen an der Kommunikation mit anderen wichtig ist oder worauf sie besonderen Wert legen, dann sagen sie zuerst, dass sie aussprechen dürfen, dann folgen Begriffe wie Ehrlichkeit, Vertrauen, Glaubwürdigkeit, Offenheit, Toleranz. Im Lebensalltag, im Beruf oder Privat, erleben wir jedoch oft das Gegenteil. Ob es nun darum geht, dem andren nur etwas zu erzählen oder ihn zu informieren oder seinen Standpunkt zu behaupten oder seine Interessen durchzusetzen. Nicht selten ist dann das letzte Mittel, zu dem man greift, Manipulation. Kommunikation = Beeinflussung = Manipulation? Ist das so?

Nun in der Tat, wann immer Menschen mit anderen Menschen, unabhängig zu welchem Zweck, zusammenkommen geht es um Beeinflussung.

Ebenso lange gibt es für viele Menschen offenbar eine besondere Anziehungskraft, darüber nachzudenken, mit welchen anderen Methoden die Zustimmung anderer schneller, leichter, bequemer und ohne großes Können erreicht werden kann. Auf diesem Gebiet werden dem eigenen Einfallsreichtum offenbar keine Grenzen gesetzt. So gelingt es manchen Menschen immer wieder andere zu etwas zu bringen, was sie eigentlich gar nicht wollen.

Plötzlich übernehmen sie Standpunkte und Aussagen anderer, obwohl sie spüren, dass sie gerade etwas gegen ihren eigenen Willen oder Interessen tun. Sie akzeptieren Meinungen anderer oder lassen uns auf Positionen festlegen, die wir eigentlich nicht vertreten möchten. Werden überrumpelt, geben eigene Standpunkte und oft besseres Wissen auf. Kraft geschickter und beabsichtigter Manipulation gelingt es. Es wird eng. Um sich zu befreien, schlagen die meisten zurück, mit ähnlichen Mitteln. Es wird enger. Und manchmal geht gar nichts mehr. Es bewegt sich nichts und nichts wird bewegt. Deshalb: Bewegung muss ins Spiel kommen. Innerhalb dieser Bewegung wird der gemeinsame Weg projektiert. Das genau ist der Sinn menschlicher Kommunikation. Was aber soll Manipulation?

Zunächst einmal hier einige Definitionen der Beeinflussung:

- **Education** ist Verhaltensbeeinflussung zum Nutzen dessen, der beeinflusst wird.
- **Motivation** ist Verhaltensbeeinflussung zum eigenen und fremden Nutzen.
- **Manipulation** ist Verhaltensbeeinflussung zu fremdem Nutzen.

Bezogen auf diesen Teil verstehe ich unter Manipulation den bewussten und unbewussten Einsatz unfairer Verhaltensweisen. Unfaire Verhaltensweisen sind alle Verhaltensweisen, die das Recht des anderen beschneidet und/oder Elemente der geistigen Bewegung vermeidet, z.B.: Suggestionsaussagen.

Fair sind alle Verhaltensweisen, die dem anderen das Recht erhält, seine Interessen zu wahren und anderen Standpunkten nur aus freiwilliger Einsicht zu übernehmen Überzeugung ist für mich die freiwillige Zustimmung eines Menschen zu einem inhaltlichen und/oder formalen Identifikationsangebot eines anderen Menschen. Was aber ist der Sinn unfairer Verhaltensweisen, z.B.: Unfairer sprachlicher Angriffe?

Bei unfairen sprachlichen Angriffen werden ausgewählte Personen (meist Ich-Schwache, zur Fremdbestimmtheit neigende Personen) bewusst und zielgerichtet nach einem vorgefassten Plan durch bestimmte Manipulationstechniken beeinflusst.

Dabei wird nicht etwa eine unteroptimale Leistung des „Gegners", der Zielperson, des „Opfers" angegriffen, was ja menschlich wäre, sondern immer die Person. Beliebt sind möglichst" geschickt" versteckte Angriffe die die fachliche wie soziale Kompetenz, den Charakter, die Eigenschaften, die Werte, Normen oder den Lebenswandel lächerlich machen oder als minderwertig denunzieren.

Das geschieht vornehmlich durch Unterstellungen, Verallgemeinerungen, Darstellung von Gerüchten, Vorurteilen, Phantombildern, Hypothesen, Einseitigkeiten, Etikettierungen, Polarisierungen, Personifizierungen, sozialen Druck.

Das alles soll dem Angreifer, dem Manipulator einen psychischen und/oder sozialen Vorteil verschaffen.

Abwehr muss also grundsätzlich darauf ausgerichtet sein, diesen Versuch zu vereiteln. Das aber gelingt nur dann, wenn der Angegriffene in der Lage ist, den Grund für den Angriff zu erkennen.

Verschiede Angriffe erfordern verschiede Abwehrstrategien und vor allem das Bewusstsein, dass jede Abwehr auch immer Sympathieverlust bedeutet.

So kann man sich getrost, auch wenn es in der Welt der Dialektik unangebracht ist, sich Hilfe und Rat bei einigen Werken, die sich mit den Manipulationstechniken befassen, holen, wie:

Gloria Beck „Verbotene Rhetorik" – (Eichborn)

Robert B. Cialdini „Die Psychologie des Überzeugens"

Menschen auf die Schliche kommen – (Huber)

Christof Gramm „Argumentieren – so behalten Sie in Diskussionen die Oberhand" -(Haufe)

A.Edmüller /T. Wilhelm „Manipulationstechniken - erkennen und abwehren" (Haufe)

Rupert Lay „Manipulation durch Sprache" und „Dialektik für Manager" (Langen-Müller)

Wilfried Prost „Sprache als Mittel der Manipulation"

(Beispielhaft genannt, denn es gibt da so die eine oder andere Veröffentlichung)

Im Sinne der Dialektik, also des menschlichen Miteinanders, reagiert man eher adäquat, wenn man grundsätzlich folgendes bedenkt:

Menschliche Kommunikation zu realisieren heißt, Konflikte konstruktiv zu bewältigen. Will man das können, so muss man in der Lage sein, seine Konfliktbeziehungen anzuschauen, realitätsorientiert, also unverstellt und ungetrübt wahrnehmen. Dazu gehört Mut. Will man jemanden verstehen und dabei seine Gedanken und Ansichten entschlüsseln, dann werden Mechanismen wirksam, die ein verzerrtes Bild der Wirklichkeit ergeben.

Zwischen Gewissheiten und Wirklichkeiten wird nicht immer optimal unterschieden. Unabhängig wie man nun diese "Verzerrungen", diese Manipulationsversuche, diese unfairen sprachlichen Angriffe nennt, ob nun Propaganda, Werbung, Verkaufsgespräch, Verhandlungstaktik, Wahlkampf, Rhetorik, es handelt sich immer um eine gestohlene Bejahung. Bei der angewandten Dialektik im. Praktischen Alltag geht es immer um Überzeugung. Überzeugung ist aber die freiwillige Zustimmung zu einem sprachlichen Informations- und/oder Identifikationsangebot.

Überredung, Manipulation sind ausgeschlossen. Die meisten Menschen verwechseln jedoch Überzeugung mit Überredung oder einer anderen sprachlichen Manipulation und/oder Dominanz.

Unfaire Angriffe sind für jede Form der menschlichen Kommunikation gefährlich, weil sie manchmal überraschend kommen, häufig als solche geleugnet werden, oft als Angriffe von dem Angreifer selbst gar nicht erkannt werden, meist unangemessenen und deplatziert sind und bei allen Beteiligten unkontrolliert, manchmal unwissend, zu unangemessenen emotionalen Reaktionen führen. Es wird nicht mehr miteinander gesprochen, sondern "Krieg geführt".

Es ist das Ziel des unfairen Angriffes, bewusst die Art der Interaktion zu bestimmen und die Folge der Emotionen festzulegen, damit der Angegriffene nicht mehr optimal reagieren kann. Im Alltag findet aufgrund der Unbewusstheit über seine sprachlichen Fähigkeiten und Fertigkeiten, seiner Wirkung auf andere, Kommunikation dem Sinn nach nicht statt, obwohl alle Beteiligten das "Gefühl" haben, den anderen verstanden zu haben und selbst verstanden worden zu sein.

Manipulationserfolge durch unfaire Angriffe sind oft nur Pyrrhus-Siege, die man mit erhöhtem Widerstand und Vertrauensverlust bezahlen muss.

„Und nun ans Werk" Manipulationsversuche und unfaire sprachliche Angriffe erkennen und je nach der eigenen Fähigkeit und Fertigkeit abwehren. Die häufigs-
ten Gründe für unfaire Angriffe sind:

Scherzangriffe – es fehlt die thematische und/oder persönliche Substanz. Man
versucht einen Scherz zu machen. Dieser wird meist nicht als solcher wahrgenommen, es kommt zu Fehlreaktionen (Übermüdung, deprimierte Gestimmtheit,
Aggression)

Spiele spielen z.B. versteckter Spiele, die den Zweck habenden Angegriffenen
ein Stück kleiner zu machen, ihm Scham-, Schuld-, und/oder Mindergefühle
(Angst) zu vermitteln, im Sinne einer „Vernichtung" oder „aus dem Feld räumen".

Angriffe, die einen psychischen und/oder soziale Konflikt darstellen, direkt
oder als „Stellvertreter" – meist ist ein ganz anderer Konflikt gemeint.

Wir stecken immer in einem Dilemma, denn einerseits wollen wir fair miteinander umgehen und eben auch den Anforderungen der Dialektik (gelebte Menschlichkeit) gerecht werden, dennoch wollen wir nicht den billigen Tricks und Ma-
nipulationsversuchen anderer unterliegen und wir können uns entscheiden:
Fairness / Abwehr (Unfairness) und allem, was es dazwischen noch gibt.
Jedoch egal wie wir uns entscheiden und was wir dann tatsächlich tun, wir selbst
sind dafür verantwortlich.

Kapitel 7.2:

Hinweise zum Erkennen von Manipulationen im Verhalten (direkte und indirekte Manipulation).

Imponiergehabe: Aussagen mit denen der Sprechende nur sich selbst als Person vor anderen aufwerten will. Beispiele: Sicher, „Der mit dem Wolf tanzt" ist auch ganz gut, aber verglichen mit „Basic-Instinct" ist das noch gar nichts. „Man dances with wolves" kann da nicht mithalten. Und Michael Douglas, der ja schon 1988 für „Rosenkrieg" was sag ich „Wall Street", der Stones Film natürlich bekommen hat, und Kevin Costner....

Meinungen als Fakten ausgeben: Vermutungen, Empfindungen, Meinungen werden wie erwiesene Tatsachen präsentiert (übrigens auch ohne die wirkliche Ansicht zu manipulieren geschieht das häufig bei den Sprechvorgängen des Alltags, auch und besonders unter Freunden – das weiß doch jeder … oder?)

Zitieren: „Zitate" werden nur zur „Blendung", d.h. ohne neuen Informationsgehalt oder Notwendigkeit der Klarheit benutzt. Beispiele: Was die Mannschaftsaufstellung betrifft, vertrete ich hier, ganz nebenbei gesagt, genau die gleiche Meinung wie der Bundestrainer. - Goethe formulierte bereits ... - Die Entscheidung in diesem Fall und dieser Meinung ist auch schon unser CEO scheint richtig zu sein, denn...

Etymologisieren: Begriffsbestimmungen, die die einzig „wahre" Bedeutung eines Ausdrucks oder Wortes herleiten Beispiele: Also, ob das wirklich etwas damit zu tun hat, was du unter Eleganz verstehst, kann ich nicht sagen. Sicher ist nur, dass man unter einem Eleganten ehemals einen „Modegecken" verstanden hat, wenn du weißt, was das bedeutet.

Bonmots, Analogien: Etwas durchaus Strittiges wird als unmittelbar einleuchtend dargestellt. Beispiel: Nie geraten die Deutschen so außer sich, wenn sie zu sich kommen wollen (Kurt Tucholsky)

Personalisieren: Eine Aussage dadurch aufwerten, dass man das Gewicht der eigenen Person daran hängt. Beispiele: Ich mache, dass nun wirklich schon so lange genug, um das beurteilen zu können.

Meine 25 Jahre lange Erfahrungen zeigen mir ... Oder: Aussagen werden mit der Kraft der eigenen Person gestützt, besonders bei einer höheren Hierarchiestufe, oder man kokettiert mit seinen „Schwächen". Beispiel: In meinem Alter hat so man so schon hinreichend seine Erfahrungen damit und so meine ich.... - Ich bin nun mal ein Schwabe und Schwaben sind für ihren Geiz bekannt.

Bonbons: Den anderen „belohnen", wenn er sich wunschgemäß verhält. Beispiel: Sie sind mir ja schon immer durch fortschrittliches Denken und Handeln aufgefallen, irgendwie liegt Ihnen wohl Innovationskraft im Blut. Daher werden Sie wohl auch für folgende Gedanken, Aussagen, Vorschläge aufgeschlossen sein...

Emotionalisieren: Aussagen werden dadurch „aufgepäppelt", dass es noch einen Gefühlswert bekommt. Beispiele: Wenn wir diese Versäumnisse weiter dulden, werden uns diese Kerle endgültig auf der Nase herumtanzen. - Wenn Du jetzt gehst, dann sehe ich darin, dass du mich nicht mehr liebst.

Andeuten: Was man nicht offen auszusprechen wagt,

wird dennoch ausgesprochen. Beispiel: Bitte ersparen Sie es mir und Ihnen, auf die zahlreichen Ungereimtheiten näher einzugehen, die wir hier gehört haben, dafür ist mir die Zeit zu schade, aber ich muss noch einmal wiederholen....

Selbstbekehrung: Während man vordergründig von sich spricht, meint man eigentlich den anderen. Beispiel: Als ich hier in diesem Betrieb angefangen habe, ging es mir ganz genau wie Ihnen. Aber nach und nach ist mir klar geworden, wie der Hase läuft. Und heute kann ich diese Dinge wirklich akzeptieren.

„Rhetorische Fragen": Fragen auf die keine Antwort erwartet wird. Beispiel: Ich habe schon unendliche gute Lösungen angeboten, ist das etwa nichts?

Einwände vorwegnehmen: Dem Gesprächspartner signalisieren, dass die eigene Position durch mögliche

Einwände nicht zu erschüttern ist. Beispiel: Natürlich könnte man sagen, dass Zuspätkommen bei Besprechungen aus arbeitsbedingten Gründen durchaus eine souveräne Entscheidung des Einzelnen sei, damit aber ist das Wesentliche übersehen, nämlich die eigentliche Störung und Nichtachtung der Bedeutung der Besprechung.

Relativieren: Um sich mit einer Kritik nicht ernsthaft auseinandersetzen zu müssen, verallgemeinert man. Beispiele: Wo gehobelt wird, da fallen auch Späne. Wenn Sie mir vorwerfen, dass es nur um meine Interessen geht, so muss ich Sie fragen, geht es nicht allen so?

Retourkutsche: Dem Gesprächspartner werden mehr oder weniger die gleichen Vorwürfe gemacht, ohne sich mit der Kritik auseinanderzusetzen. Beispiel: So, Sie meinen also, dass mein Vorschlag unrealistisch ist, dann machen Sie doch mal einen besser, wenn Sie den Mund schon so voll nehmen.

Zeit schinden und ausweichen: Um einer Aussage auszuweichen werden Haken geschlagen, die Zeit schinden sollen. Beispiel: Da legen Sie den Finger in eine offene Wunde, und an diesem Problem kommen wir natürlich nicht vorbei, aber im Augenblick sollten wir erst einmal über das Wesentliche nachdenken.

Dann gibt es auch noch (schier unerschöpfliche) „Killerphrasen", wie:

- **Lass die anderen doch zuerst auf die Nase fallen**

- **Wir werden das schon aussitzen**

- **Wir lassen uns durch diese Neuheiten doch nicht aus der Fassung bringen**

- **Alles graue Theorie**

- **Das mag zwar theoretisch stimmen, aber...**

- **Geht nicht**

- **Haben Sie das bereits irgendwo anders schon mal versucht?**

- **Da könnte ja jeder kommen**

- Das ist doch gegen die Vorschriften

- Wir wissen, was unsere Kunden wollen

- Warum denn so eilig

- Quatsch

- Es tut mir leid, aber das habe ich bereits in der 7. Klasse gewusst

- Das hat sich doch bewährt, warum ändern

- Das ist doch alles nicht richtig kalkuliert

- Dafür sind wir nicht zuständig

- Technisch ist das nicht machbar

- Dazu haben wir nicht die richtigen Leute

- Das werden die oben uns nie abnehmen

- Das bringt doch nichts

- Die denken, wir sind nicht ganz bei Trost

- Warten wir doch erst einmal ab

- Das ist doch Wunschdenken

-     Natürlich, Sie wissen es ja besser

-     Dafür ist die Zeit noch nicht reif

-     Das weiß doch jeder

-     Viel zu teuer

-     Damit kommen wir hier nicht durch

-     Das ist nicht unser Bier

-     Der Plan will doch ganz anders

-     Abwarten und Tee trinken

-     Das ist hier im Haus nicht üblich

-     Das widerspricht den geltenden Werksnormen

-     Unsere Wettbewerber machen das auch nicht so

-     Wenn Ihre Idee gut ist, warum wendet sie denn niemand an?

Kapitel 7.3.:

So wehre ich mich gegen Manipulationstechniken

Verhaltensregeln analysieren, konstruktiv abwehren.

Den Grund des Angriffs analysieren – damit verhindern Sie, dass der Angreifer sein manipulatives und/oder destruktives Ziel erreicht. Ist der wirkliche (wahre) Grund erkannt, dann gilt es blitzschnell zu entscheiden, wie der Angriff abgefangen werden soll: **Destruktiv** (durch physische und/oder soziale Gewalt zum Schweigen bringen) oder **Konstruktiv** (den Angreifer umstimmen).

Das gebräuchliche Muster für die konstruktive Abwehr heißt:

Zugeben – Danken – um Hilfe bitten und dem Angreifer anschließend die Hand reichen.

Die Fertigkeit, angstfrei mit fremden und eigenen Aggressionen umgehen zu können, ist für die meisten Menschen äußerst schwer. Das liegt in unseren Erziehungs- und Bildungssystemen begründet, die eher Angst-, Scham-, Schuld- und Mindergefühle erzielen. So ist oft eine Einstellungsveränderung oder wiederholtes Üben von Nöten, will man die unfairen Angriffe wirklich erfolgreich abwehren.

Haken Sie gegebenenfalls nach: „Wie meine Sie das genau?"

Achten Sie darauf, dass man Ihnen nicht in unfairer Weise das Wort entzieht. Reden Sie notfalls eben einfach ruhig weiter.

Leisten Sie Hilfe für Dritte, die herabgewürdigt werden, es übt und übt und übt! z.B.: Ich finde das der Kollege völlig zu Recht auf diesen Punkt hingewiesen hat, der für unsere Entscheidungsfindung sehr wesentlich ist

Werden Sie (solange es geht) nicht persönlich, sondern gehen Sie auf die Metaebene.

Beweisen Sie Souveränität, in dem Sie Ihren Beitrag nicht von Ihren Emotionen und Empfindungen bestimmen lassen, sondern steuern Sie vernunftgemäß einen sachdienlichen Beitrag bei.

Falsch: „Ihr Stil gefällt mir nicht!" – „Ich finde es unmöglich, wie Sie sich hier aufführen"

Richtig: „Persönliche Angriffe helfen uns kaum weiter.

Ich meine, wir sollten uns jetzt wieder auf das Eigentliche konzentrieren. Hier sehe ich folgende Lösungsmöglichkeiten ..."

Aber Achtung: Ist das Gespräch erst einmal auf der Pseudo- Gefühls-/Empfindungsebene gibt es kaum ein Zurück. Hier wäre es eher angebracht eine Pause zu machen unter einem geschickten Vorwand. Dann aber unbedingt das Gespräch weiterführen.

Für die destruktive Abwehr gibt es folgende Muster:
- **interessiert, neutral anschauen und nichts sagen**
- **das letzte Wort des Angreifers interessant fragend wiederholen**
- **nur mit JA oder NEIN antworten**

Dabei ist es wichtig, dass Sie im Verlauf der Abweisung die Methode (Muster) nicht wechseln, keine freien, zusätzlichen Informationen geben, unbedingt von den eigenen archaischen Zwängen befreien (d.h. Wenn jemand fragt, dann ist es noch lange kein Grund zu antworten. Wenn jemand angreift, dann ist es noch lange keinen Grund sich zu verteidigen, etwas abzuleugnen oder gar zurückzuschlagen). Meist glaubt der Angreifer, dass Sie mit einem dieser Muster reagieren. Die beste Abwehr ist dann erst möglich, wenn Sie gerade diesen archaischen Zwängen nicht unterliegen. Wählen Sie eine destruktive Abwehr, dann immer versöhnlich zeigen, einen neuen Gesprächstermin anbieten.

Weisen Sie den Angriff, die Intervention ggf. entschieden zurück, laut und deutlich: Entschuldigung, ich war noch nicht fertig. Danach höre ich Ihnen gern zu.

Wenn Ihnen permanent jemand ins Wort fällt und Sie überbrüllt, dann bitten Sie einen Dritten um Unterstützung: Bitte machen Sie doch zunächst einmal einen Vorschlag wie es hier geordnet weitergehen kann.

Bei Ablenkungsmanövern und ähnlichen Maßnahmen fragen Sie möglichst präzise nach: Ich habe noch nicht verstanden, was das für unser Problem bedeutet.

Unverschämtheiten müssen Sie sich nicht gefallen lassen. Weisen Sie Unterstellungen und unsaubere Methoden zurück: Ich möchte nicht, dass Sie mich anschreien. – Dieses ist keine Tatsache, sondern eine Unterstellung. – Dieses trifft keineswegs zu und ich akzeptiere es auch nicht.

Unpassende Äußerungen übergehen Sie, ohne sich direkt auf die Beziehungsebene zu begeben: Ich bin sicher, dass wir uns auch über andere Themen unterhalten können.

Nur wenn es hart wird, sollten Sie den Stil der Entscheidungsfindung direkt ansprechen.

Trotz allem, Sympathiepunkte sammeln – auf jeden Fall sollten Sie alles tun, damit Sie sympathischer wirken als Ihr Angreifer, besonders dann, wenn der Angriff öffentlich erfolgt. Das verlangt einen sinnvollen Umgang mit eigenen und fremden Emotionen (Selbst-Erkenntnis,
Gefühls-Bewusstheit, Konfliktfähigkeit), denn nur dann können Sie sich deutlich in der Reaktion auf den Angriff im verbalen und somatischen Ausdruck von dem Angreifer unterscheiden und absetzen.

Immer den Angreifer aussprechen lassen.
Nie ins Wort fallen. Nicht über das Maul fahren.
Dennoch: Jeden Angriff so schnell wie möglich abwehren – im Sinne einer Lösung – denn jede Sekunde der Abwehr, des Abweisens, kann Sympathie kosten.

-Bleiben Sie sachlich und freundlich

-Lassen Sie sich nach Möglichkeit nicht provozieren. Häufig trainieren in simulierten, aber realen Gesprächssituationen

-Frechheiten möglichst freundlich oder jedenfalls schlicht parieren

-Nicht aus der Ruhe bringen lassen

-Unbedingt vermeiden: Schreien oder andere unteroptimale Formen der Aggression

-Wer sich ärgert oder schreit, der verliert (nicht nur die Contenance)

-Nicht das Ziel aus den Augen verlieren, auf die Sachebene kommen, anschaulich beschreiben

-Immer darauf achten, nicht belehrend zu werden. Belehrungen sind unerfreulich

-Belehrungen sind eher abstoßend und demütigend in der Wirkung

Und wenn das alles nichts nützt, dann nützt es eben nichts.

Doch dann bewegen wir uns nicht mehr auf der Ebene der menschlichen Kommunikation und schon gar nicht der Dialektik. Kommunikative „Zwangsernährung" ist schlicht weg nicht möglich. Schade.